D1351095

LES GRANDS
NAVIGATEURS

Du même auteur :

Naufragé volontaire (Arthaud).

La dernière exploration (Hachette).

ALAIN BOMBARD

LES GRANDS NAVIGATEURS

PRESSES DE LA CITE

PARIS

La loi du 11 mars 1957 n'autorisant, aux termes des alinéas 2 et 3 de l'article 41, d'une part, que les « copies ou reproductions strictement réservées à l'usage privé du copiste et non destinées à une utilisation collective » et, d'autre part, que les analyses et les courtes citations dans un but d'exemple et d'illustrations, « toute représentation ou reproduction intégrale ou partielle, faite sans le consentement de l'auteur ou de ses ayants droit ou ayants cause, est illicite » (alinéa premier de l'article 40).
Cette représentation ou reproduction, par quelque procédé que ce soit, constituerait donc une contrefaçon sanctionnée par les articles 425 et suivants du Code pénal.

Ce livre a trois parents :

Ginette BOMBARD, ma femme : Le Germe, l'Idée, la Confiance.
Jacques FLORAN : Mon ami, mon collaborateur, mon mentor, mon guide.
Renaud BOMBARD, mon fils : l'Accoucheur, le Critique.

Mais il est dédié à quatre couples :

François et Danielle MITTERRAND : Pour qu'ils aiment autant que les hommes de terre les marins, ces hommes libres.
Christian et Viviane GOUX : Marins par choix, hommes libres par nature.
Nardo et Nicole VICENTE, qui s'obstinent à crever la surface pour qu'augmente la liberté de l'homme dans la mer.
Claude et Anne MANCERON : Pour qu'ils me pardonnent d'avoir touché à l'Histoire, eux qui personnifient la Liberté.

JOSHUA SLOCUM
premier navigateur solitaire
autour du monde

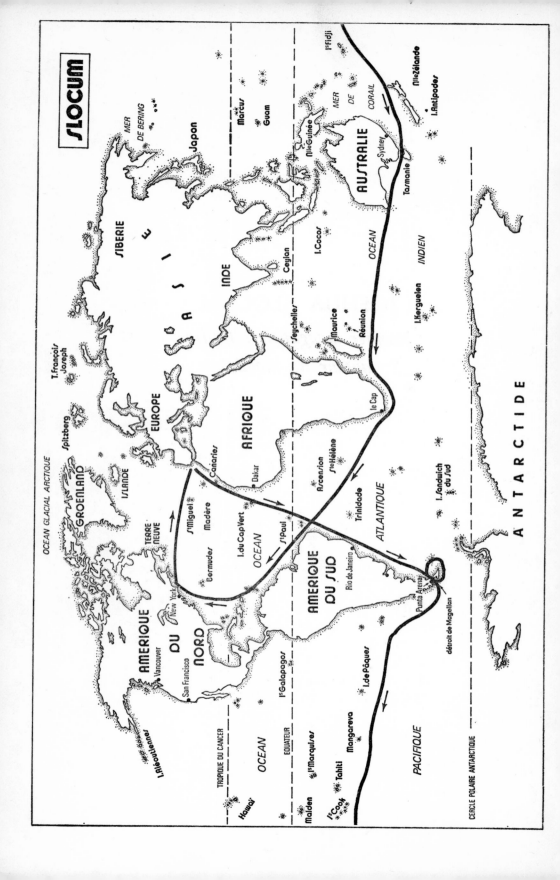

Merveilleuse histoire que celle de Joshua Slocum !

Ce nom est probablement ignoré de la plupart des Français, si j'en juge par les sondages — c'est la mode. Peut-être avez-vous pourtant rencontré quelque part le mot Joshua, le prénom ? Souvenez-vous. Le bateau de Moitessier, sur lequel il a fait le tour du monde sans escale, s'appelait *Joshua.* Juste hommage à un grand ancien car, si l'homme de la rue ignore qui est Slocum, les marins en général, les navigateurs solitaires en particulier, eux, le savent tous.

L'histoire de Slocum est également celle de notre rêve à tous, car cet Américain est le premier navigateur qui ait réalisé à la voile, en solitaire, le tour complet de la Terre. C'est l'ancêtre de tous les navigateurs solitaires. Aussi bien de Toumelin, de Moitessier, de Gerbault que de moi-même : c'est l'homme qui nous a ouvert la mer.

Slocum va naviguer autour du monde à une époque où le canal de Panama n'existait pas encore. C'est-à-dire qu'il avait l'obligation, lui, de passer par la pointe la plus méridionale de l'Amérique du Sud, alors que maintenant on ne le fait plus que si l'on recherche la difficulté. Un exemple : la course autour du monde à la voile passait par le cap Horn parce que l'on tenait à corser l'épreuve. En réalité, on pourrait aujourd'hui si on le voulait — et on le faisait il y a encore quelques années — couper au plus court en traversant l'isthme de Panama, en passant par le canal qui a seulement été ouvert en 1914.

Slocum est né en Nouvelle-Ecosse. Bien que Canadien d'origine, c'est un Américain de langue anglaise : un pur Yankee, comme il le dit lui-même. Il a été capitaine au long cours. C'est donc un marin, un marin professionnel, qui a commandé des unités, qui a navigué sur divers bâtiments et qui a même fait naufrage, avec sa femme et ses enfants, naufrage à la suite duquel il a parcouru une longue distance sur un canot de sauvetage.

Autant dire que c'est un homme extrêmement proche de la mer. Il vit, par ailleurs, à une époque tragique pour les marins, une époque où l'on voit disparaître la vieille et belle tradition de la marine à voile. La vapeur devient envahissante et peu à peu on supprime les voiles — car, au début, les bateaux étaient à voile *et* à vapeur. On pressent que, seule, la vapeur va subsister, au détriment de la voile. Dès lors cette merveilleuse science de la mer, qui devait être infuse dans le sang des marins, les vieux loups de mer l'estiment en voie de disparition. Les vieux marins protestent, prétendent que jamais la vapeur n'apportera la sécurité que procure la voile (en un sens ils avaient raison, on le voit bien pour le yachting : un petit voilier de croisière sera toujours plus sûr qu'un cabin-cruiser).

Un jour, un vieux capitaine au long cours, ami de notre navigateur, lui propose une coque. La coque d'un voilier de onze mètres qui a navigué des années à la pêche, et qui a dû être construite une centaine d'années plus tôt. Cette coque se trouve dans un champ perdu loin de la mer, où elle pourrit, mais son dessin est très séduisant : sans élancement, sa forme lui permettra de résister au choc des lames. Slocum en tombe amoureux. On la lui donne mais il faut bien sûr la remettre en état. Un de ses amis, charpentier, abat deux gros arbres, les débite en planches, et lui-même, qui a rêvé un certain temps de devenir architecte de marine, ploie au feu ces bordés pour refaire son bateau.

Slocum accouche donc en quelque sorte d'un merveilleux sloop — c'est-à-dire un bateau à un seul mât — dont, par la suite, il transforme le gréement pour en faire un yawl — c'est-à-dire un bateau à deux mâts [1], ce qui permet de diviser la voilure.

---

1. — Le sloop et le cotre n'ont qu'un grand mât.

Le ketch a un grand mât à l'avant et un petit mât (l'artimon) en arrière du grand mât, mais en avant de la barre de gouvernail.

Le yawl et le **dundee ont deux mâts comme** le ketch mais leur artimon ou tape-cul est à **l'arrière de la barre.**

La goélette et le schooner ont également deux mâts (parfois plus). Le petit mât est à l'avant (la misaine) et le grand mât à l'arrière.

Et dès les premiers essais de ce bateau, qu'il a baptisé le *Spray* (c'est-à-dire « l'embrun »), il rêve de faire le tour du monde à la voile, tout seul.

Pourquoi tout seul ? Slocum a été marié et heureux en ménage. Mais sa première femme est morte et il s'entend beaucoup moins bien avec sa nouvelle épouse. Ses enfants l'assourdissent de criailleries. Au fond, il trouve que le seul endroit où il est tranquille, c'est la mer.

Cette mer, il va la chercher en solitaire. A la fois pour démontrer l'admirable efficacité de la voile et aussi pour relever une espèce de défi de vieux Canadien têtu à qui tout le monde a dit : « C'est impossible » et qui pense : « Vous allez voir ce que vous allez voir. On va leur démontrer à ces modernes, à ces défenseurs de la vapeur, qu'on peut parfaitement faire le tour du monde à la voile tout seul sur un bateau. »

Il faut se replacer dans l'esprit de l'époque et se rendre compte que ceux qui déclaraient que c'était impossible le disaient avec la même conviction que ceux qui m'ont expliqué, à moi, que traverser l'Atlantique sur un radeau de caoutchouc, sans vivres, équivalait à un véritable suicide. Et nombreux étaient les amis, les confrères qui conseillaient à Slocum : « Ne partez pas, ce serait la mort certaine ! » Seuls quelques capitaines au long cours, qui avaient peut-être fait le même rêve que lui, venaient le trouver en lui disant : « Après tout, pourquoi pas ? »

Slocum essaie donc son bateau puis remonte le long de la côte est des Etats-Unis pour partir du port de Yarmouth en direction du détroit de Gibraltar.

A Yarmouth, il reçoit une visite assez touchante. Une jeune femme écrivain vient le voir. Elle s'appelle Mabel, elle est belle, jeune (vingt-cinq ans), et séduisante (Slocum était très sensible à la beauté féminine). Avec beaucoup de calme, elle lui signe le dernier livre qu'elle vient de publier avec cette dédicace : « Je vous attends à votre retour, car je sais que vous reviendrez ».

Slocum quitte Yarmouth début juillet 1895 et met le cap sur Gibraltar, de l'autre côté de l'Atlantique. Solitaire, il l'est en fait mais pas tellement en esprit. C'est en effet un homme plein d'humour, de gaieté, de poésie ; il chante des chansons de marins et il parle : il se parle à lui-même, évidemment — quel est le navigateur solitaire qui ne s'est pas parlé à lui-même ? — mais il parle aussi à des pilotes imaginaires. Il a trouvé que la Lune

— quelle expérience merveilleuse que de naviguer, la nuit, avec la pleine lune... — accomplit au fond une navigation comme lui, et que la situation élevée de l'astre lui permet de voir bien plus loin que lui. Très souvent, alors, lorsqu'il voit le temps changer, il s'adresse au « pilote de la Lune » — l'expression est de lui — pour lui demander si la route du lendemain sera bonne ou mauvaise.

Et ma foi, cette traversée de l'Atlantique se passe assez simplement. N'oublions pas qu'elle aurait pu être assez difficile parce qu'il ne s'agit pas de se laisser pousser par un vent permanent comme l'alizé. Ici le navigateur a affaire — approximativement une fois sur cinq — à des vents contraires. Slocum bénéficie de vents un peu serrés, mais en général favorables, et il parvient sans encombre à Gibraltar.

Une chose tout de même est à remarquer : il a rencontré des bateaux. C'est une chance manifeste, car quiconque a beaucoup navigué sait que la mer, de nos jours, est extraordinairement vide. Il n'y a personne ! On peut naviguer des jours et des jours sans découvrir trace de vie humaine. Slocum, lui, a rencontré du monde, ce qui était assez important car le problème des vivres frais se posait évidemment beaucoup plus à son époque qu'à la nôtre, puisque nous disposons aujourd'hui d'aliments vitaminés et de procédés de conservation qui permettent d'éviter le scorbut.

Un accueil enthousiaste l'attend à Gibraltar. Les Anglais sont des marins, ils aiment profondément tout ce qui concerne la mer et ils sont profondément attachés à la navigation à voile. Slocum est donc reçu comme un seigneur, comme un milord.

Notre Canadien d'Amérique se plaisait bien à Gibraltar et il s'en arrache assez difficilement pour retraverser l'Atlantique. Rien à voir avec ma propre traversée de l'Atlantique, car il lui fallait descendre jusqu'à la pointe de l'Amérique du Sud, ce qui lui interdisait par conséquent de suivre uniquement les vents alizés. Il doit traverser un secteur situé entre le vent alizé du nord et le vent alizé du sud, cette zone extrêmement inconfortable que Kessel, dans son livre sur Mermoz, appelle le « Pot au noir ». C'est une région où, à des calmes terribles qui ne permettent absolument pas à un bateau à voile d'avancer (il est alors « encalminé ») succèdent des tempêtes extrêmement violentes. Slocum est donc contraint de suivre cette route qui doit le mener jusqu'à la côte du Brésil.

Dès le départ, le long de la côte marocaine il lui arrive une aventure qui pourrait d'ailleurs se produire aujourd'hui encore, en plein xxe siècle, en mer Rouge par exemple. Dans les petites criques se dissimulaient des pirates, des barbaresques, descendants du célèbre Barberousse, qui essayaient de capturer les bateaux de passage. Ce n'était évidemment pas très commode lorsqu'il s'agissait d'un gros transatlantique, mais en l'occurrence, les pirates voient donc arriver un petit bateau à voile, un yacht, avec probablement un homme riche à bord (la réputation du yachting était déjà faite à l'époque...).

A bord d'un boutre, les pirates prennent Slocum en chasse. Un éventuel spectateur aurait pu assister alors à une course, à une véritable régate où il ne s'agissait pas de gagner un prix mais de sauver sa peau ! Inutile de dire en effet que si les pirates avaient rattrapé Slocum, la peau de celui-ci aurait été mise à sécher quelque part... Pour Slocum c'est donc la course de sa vie. Au risque d'un accident, il met « tout dessus », toute sa toile. Les pirates, derrière, hissent eux aussi toutes leurs voiles... Oui, mais Slocum est un vieux marin de haute mer. Sa toile, à lui, tiendra. Et au bout de dix heures de poursuite, le mât du pirate va casser ! Sauvé ! Ouf ! A nous enfin la haute mer.

Je dis bien « Ouf, à nous la haute mer ». Très souvent en effet, lorsqu'un profane nous parle de navigation, il nous dit : « Comme vous avez dû avoir peur en mer ! » Eh bien non ! En mer, on est tranquille. C'est à terre que les drames se produisent. « Soixante-quinze pour cent des accidents se produisent à l'atterrissage », disait-on dans *Ademaï Aviateur*. Pour la navigation en mer, il en est de même. Tant qu'on se trouve en mer, tout se passe bien. Les femmes de Boulogne le savent, qui disent à leurs maris sur le point de partir : « Seigneur mon Dieu, protégez le marin qui est à terre, en mer il se « démerde » !... Au large, en effet, tout s'arrange quand on sait naviguer. Seul le novice cherche la terre.

Slocum est donc parti avec le vent. Il fait les escales classiques : les îles Canaries, les îles du Cap-Vert. Chaque fois, le départ constitue un arrachement. Sachez-le : le grand piège tendu à tous les navigateurs, c'est celui des escales. A l'escale, il faut avoir de l'argent pour pouvoir repartir, faire les vivres, continuer. A l'escale, on veut tout de même réparer son bateau parce que, si l'on subit quelques petites avaries quand on est en mer, on « fait avec » alors que lorsqu'on est à terre, on ne veut pas partir avec la moindre imperfection. On dépense alors énormément d'argent. Et plus on reste aux escales, plus on a de mal à repartir. Vous qui, un jour, voulez traverser l'Océan, vous qui, un jour, souhaitez naviguer, méfiez-vous des escales : elles sont bien plus dangereuses que la mer et même que la tempête !

Le voyage se déroule sans histoires jusqu'à la côte d'Amérique du Sud. Au large de l'île d'Ascension, Slocum choisit sa route. (Ce n'est pas très loin de cette île que Tabarly a cassé son mât pour la première fois, au cours du tour du monde de 1974.) Il touche la terre à Rio de Janeiro, descend ensuite le long de la côte, et là, connaît son premier naufrage. Vrai naufrage, disons-le ! Son *Spray* s'échoue sur une plage de l'Uruguay, à la suite d'un coup de mauvais temps. Voulant passer trop près de la côte, il a mis son bateau au plein. Pour tenter de le dégager, il descend à l'eau son doris.

Le doris, vous connaissez : c'est ce petit bateau à deux pointes qui s'emboîte, empilé dans un autre identique, et qu'utilisent les morutiers pour aller pêcher autour de la goélette centrale. Dans ce cas précis pourtant, comme Slocum n'avait pas la place d'embarquer un doris entier, il en avait coupé un en deux et avait posé une planche pour fermer ce demi-doris, assez peu encombrant pour pouvoir être hissé sur le pont du *Spray*. Evidemment, la minuscule embarcation est assez peu confortable, mais Slocum godille, car en bon marin du nord, il sait bien godiller. (Je n'ai jamais compris pourquoi les Méditerranéens ne godillaient pas. Godiller est extrêmement commode, cela permet d'avancer très bien avec un seul aviron et de pouvoir déplacer de très gros bateaux. Ce qui est dur, c'est de démarrer une grosse embarcation, mais une fois qu'on est parti, on continue sans peine.)

Slocum godille donc son petit doris pour gagner la côte. Il réussit à amarrer le *Spray* échoué. Laissant son doris sur la plage, il entre dans l'eau et tourne son bateau dans la bonne direction, face à la vague... Quand il revient à terre, le doris a disparu. Il aperçoit alors un jeune Uruguayen qui lui dit, le plus naturellement du monde :

— Epave ! J'ai trouvé un bateau, il n'y avait personne dedans. Ce bateau m'appartient ! Celui-là aussi, ajoute-t-il en montrant le *Spray*. Si vous l'abandonnez, il m'appartiendra aussi.

Slocum songe évidemment : « Il faut que je me débarrasse de ce jeune opportuniste. Si je peux voir les autorités, on va me rendre mon doris. Quant à mon *Spray*, je parviendrai de toute façon à le remettre à flot. »

Et quand le jeune garçon lui demande :

— Mais d'où venez-vous, comme ça ?

— Je viens de la Lune, répond-il. J'ai mis un mois pour venir ici et mon voyage a pour but d'embarquer une cargaison de jeunes garçons comme toi pour les ramener sur la Lune !

Terreur du gosse qui se dit : « Catastrophe, je vais être pris ! », et préfère se sauver à toutes jambes. Slocum cherche alors un peu dans les environs, retrouve son doris et, avec l'aide de quelques pêcheurs d'un village voisin, peut repousser le *Spray* à la mer, embarquer le doris et poursuivre son voyage.

Arrivé à Buenos Aires, Slocum commence sa série de pèlerinages. Car pendant son voyage, il va rendre visite à tout ce qui lui rappelle la plus belle époque de sa vie : l'aventure de la mer et la navigation à voile. C'est à Buenos Aires que se trouve la tombe de sa première femme, Virginia. Celle qui, en sa compagnie, avait navigué à la voile, qui avait fait naufrage avec lui, celle qu'il avait tant aimée. Cette première femme qu'il aimait encore — car la nouvelle, il l'avait fuie en reprenant la mer — et dont on pense que, si elle avait vécu, il l'aurait entraînée avec lui dans son aventure. Des fleurs, un regret sur la tombe, puis il repart.

Il se dirige vers le sud, essuie deux ou trois tempêtes, puis se prépare à pénétrer dans l'océan Pacifique par le passage extrêmement agité et dangereux qu'est le détroit de Magellan. Passage dangereux d'abord parce que, de par sa situation, à l'extrémité sud de l'Amérique du Sud, il est extrêmement proche des régions polaires — le continent antarctique se trouve juste au sud du cap Horn — et que des icebergs y dérivent presque toute l'année. Dangereux surtout parce que ses chenaux sont parsemés d'une multitude de récifs.

On pénètre dans le détroit de Magellan par une grande bouche de l'océan Atlantique. Puis se présentent une vingtaine de grands chenaux dont certains seulement permettent de déboucher sur le Pacifique. Cette région était, à l'époque, extrêmement peu sûre car les autorités, tant chiliennes qu'argentines, n'avaient à peu près aucune possibilité de la surveiller. On y trouvait aussi bien des Indiens pillards, des pirates que des bandits. De nombreux navigateurs devaient pourtant passer par là, puisque à l'époque le canal de Panama n'était pas encore percé et qu'ils n'étaient pas en mesure d'affronter le cap Horn. Beaucoup de voyageurs avaient été assaillis par des bandes armées, si bien qu'on était très inquiet sur le sort de Slocum : si jamais il était attaqué à son tour, comment allait-il faire, lui tout seul, pour se défendre ?

L'un des plus connus de ces chefs d'Indiens pillards était surnommé Black Pedro. Il dirigeait une bande d'une centaine de gaillards qui n'hésitaient pas à attaquer les bateaux à l'abordage et à massacrer l'équipage s'il se montrait récalcitrant. Lors de l'escale de Slocum à Buenos Aires, un capitaine au long cours, qui avait perdu une partie de sa famille assassinée par Black Pedro, avait fait un cadeau à Slocum : de l'argent, des vivres, et... un sac de semences de tapissier, ces petits clous à tête ronde. Vaguement étonné, Slocum avait accepté en se demandant ce que signifiait ce cadeau. Le généreux donateur lui avait alors conseillé : « Tâchez de ne pas vous les enfoncer dans les pieds vous-même ». Un éclair avait aussitôt traversé l'esprit de Slocum, qui avait compris l'usage des clous. Il s'agissait de les semer sur son pont : si les pirates sautaient pieds nus sur le pont du *Spray*, il serait immédiatement averti de leur présence par leurs hurlements de douleur et ils s'enfuieraient à coup sûr, sans demander leur reste.

Par ailleurs, pour faire croire qu'il n'était pas seul à bord, Slocum avait acheté deux ou trois chemises, ainsi que quelques chapeaux. Quand il s'engage dans le détroit de Magellan, il change régulièrement de chapeau. Il apparaît tantôt à l'avant du bateau, tantôt à l'arrière, vêtu d'une chemise différente, pour faire croire aux guetteurs éventuels qu'il y a plusieurs hommes d'équipage à bord. Il a même improvisé une « sentinelle » permanente : une sorte de soliveau qu'il a installé à l'avant comme si une vigie veillait sur le passage, comme un pilote qui étudierait la route, avec un chapeau assez extravagant et une chemise aux couleurs vives. Un épouvantail à pirates en quelque sorte.

Et notre marin solitaire franchit le détroit de Magellan sans grande difficulté. Il subit tout de même, à l'endroit où le chenal se rétrécit au maximum, une attaque des pirates dirigés par Black Pedro, mais parvient à les tenir à distance en tirant quelques coups de feu dans leur direction. Black Pedro lui avouera plus tard que l'une des balles lui est passée entre les jambes.

S'ouvre maintenant devant lui cet immense océan, si calme par moments qu'on a pu l'appeler Pacifique, alors qu'il est l'océan des tempêtes par excellence. C'est d'ailleurs par une gigantesque tempête, par le « coup de tabac » le plus épouvantable que le *Spray* est accueilli à la sortie du détroit. Pas moyen de naviguer. Une seule solution pour essayer d'échapper à ce déchaînement des éléments : se mettre à la cape (on réduit la toile au maximum, ne conservant qu'un foc que l'on borde à contre et on se met ainsi le nez au vent, on se maintient face à la vague. La moindre déferlante roulerait le bateau et risquerait d'en engloutir les occupants).

Trois jours. Trois jours sans le moindre répit. Slocum et son *Spray* doivent faire face à la vague sans savoir où le vent les entraîne. Au quatrième jour, quand le soleil se lève, Slocum peut enfin faire le point et s'aperçoit que, pendant ce coup de mauvais temps, il a fait le tour de la Terre de Feu, qu'il a, sans le vouloir, franchi le cap Horn et qu'il est revenu dans l'océan Atlantique.

De nos jours, on passe le cap Horn par esprit sportif, mais l'on peut dire que c'est vraiment un « sale coin ». On croit toujours que le zéro des cartes indiquant le niveau des océans est le même partout. C'est faux. A cause de l'évaporation, la Méditerranée, mer presque fermée, est plus basse que l'océan Atlantique, par exemple : il y a jusqu'à trois mètres de différence de niveau entre Cadix et Oran. Cette même différence — toutes proportions gardées et donc bien plus importante — se retrouve de part et d'autre de l'isthme de Panama, entre le Pacifique et l'Atlantique : la différence de niveau peut atteindre dix mètres au profit du Pacifique, l'évaporation de la masse indo-pacifique étant beaucoup plus faible que celle de l'Atlantique.

Et le principe des vases communiquants ! objecterez-vous. Il est respecté, bien entendu, mais dans le cas qui nous intéresse, il s'agit d'un phénomène non pas statique, mais dynamique : les courants vont toujours dans le sens océan Pacifique-océan Atlantique. C'est pourquoi, comme me l'a expliqué un jour un ancien capitaine au long cours : « Quand on passe le cap Horn, ou bien on va de l'Atlantique vers le Pacifique et on prend tout dans la gueule, ou bien on vient du Pacifique vers l'Atlantique et on prend tout dans le cul. »

Slocum avait « tout pris dans le cul », et il était passé dans le sens ouest-est, du Pacifique vers l'Atlantique, sans s'en apercevoir. Il se retrouve donc une fois de plus à l'entrée du détroit de Magellan. Il est très fatigué, son bateau a beaucoup souffert, et le deuxième passage du détroit va être beaucoup plus pénible et compliqué que le précédent. Il va devoir s'arrêter souvent, réparer des avaries, recoudre des voiles, tenter d'améliorer la flottaison de son bateau, changer des bordés... Et chaque fois qu'il s'arrête, il s'aperçoit que les arbres remuent sur la rive : ce sont les pirates qui le guettent. Alors, tous les soirs, soigneusement, il sème ses clous de tapissier sur le pont avant de s'endormir.

Bien lui en prend car, par une belle nuit bien noire, il entend des cris de douleur : cinq pirates qui avaient sauté sur le pont se sont enfoncés des clous dans les pieds et se sauvent en poussant des hurlements terribles. L'expérience prouve donc à Slocum que cette défense permanente est bien plus sûre que les coups de feu. Au fond, il avait mis au point sa petite ligne Maginot personnelle et on ne pouvait l'attaquer sans y laisser des plumes.

Après cet assaut manqué, Black Pedro demande alors à le voir et essaie, bien sûr, de lui soutirer de l'argent. L'air intrigué, il lui demande :

— Où sont vos compagnons ? Quand vous êtes passé, la première fois, vous étiez nombreux et maintenant je vous vois tout seul ?

— Ne faites pas de bruit, répond Slocum, mes compagnons sont en train de dormir avec leur arme à portée de la main. Si vous faites trop de bruit, ils vont surgir et je ne garantis pas qu'ils ne vous tireront pas dessus.

Affolé, Black Pedro le laisse finalement repartir.

Slocum continue donc son voyage mais pour passer dans le Pacifique, choisit un autre chenal que le précédent. A cette occasion, il raconte une très jolie histoire : il voit apparaître devant son bateau une île qui n'était pas portée sur la carte. Il faut dire que si, aujourd'hui encore, les cartes de cette région sont assez imprécises, elles l'étaient encore plus à l'époque. Slocum regarde autour de lui : pas de pirates, ni à droite ni à gauche. Libre ! Il mouille son ancre, abat sa toile, met son demi-doris à l'eau, se rend sur la petite île et y plante un écriteau : « Défense de marcher sur les pelouses ». Après tout, cet îlot lui appartenait puisqu'il venait de le découvrir !

Et c'est enfin l'entrée dans l'océan Pacifique, très au sud, dans une région d'icebergs dont il faut s'éloigner au plus vite. Il remonte vers le nord, non pas le long de la côte chilienne — qui n'est pas très hospitalière malgré ses fjords immenses dans lesquels des bateaux de guerre allemands ont pu se réfugier, l'un pendant presque toute la durée de la guerre de 14-18 et l'autre pendant trois ou quatre ans, au cours de la Seconde Guerre mondiale. Au lieu de longer la côte, donc, Slocum se dirige vers une île appartenant au Chili, un petit morceau de caillou dont vous avez certainement entendu parler, et qui a bercé vos rêves d'enfance : l'île de Robinson.

SLOCUM

Car Robinson Crusoé a existé. Ce n'est pas le Robinson de Daniel Defoe, mais un Ecossais, Alexander Selkirk, qui ne s'entendait pas avec son capitaine et qui a été marronné. Marronner un homme consistait à le poser à terre en lui laissant assez de vivres et de munitions pour qu'il puisse se nourrir en attendant qu'un autre bateau passe par là et le recueille [1]...

Slocum mouille donc devant le minuscule archipel de Juan Fernandez, qui est composé de deux îlots, le plus proche de la côte chilienne étant le « Mas a tierra », l'autre, le plus éloigné, le « Mas a fuera ». Dans ces îles, nouveau lieu de pèlerinage, Slocum va rêver. Il va réfléchir huit jours, se refaire quelques forces, car, ne l'oublions pas, il ne disposait à bord que de la nourriture que pouvaient embarquer les marins de cette époque, c'est-à-dire du porc salé, des viandes séchées et ce fameux, trop fameux biscuit de mer, qui revient dans tous les récits de navigation de cette époque. On croit toujours qu'il s'agit d'un petit gâteau sec. Pas du tout ! Le biscuit de mer est une espèce de galette plate, extrêmement sèche qu'on est obligé de tremper dans l'eau pour la faire gonfler et qui, si elle est très nourrissante, n'apporte pas de vitamines. C'est pourquoi, sur l'île de Juan Fernandez, Slocum va se nourrir de fruits et de légumes frais, reprendre des forces pour la grande aventure : il va en effet entamer la traversée de l'océan Pacifique, traversée qui n'a rien de facile. D'autant que Slocum est le premier navigateur à tenter cette traversée à la voile en solitaire !

Pour passer le temps en mer, il y a les nuages, le vent, les changements de voiles à assurer, mais il y a aussi les livres. Slocum, de même que tous les marins de son espèce, avait emporté une petite bibliothèque. Comme moi, il possédait *Don Quichotte* et les œuvres de Shakespeare. Mais alors que j'avais choisi, pour ma part, d'emporter des partitions musicales (les deux *Passions* de Jean-Sébastien Bach et les dix-sept *Quatuors* de Beethoven), lui avait choisi des poètes, comme Tennyson, ainsi que des ouvrages scientifiques, particulièrement Darwin. La compagnie de Darwin lui était d'autant plus précieuse que le célèbre naturaliste avait lui aussi navigué dans le secteur de la Terre de Feu et du détroit de Magellan.

---

1. — D'où l'expression « faire marron », aujourd'hui passée dans le langage argotique.

Lire en mer pose pourtant un problème : on ne peut plus s'occuper du bateau. Mais faire la cuisine et dormir, c'est la même chose... C'était cela justement que Slocum voulait démontrer. Jusqu'alors, tous les marins avaient pensé qu'il fallait toujours quelqu'un pour s'occuper de la navigation, et donc qu'il fallait être plusieurs pour pouvoir dormir, cuisiner, lire. Slocum n'était pas de cet avis. « Mon bateau, je vais l'équilibrer de telle façon qu'il marchera tout seul », avait-il dit. Et le *Spray* marchait effectivement tout seul. Cette démonstration est très importante puisque la barre à girouette, qui permet de faire tenir au bateau le cap choisi n'existait pas encore à l'époque. Ce type de barre ne sera inventé que bien plus tard par Marin Marie, en 1936. Slocum, lui, avait mis au point une combinaison entre le système de réglage de la voilure et un système de réglage de la direction du gouvernail par écoutes et poulies. Cette combinaison allait lui donner pleine satisfaction pendant toute la durée du tour du monde ; depuis son expérience, on sait qu'on peut partir seul et vivre normalement à bord d'un bateau qui navigue tout seul, sauf bien sûr dans les moments de crise, où il est nécessaire de savoir monter dans la voilure et de tenir le gouvernail.

De longues journées passent ainsi, jusqu'à ce qu'il arrive aux Samoa, à Alpia, là où vécut le merveilleux Robert Louis Stevenson. Robert Louis Stevenson, c'est l'auteur d'un livre terrible, *Docteur Jekyll et Mr Hyde*, mais c'est aussi celui dont *l'Ile au trésor* et *les Contes des mers du Sud* ont fait rêver tous les enfants du monde. Choisi comme roi des Samoa par les indigènes, Stevenson avait refusé cet honneur mais avait coulé des jours heureux dans ces îles merveilleuses, jusqu'à sa mort. Quand Slocum passe aux Samoa en 1896, la veuve de Stevenson est encore là. Il va lui rendre visite. Nouveau pèlerinage.

Puis il met le cap sur la Nouvelle-Zélande, où il retrouve la civilisation. Il y reste très peu : le pays ne lui plaît pas. Et il part pour l'Australie. A son arrivée à Sydney, on va lui demander de l'argent pour la première fois depuis son départ d'Amérique. Plus tard, à Melbourne, on manifestera les mêmes exigences. La douane se mêle de ses affaires. Au lieu de l'accueillir en héros — car c'est un héros, il est parti de la côte d'Amérique du Nord, a traversé deux fois l'Atlantique et la moitié du Pacifique ! —, la douane lui demande de payer les droits de port. Or, il n'a pas d'argent ou très peu, juste de quoi acheter ses vivres, réparer son bateau et encore, parce qu'il travaille énormément de ses mains...

Alors ? Comment faire pour se procurer de l'argent ? Donner

des conférences ? Il le propose mais personne n'accepte ! Cela n'intéresse pas le public. Il trouve alors un subterfuge : il part en mer à la recherche d'un gros requin ; il en trouve un de trois mètres quatre-vingts, une énorme femelle dans le ventre de laquelle il trouvera vingt-six petits. Ce monstre des mers, il va l'exposer, le faire admirer moyennant finances pour pouvoir payer ses droits de port. Et, grâce à la curiosité morbide des gens qui se désintéressent d'un héros mais veulent voir de près le mangeur d'hommes, il gagnera l'argent nécessaire.

Cette obligation imposée par la douane australienne n'est finalement qu'une petite brimade en comparaison de ce qu'il va devoir affronter. Sous l'uniforme de la police, il retrouve un ancien matelot qui a navigué sous ses ordres lorsqu'il était capitaine au long cours. Cet homme, qui était à l'époque un demi-gangster, est devenu demi-policier. Voilà qu'il commence à raconter des histoires épouvantables sur le compte de Slocum et décrit les mauvais traitements que celui-ci lui aurait fait subir durant son embarquement : il l'aurait battu, flagellé, enfermé sans lui donner à boire ni à manger ; enfin, il déclare aux journalistes, qui sont tout heureux d'entretenir une controverse, que ce Slocum est un brigand, un forban, un de ces capitaines qui font fuir la mer à ceux qui auraient voulu y vivre leur vie.

La véritable histoire de cet ancien marin était pourtant simple : à l'époque il avait déclenché une mutinerie à bord du bateau que commandait Slocum, au point que la femme du capitaine avait dû intervenir, le revolver à la main.

Un interminable procès commence, de grandes polémiques ameutent l'opinion. Au bout du compte, on veut bien admettre que, Slocum étant maître à bord et ayant affaire à un mauvais élément qui avait tenté d'entraîner le reste de l'équipage dans une mutinerie, la sanction — la mise aux fers — qui lui avait été infligée était parfaitement justifiée... Mais enfin, voilà un homme qui rêve de plein air, de vent, d'eau salée, d'eau pure qui tombe du ciel sans traverser les poussières de l'atmosphère, un homme heureux en mer et qui, dès qu'il arrive à terre, dès qu'il retrouve cette civilisation de mesquinerie et de jalousie, doit répondre aux attaques les moins fondées et les plus désagréables.

Slocum est un homme, avec toutes ses forces et ses faiblesses. A la suite de ce procès, il tombe gravement malade, au point qu'il restera immobilisé pendant huit jours. Il faut remarquer un fait assez extraordinaire : tous ceux qui ont sillonné les océans — moi compris — sont tombés malades à un moment ou à un autre, mais grâce au ciel, nous l'avons presque toujours été au moment des escales. L'effort de volonté se relâche-t-il lorsque l'on touche terre ? Se produit-il une espèce de détente qui fait qu'on se laisse aller à la maladie ? C'est possible...

Puis Slocum se remet et, aussitôt sur pied, accomplit un nouveau pèlerinage. Avant de quitter l'Australie, il se rend à Cooktown, la ville de Cook, Cook le grand navigateur, l'illustre découvreur, le laboureur du Pacifique. Et Slocum mouille le *Spray* devant le monument dédié à Cook, en hommage à celui qui l'a précédé sur ces mers difficiles et alors inconnues !

Après ce nouveau coup de chapeau, il poursuit sa route vers le nord, vers le détroit de Torres, l'un des endroits qu'apprécient et qu'en même temps craignent le plus tous les navigateurs à la voile. Il est, en effet, extrêmement difficile d'obtenir une carte valable de ce passage. La seule description géographique satisfaisante de la grande barrière de corail australienne qui entoure le détroit se trouve dans Jules Verne, dans *Les Enfants du capitaine Grant*. Comme l'emplacement de cette barrière varie d'une année sur l'autre, il se trouve que, dans cette zone, depuis Jules Verne, on navigue « dans le bleu », dans l'inconnu.

Slocum franchit pourtant le détroit de Torres sans incident et va se diriger sans autre escale vers les îles Keeling, les îles Cocos. Les îles Cocos sont célèbres à plus d'un titre : le pirate Captain Kidd est censé y avoir enterré ses trésors ; durant la Première Guerre mondiale, c'est sur l'une de ces îles que le croiseur *Emden* a été coulé. L'*Emden*, qui faisait peser une menace sur tous les navires de l'Entente, et particulièrement sur les bâtiments australiens qui transportaient des troupes vers l'Europe, a été piégé au moment où il faisait sauter la station radio des îles Cocos.

Cela fait longtemps que Slocum est parti d'Australie. Il n'a évidemment pas pu envoyer de ses nouvelles. Aux Keeling, on lui fait savoir qu'un navire en partance pour les Indes néerlandaises peut acheminer le courrier sur Batavia, d'où sa lettre sera postée pour l'Amérique. En fait, cette lettre ne parviendra jamais à destination, si bien qu'on le croira mort comme on nous a toujours tous crus morts au cours de nos navigations. J'avais la radio à bord de mon bateau-laboratoire la *Coryphène*. Trois fois j'ai entendu annoncer : « Bombard a disparu corps et biens ». Heureusement, ces jours-là, j'avais bien déjeuné, je savais que ce n'était pas vrai. Mais enfin, cela fait toujours un drôle d'effet d'entendre annoncer sa propre mort !

Slocum ne connut pas cette expérience puisqu'il n'avait pas

la radio, mais quand il apparaît sur la côte d'Afrique du Sud, à Durban, le consul des Etats-Unis est persuadé qu'il s'agit d'un nouveau « canard », que ce n'est pas vrai, puisque Slocum est considéré comme disparu en mer. Heureusement, on peut lui pincer l'oreille, lui tirer la barbe, se rendre compte qu'il est bien vivant, et tout le monde se rassure.

Slocum est en pleine forme et vient d'arriver en Afrique du Sud ! Il n'est alors plus très loin d'avoir bouclé la boucle, il est bien près d'avoir réussi son tour du monde... C'est un extra-ordinaire exploit, qui fait de lui une vedette de l'actualité. On l'emmène rendre visite au président de la République sud-africaine Kruger, l'homme qui va faire parler de lui quelques années plus tard en allant chercher du secours en Europe pour se battre contre les Anglais, le président de la guerre du Transvaal. Le président Kruger est un barbu, costaud, Hollandais d'origine, un Afrikander, un protestant rigide et intégriste : pour lui, la Bible a valeur de vérité absolue.

On lui présente Slocum qui déclare :

— Monsieur le Président, je viens de faire le tour du monde, par l'Amérique du Sud, et j'arrive en ayant presque bouclé la boucle.

Kruger, furieux, laisse tomber sa main tendue, part en claquant la porte, sans prononcer une seule parole. Et Slocum de demander aux gens qui l'entourent :

— Qu'est-ce qu'il a ? Que lui ai-je fait ?

— Mais vous venez de mentir, lui répond le secrétaire de Kruger. Vous ne pouvez pas avoir fait le tour du monde. Le monde est plat. Lisez donc la Bible. Dans la Bible, il est bien dit que le monde est une galette, qu'au bout de l'océan il y a des espaces infinis et des abîmes sans fond, que si on va au bout de la mer, on tombe dans ces abîmes. Il ne peut donc être question d'en avoir fait le tour !

— Mais enfin, depuis Monsieur Galilée, il me semble qu'on sait que la terre est ronde...

— Galilée était un épouvantable hérétique ! D'ailleurs, le cardinal Belarmin a réussi à le faire condamner ! La Terre est plate.

— Puisque je vous dis que je viens d'en faire le tour...

— Monsieur, veuillez sortir. Le président Kruger vous fait dire qu'il ne peut pas recevoir un menteur.

Et on le met à la porte. Ceci se passait fin 1897, et à l'aube du XXᵉ siècle, en Afrique du Sud, on croyait encore officiellement que la terre était plate. Cet incident, largement divulgué par la presse, donnera lieu à quelques scènes amusantes : lors de son séjour en Afrique du Sud, chaque fois que Slocum rencontre quelqu'un dans la rue, on lui fait un geste des deux mains s'écartant et se rapprochant à plat, comme pour signifier : « Elle est plate ». Et lui, pour répondre, fait un geste arrondi, comme pour dire : « Elle est ronde ». Echanges de mimiques qui montraient bien l'antagonisme existant entre les deux théories : celle du monde tel qu'il est et celle qu'avaient adoptée ces gens, persuadés que les « vérités » scientifiques de l'époque biblique étaient absolument indiscutables.

Slocum n'apprécie pas particulièrement son séjour en Afrique du Sud. Il y fait tout de même une rencontre qui le touche profondément, celle de Stanley. Rencontre qui vaut bien un pèlerinage.

Stanley était, lui aussi, un personnage célèbre et un grand voyageur. Il avait été envoyé en Afrique par son journal, le *New York Herald Tribune*, pour retrouver un médecin missionnaire qui essayait de christianiser et de sauver de la maladie les Africains du centre, c'est-à-dire les peuplades vivant autour du lac Tanganyika. Ce médecin, c'était Livingstone. Stanley l'avait retrouvé à Ujiji, sur la rive orientale du lac Tanganyika. Et, alors qu'il n'y avait pas un seul autre Blanc à des centaines et des centaines de kilomètres à la ronde, Stanley s'était approché du docteur et avait lancé la phrase célèbre :

— Docteur Livingstone, je présume ?

Et Livingstone était tombé dans ses bras. Evidemment ce ne pouvait être que Livingstone, mais la question était typiquement britannique [1].

Rencontre Stanley-Slocum. Dialogue entre l'explorateur des terres et le voyageur des mers. Au fond, on pourrait imaginer cette rencontre-là entre Marco Polo et Christophe Colomb ou

---

1. — A l'époque, Livingstone et Stanley avaient commis l'erreur de croire que le Congo était le même fleuve que le Nil. Le Congo, en effet, après être monté vers le nord, oblique vers l'ouest avant de descendre vers le sud-ouest. La liaison entre la branche nord et la branche ouest n'avait pas été explorée et Livingstone avait cru que cette partie qui montait vers le Nord était le Nil. En réalité, le Nil était bien plus élevé en altitude que cette portion du Congo, si bien que, quand Stanley était rentré aux Etats-Unis et avait prétendu avoir trouvé les sources du Nil (alors qu'il parlait de celles du Congo), on l'avait traité de menteur. Phénomène fréquent : on traite souvent de menteurs les voyageurs.. C'est tellement plus simple de déduire le monde depuis son fauteuil, d'après une carte incomplète, que de se rendre sur place.

Magellan. La rencontre de la mer et de la terre. Mais Stanley avait énormément souffert alors que Slocum arrive en pleine possession de ses moyens physiques.

Poursuivant son périple, depuis l'Afrique du Sud, il repasse par l'île d'Ascension, qu'il avait déjà entrevue lors de sa descente depuis le détroit de Gibraltar vers la côte d'Amérique du Sud. Dès ce moment-là, Slocum a gagné son pari. La boucle est bouclée, il a effectué le tour du monde en solitaire, à la voile.

Il continue vers l'Amérique, passe près de l'île de Sainte-Hélène, qu'il appelle l'île de Napoléon, et croise devant la Guyane française. Dans son merveilleux ouvrage, *Seul autour du monde sur un voilier de onze mètres*, il raconte qu'il est passé en vue de l'île du Diable, au large de Cayenne. Cette île était célèbre : le capitaine Dreyfus venait d'en être libéré. La victime de « l'Affaire » venait de quitter l'île du Diable et, au cours de toutes ses escales, y compris en Afrique du Sud, on avait parlé à Slocum de l'affaire Dreyfus. L'étranger s'était indigné de la partialité évidente du tribunal militaire français.

Il ne touche pas terre à l'île du Diable, ni à Cayenne ; il longe la côte de l'Amérique du Sud et remonte vers les Antilles.

Il passe au large de Tobago, mais ne peut y accoster, pas plus qu'à l'île de Grenade, pour la bonne raison qu'il ne dispose plus de la carte correspondante par suite d'une faute d'inattention !

Au cours de son voyage, pour traverser le Pacifique, Slocum avait embarqué une chèvre. Les navigateurs ont souvent des animaux familiers qui leur tiennent compagnie. Ils peuvent leur parler et les discussions sont rares : en général l'animal est d'accord. Quelquefois on embarque un perroquet, auquel cas il peut y avoir des divergences d'opinion... mais avec une chèvre, pas de risque de ce genre. Or, la chèvre n'ayant pas de bonne herbe à se mettre sous la dent, avait jeté son dévolu sur les cartes de Slocum et les avait dévorées, trouvant sans doute celle de cette région de l'Amérique et des Antilles particulièrement appétissante.

Si bien que le pauvre Slocum se trouve démuni de son indispensable carte alors qu'il est en vue des Antilles. Quand on arrive de la haute mer et qu'on voit apparaître ces îles la plupart du temps extrêmement lumineuses — la Martinique, la Guadeloupe, Antigua et particulièrement Tobago sont couvertes d'une végétation à mon avis plus belle que celle des îles du Pacifique — cela semble un rêve... Et ces terres enchantées, Slocum doit se contenter de les admirer de loin, par la faute d'une chèvre !

La fin de son voyage n'est pas absolument dépourvue d'émotions, bien qu'aucune tempête ne secoue le *Spray*. Il approche des côtes de son pays alors que la guerre hispano-américaine bat son plein. Les Espagnols tiennent encore Cuba, d'où les Américains veulent absolument les chasser. Prenant prétexte de l'explosion dans le port de La Havane — explosion mal expliquée d'ailleurs — du cuirassé *Maine*, le président Théodore Roosevelt a déclaré la guerre à l'Espagne. Et alors que, des Antilles vers les Bahamas, Slocum trace sa route, il rencontre un croiseur américain, l'*Oregon*, qui, par pavillons, lui demande : « Avez-vous rencontré des navires de guerre ? »

Question accompagnée de la présentation du drapeau espagnol, « le plus jaune que j'ai jamais vu », dira Slocum. On lui demande donc s'il a rencontré des navires de guerre espagnols. Slocum répond, toujours par pavillons (il n'y avait pas de radio à l'époque et cette façon de communiquer prend un certain temps) : « Non, pourquoi... ? » — « Parce que nous sommes en guerre », lui répond-on. Sur quoi, Slocum envoie le message : « Naviguons donc de conserve », c'est-à-dire : « Naviguons donc l'un à côté de l'autre, moi avec mon petit bateau de onze mètres cinquante et vous avec votre croiseur ». Le croiseur demande : « Pourquoi ? » — « Nous pourrons ainsi nous protéger mutuellement ».

L'*Oregon* s'éloigne, apparemment avec un commandant de mauvaise humeur, ce qui fait dire à Slocum que, peut-être, le croiseur n'a pas aperçu ou compris ses signaux ; il ne lui vient pas une seconde à l'esprit que les officiers du gros bâtiment de guerre n'ont peut-être pas apprécié son sens de l'humour.

Le voyage se termine. Le *Spray* approche des Bahamas, y fait escale, remonte le long de la côte américaine et arrive enfin à son point de départ. Là, Slocum a droit, comme promis, à la visite de la jeune et jolie femme qui lui avait dit bonjour et au revoir au moment de son départ...

Voilà donc l'oiseau du large, le poète de la mer, le chantre de la vague, des nuages, de l'alizé qui va retrouver la réalité quotidienne. Il va devoir gagner de l'argent. Or, personne n'attache la moindre importance à son voyage. Cet exploit qui, maintenant, vaudrait à un Français la Légion d'honneur au moins et, en tout cas, lui offrirait la possibilité d'écrire un livre qui se vendrait très bien, n'intéresse personne. Quelques capitaines au long cours qui l'aiment bien lui adressent leurs félicitations, mais quand on parle de le faire venir à l'Exposition de 1900, l'Amérique répond : « Pour quoi faire ? » Il ne présente aucun intérêt, ce bonhomme qui a fui la civilisation ! Slocum va connaître des années dures, difficiles, aux prises avec des problèmes financiers insolubles. On va le voir dans un spectacle de Barnum, on va le montrer, on va lui faire raconter son histoire en public ; non pas à la salle Pleyel, devant un public ému, mais à des indifférents qui quelquefois n'ont jamais vu la mer et qui, en tout cas, n'en rêvent pas. Le Grand Souffle vers la mer ne s'est pas encore levé dans l'opinion.

On me dit souvent que j'ai eu beaucoup de chance. La seule chance que j'ai eue, c'est de vivre une partie des rêves que chacun de nous voudrait réaliser. Slocum avait réalisé le grand rêve des marins de notre époque.

Mais, tout de même, on commence enfin à parler d'autres navigateurs, de Blackburn, ce marin extraordinaire qui, éloigné à bord de son doris — il pêchait la morue — dans une région glaciale s'était volontairement laissé geler les mains de façon à pouvoir les utiliser comme des avirons et avait pu ainsi « ramer » jusqu'à Terre-Neuve... On commence à parler de la mer et des navigateurs solitaires. Slocum, alors, retrouve une certaine aisance, il fait des conférences, il écrit un livre qui a beaucoup de succès ; on commence à parler de lui, il est l'ancêtre, le premier ! Puis il reconstruit son *Spray* et, dès lors, il part tous les ans poursuivre le beau temps. Quand le printemps arrive aux Etats-Unis, il y revient. Quand l'hiver s'approche, il descend vers les Antilles, à la recherche du soleil, ce soleil que Gerbault va poursuivre lui aussi.

Un jour enfin, la plus belle aventure, peut-être, qui puisse arriver à un marin, se produit alors qu'il a plus de soixante-dix ans.

Il part... et ne reviendra plus.

On ne sait ce qu'il est devenu.

Il a rencontré la tempête, une tempête plus forte, une tempête qui l'a roulé, une tempête miséricordieuse qui l'a empêché de vieillir en souffrant d'un cancer ou de rhumatismes.

Slocum est entré dans la mer et n'en est plus ressorti.

CRISTOBAL COLON
ET MARTIN PINZON
les découvreurs de l'Amérique

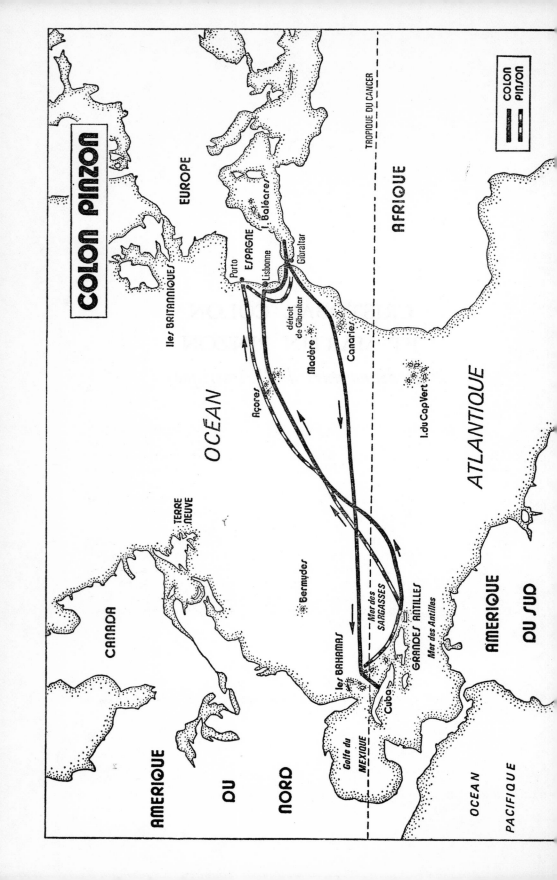

De 1515 à 1536, un grand procès fut instruit à Séville, en Espagne, pour savoir qui, de Cristobal Colon — Christophe Colomb — ou de Martin Pinzon, avait découvert les terres que nous connaissons aujourd'hui sous le nom des Antilles et de l'Amérique.

Lors de l'enquête, deux questions avaient été posées. La première : « Savez-vous si, au moment où l'amiral Christophe Colomb est parti à la découverte de ces régions, Martin Alonzo Pinzon était sur le point de s'y rendre pour son propre compte avec deux de ses bateaux et avait connaissance de certaine de ces terres par des écrits qu'il avait vus à Rome, à la bibliothèque du pape Innocent VIII ? » — La seconde : « Savez-vous si ledit Martin Alonzo Pinzon a donné des informations audit amiral sur ces pays et discuté avec lui des écrits susdits dans lesquels il était dit qu'au temps du roi Salomon, la reine de Saba avait navigué sur la mer Méditerranée jusqu'au bout de l'Espagne et que, de là, à quatre-vingt-quinze degrés à l'ouest, après une traversée facile, on trouverait, entre nord et sud, une terre d'une extrême richesse et fertilité dont l'étendue surpasse celle de l'Afrique et de l'Europe [1] ? »

---

1 — Qu'on veuille bien excuser le style pesant de ces questions, mais il s'agit d'une traduction littérale !

Qui était Martin Alonzo Pinzon, quel rôle a-t-il joué dans l'Histoire ?

A l'époque qui nous intéresse, c'est-à-dire aux alentours de 1480, Pinzon est âgé d'une quarantaine d'années. Il habite le port de Palos — où il est né — et jouit d'une grande réputation de marin. Il a navigué au cabotage le long des côtes d'Afrique, est descendu jusqu'au golfe de Guinée, ce qui, à l'époque, constitue pour un Espagnol l'extrémité du monde — les Portugais, eux, vont beaucoup plus loin puisqu'ils ont découvert l'embouchure du Congo et déjà passé le cap de Bonne-Espérance, ouvrant la route des Indes. Les Espagnols se contentent de naviguer surtout en Méditerranée où Pinzon a contribué, par son courage, à donner la victoire à l'Espagne, lors de batailles navales opposant la flotte de son pays à celle du Portugal. C'est donc un homme d'un grand prestige, d'un grand mérite, un marin expérimenté et courageux. Il est connu, estimé de ses contemporains.

Or, Pinzon se trouve en rapport avec les moines du monastère de la Rabida, un édifice tout blanc, situé à l'embouchure du rio Tinto, tout près de l'actuelle ville de Huelva, donc proche du petit port de Palos. Les moines de la Rabida sont des astronomes, des explorateurs du ciel et des passionnés de récits de voyages. Depuis longtemps ils s'entretiennent avec Martin Pinzon et discutent cosmographie et connaissance du monde.

Le principe de l'existence de terres nouvelles étant accepté, ne manquent plus que des « découvreurs » doués à la fois d'imagination et de courage.

Voilà qu'un jour, en 1485, arrive à la Rabida un homme de trente-quatre ans, en fuite, poursuivi, accompagné de son enfant de cinq ans : c'est Christophe Colomb. Il vient du Portugal où, pendant plusieurs années, il a vainement suggéré au roi Jean II du Portugal de mettre un terme aux expéditions extrêmement compliquées des explorateurs portugais. Ceux-ci partaient soit par voie de terre, sur les traces de Marco Polo, soit par mer, au-delà du cap de Bonne-Espérance, à la rencontre de la mousson. Et les régions de l'océan Indien leur réservaient souvent un accueil brutal : la tempête y était fréquente et cruelle.

Colomb a proposé d'effectuer ce même voyage vers l'Orient mais en passant par l'ouest et non plus par l'est : la Terre étant ronde, on doit pouvoir en faire le tour en partant dans la direction opposée ! Il suffit de traverser la Mer océane (actuellement l'Atlantique, à l'époque, le seul océan connu) qui baigne les côtes du Portugal et, en mettant le cap sur l'ouest, on aboutira en Chine, à Cipango, au Japon.

Malheureusement, il n'a pas réussi à convaincre le roi Jean II qui, non content de l'éconduire, le fait poursuivre. Colomb doit donc chercher son salut dans la fuite. Passant par la mer le long de la côte sud du Portugal et de l'Espagne, après avoir franchi le cap Saint-Vincent, son regard a été attiré par la blancheur éclatante de ce monastère, sur la colline dominant l'embouchure du rio Tinto. Il a alors demandé l'hospitalité pour lui, certes, mais surtout pour son fils.

Colomb a toujours considéré cette rencontre comme un geste de la Providence. Quelle extraordinaire coïncidence en effet, quel merveilleux hasard, quelle chance étonnante ! Cet homme qui rêve de voyages au-delà de l'horizon tombe dans l'un des deux ou trois seuls lieux au monde où l'on étudie déjà la navigation basée sur la position des étoiles !

Il est immédiatement pris en amitié par le frère Pérès, auquel il fait part de son grand rêve océanique, et le moine organise aussitôt une rencontre Colomb-Pinzon. Martin Pinzon, lui, ne trouve pas ce projet absurde du tout. Il considère même qu'il est parfaitement réalisable. Martin Pinzon, le marin, celui qui connaît la mer, demande alors au frère Pérès, celui qui connaît le ciel, d'intervenir pour que Colomb puisse trouver un mécène. Or, le seul personnage qui soit capable de supporter les frais d'une telle expédition et plus encore d'obtenir l'obéissance de ceux qui prendront part à ladite expédition, c'est le roi d'Espagne.

Le problème est qu'à cette époque, il n'y a pas un roi d'Espagne mais *deux* souverains, à égalité de pouvoirs. Elle, c'est Isabelle, reine de Castille ; lui, c'est Ferdinand, roi d'Aragon. Ils ont réuni leurs deux royaumes — mais chacun reste à la tête du sien — et ont entrepris ensemble la reconquête du pays sur les Maures. La *Reconquista* est déjà presque terminée, il ne reste plus guère que Malaga et la province de Grenade à reprendre aux Arabes, ceux-ci reculant de toutes parts. Leur civilisation remarquablement avancée les a mis aux prises avec des gens plus décidés et mieux armés qu'eux, surtout moins amollis par le confort, et la domination qu'ils ont exercée sur une grande partie de l'Espagne approche de son terme.

La reine Isabelle reçoit Christophe Colomb et, tout de suite, éprouve une espèce de coup de foudre. Pas le coup de foudre de l'amour, entendons-nous bien ; pas de rapports douteux entre ce rêveur et cette grande souveraine, contrairement à ce que l'on a suggéré parfois ; il semble, qu'en un éclair, cette grande imaginative entrevoie pour l'Espagne, alors en pleine transformation capitaliste, le pays le plus riche d'Europe, la possibilité de faire éclater ses frontières, d'aller ailleurs conquérir de nouvelles terres, et la possibilité, aussi (surtout, dira-t-elle), d'amener de nouveaux chrétiens sous la croix.

La reine a presque achevé sa croisade contre les Maures. Pourquoi ne pas la poursuivre autre part ? Elle s'enflamme pour le projet de Colomb et crée une commission d'étude dont elle confie la présidence au frère Talavera, son confesseur. Celui-ci doit étudier à fond ce projet et décider de sa réalisation ou de son rejet.

Le moment est venu de situer le personnage de Colomb. C'est un « nouveau chrétien » fils ou petit-fils de converti — Salvador de Madariaga a prouvé d'une façon indiscutable qu'il était d'origine juive et converti. Or, les Juifs convertis ont mauvaise presse à cette époque en Espagne. Nombreux sont ceux qui ne sont convertis qu'en apparence, qui pratiquent ouvertement le catholicisme mais sont, en fait, restés des judaïsants (de même que nombreux sont les musulmans qui se sont convertis au christianisme mais qui sont restés des musulmans cachés). Ce sont ces chrétiens récemment convertis et appliquant leur nouvelle foi avec sincérité qui vont pâtir de l'attitude de ceux qui ne se sont convertis que pour assurer leur sécurité, ces *marranes* qui vont être les grandes victimes de l'Inquisition.

Or, ces nouveaux chrétiens représentent la nouvelle Espagne face à l'ancienne. La vieille Espagne, ce sont les propriétaires terriens, les nobles attachés à leurs terres et à leurs châteaux. Les chrétiens de longue date possèdent les provinces alors que les nouveaux possèdent les diplômes, les connaissances, donc les postes administratifs. C'est une Espagne vigoureuse et dynamique en face d'une Espagne, disons-le, réactionnaire.

Devant la commission Talavera, les influences des uns et des autres vont bien sûr se faire sentir, et quand enfin, à l'été 1491, la commission va statuer, son avis va être négatif.

Bouleversé — il avait bien cru avoir convaincu la reine — Colomb repart pour la Rabida et annonce qu'il abandonne. Les monarques espagnols ne sont pas plus doués d'imagination que celui du Portugal. Il pense alors à se tourner vers Charles VIII de France... Mais Pinzon intervient une fois de plus.

« Ne renoncez pas, lui dit-il. J'ai en ma possession — et je les mets à votre disposition — des documents qui me viennent de la bibliothèque Vaticane. Ces documents prouvent qu'il existe bien des terres quelque part, là-bas, vers l'ouest. » Et il lui raconte l'histoire de la reine de Saba, qui aurait navigué vers le quatre-vingt-dixième degré Ouest et aurait trouvé des terres plus grandes que l'Europe et l'Afrique !... En fait, Martin Pinzon a surtout hérité des papiers d'un marin originaire de Huelva. Pris un jour dans une tempête, ce dernier a été entraîné vers l'ouest au milieu d'îles inconnues de la mer cruelle, de la mer des Ténèbres qui baigne ces régions reculées du monde où les gens qui croient encore que la Terre est plate s'imaginent que l'océan forme une immense cataracte : le bateau qui arrive au bord de ce gouffre ne peut que finir englouti dans des abîmes sans fond. Ce marin, qui a échappé à la tempête, a parlé à Pinzon d'îles inconnues et lui a remis des cartes et divers autres documents. Pinzon a admis que cet homme pouvait lui avoir dit la vérité.

C'est donc lui qui demande à Colomb d'insister auprès de la reine, de revenir à la charge. Et grâce à une nouvelle intervention du frère Pérès, Colomb obtient une nouvelle audience. Pour lui permettre de venir la rejoindre, la reine lui fait parvenir une mule, cadeau sans valeur, mais charmante attention qui montre bien que Colomb était sympathique à Isabelle. Qui prouve aussi qu'elle ne le considérait que comme un petit personnage. Quelle dérision : offrir une mule à un homme qui proposait de lui offrir un monde !

C'est donc à dos de mule que Colomb part pour Santa Fe, près de Grenade, où la reine Isabelle a établi son camp.

Il y restera jusqu'à la prise de Grenade, qui est un véritable triomphe. Le 2 janvier 1492, Isabelle la Catholique entre dans la ville. Le roi maure s'enfuit et Colomb participe au grand défilé de la victoire.

Cette fois encore, Ferdinand refuse. Car c'est à lui que Colomb a affaire et non à la reine. Le roi d'Aragon n'a jamais cru à ce projet et n'y croira que bien plus tard, quand beaucoup d'or viendra remplir les coffres royaux. Abattu, au comble de la déception, Colomb repart — toujours à dos de mule.

En cours de route, il aperçoit soudain, loin derrière lui, un cavalier en uniforme des gardes de la reine. C'est inquiétant. Le poursuit-on ? Ne va-t-on pas l'arrêter ? C'est un alguazil. Or, à l'époque, l'Inquisition arrêtait sur une simple dénonciation et sans avoir besoin de preuve. Le dénonciateur n'avait même pas besoin de donner son nom !...

Colomb a peur. Le cavalier le rattrape. Non, il ne vient pas pour l'arrêter. Colomb voit encore là une preuve que la Providence le protège. Le cavalier est chargé de le ramener à Santa Fé. Là, nouvelle surprise : la reine lui donne son accord. Non seulement elle va financer l'expédition, mais c'est autour d'elle que va s'organiser le voyage.

Et Colomb rentre à la Rabida. Lui, le rêveur, lui le navigateur en chambre, il revient près de Pinzon, le marin, l'homme qui a « les pieds sur mer », et lui demande de l'aider à constituer les équipages et à choisir les navires.

C'est de Palos que partira l'expédition. Pourquoi Palos plutôt que Séville ou Cadix qui, à l'époque, étaient déjà des ports beaucoup plus importants et auraient paru constituer des choix plus judicieux ? L'explication est simple : la situation des Juifs, dans ces deux grands ports, était délicate. La reine Isabelle, après avoir reconquis son royaume sur les Maures, était en train d'expulser les Juifs, et les ports étaient encombrés de citoyens « ex-espagnols » en partance. En outre, Palos ayant commis on ne sait plus quel délit se voyait dans l'obligation de payer un tribut à la cour d'Espagne, tribut qui allait prendre la forme de trois navires.

La *Pinta* et la *Nina,* les deux premiers, sont des caravelles, la *Santa Maria* étant plutôt un gros bateau de charge (aujourd'hui encore, on connaît assez mal les caravelles, tant en ce qui concerne leur gréement que leur forme. On a beaucoup brodé sur ce type de bateau. Le peu que l'on sait, c'est qu'il s'agissait moins de navires de haute mer que de caboteurs, essentiellement destinés à la navigation méditerranéenne). La *Nina* est la meilleure des trois unités. C'est la préférée de Colomb — et celle qui le ramènera en Espagne. La *Pinta* et la *Nina,* les deux navires les plus manœuvrants, sont commandées par Martin Pinzon et son frère. Colomb, lui, suivra sur la *Santa Maria.* C'est un gros bateau, assez lourd, difficile à manœuvrer.

Changer le nom d'un bateau porte malheur, affirment les marins, mais Colomb n'en a pas moins rebaptisé la *Santa Maria,* qui auparavant s'appelait la *Gallega*[1]. Se placer sous la protection de la Vierge faisait tout de même meilleur effet pour un voyage de découverte, à caractère religieux qui plus est. Car le grand prétexte de l'expédition, sa raison officielle, est la christianisation ; l'or n'a rien d'accessoire — chacun le sait si personne ne le dit encore — mais ce que l'on proclame partout, c'est qu'on veut convertir au christianisme les habitants des terres nouvelles. Sainte Marie devra donc veiller tout particulièrement sur la nef commandée par Christophe Colomb lui-même.

Le problème des navires étant résolu, reste à recruter des équipages. Il ne faudrait pas croire que l'enthousiasme a été immédiat lorsque Colomb est revenu avec les ordres de la reine. Les volontaires sont rares et c'est Pinzon qui réussit à rassembler des matelots. Pinzon, on le connaît, on lui fait confiance. Mais qui donc est cet étranger, ce Christophe Colomb ? « Que veut-il, où veut-il nous emmener ? » se demandent les marins de Palos. Mais puisque Martin Pinzon prétend que cette expédition n'est pas une aventure, il affirme que l'on peut partir sans crainte, alors, certes, on s'embarque, on s'engage. Les soldes sont avantageuses et les chances de faire fortune, énormes ; par conséquent on accepte de le suivre.

Martin Pinzon ne sera pas le chef de l'expédition mais le maître de la mer et la caution des marins, ce qui permet enfin de constituer les équipages. Il faut détruire la légende qui veut qu'on ait enlevé de force des malfaiteurs. C'est faux. On n'aurait d'ailleurs pas réussi une telle entreprise avec de tels hommes embarqués contre leur gré. Les mutineries auraient alors été sans doute beaucoup plus graves que les petites tentatives qui se produiront, mais des drames auraient surtout éclaté lors de la découverte de l'or. Ce sont donc bien des volontaires, des marins de Palos et des environs qui ont accepté de s'embarquer. On l'a d'ailleurs bien vu au moment du départ.

Le 3 août 1492 se déroule la grande cérémonie de communion. Tout le monde se réunit à l'église San Jorge, et tous les participants vont communier, ceux qui partent comme ceux qui restent. Car Pinzon a promis que les hommes reviendraient ! Bien sûr, on sait qu'on en perdra un certain nombre — quelle

---

1. — *Gallega* : la Galicienne, mais aussi la fille de joie, la marie-galante.

est l'expédition qui n'a pas perdu des hommes, en temps de paix comme en temps de guerre ? — mais Pinzon a promis sur sa foi que les équipages reviendraient, et cette promesse apaise toutes les craintes : les femmes communient avec les hommes et le départ a lieu dans une certaine allégresse.

Il faut pourtant signaler que, parmi les raisons qui avaient failli retarder le départ de l'expédition, la principale n'était pas le peu de confiance accordée par ses marins à Colomb, mais ses prétentions absolument exorbitantes. Il avait exigé d'être nommé amiral, d'être promu vice-roi des terres qu'il découvrirait, de conserver pour lui-même un fort pourcentage des sommes que l'on pourrait amasser... Colomb était terriblement intéressé. Pinzon, lui, qui, outre sa réputation, avait engagé pas mal de fonds dans l'aventure, était sans aucun doute plus attiré par l'exploration et la découverte elles-mêmes que par l'or et l'argent ou les territoires dont il pourrait s'emparer. Au fond, on peut dire que Colomb a cherché à découvrir pour s'enrichir, alors que Pinzon voulait explorer pour connaître et savoir.

Dans ces conditions, il est assez logique que les choses n'aillent pas très bien entre les deux hommes. Les conflits d'autorité sont nombreux : Pinzon sait ce qu'il faut faire, à la mer, mais Colomb se veut le maître de l'expédition alors qu'il lui manque les connaissances nécessaires pour assumer pleinement ces fonctions.

Situation d'autant plus délicate que, très rapidement, se posent des problèmes d'ordre matériel. La *Pinta* casse son gouvernail et aussitôt, Pinzon parle de sabotage. Ce qui est faux. En réalité, Pinzon, qui est un navigateur côtier, habitué au cabotage, ignore tout de cette grande houle de l'Atlantique — que j'ai moi-même rencontrée durant ma traversée — qui ne cesse jamais. Même par le calme le plus plat, on subit cette grande ondulation, cette étonnante respiration de l'océan Atlantique, ces vagues de six mètres de creux et de deux cent cinquante mètres de longueur d'onde. Dès le départ, les navires ont souffert d'un excès de voilure, et les grandes voiles latines ont finalement fait dresser les bateaux dans la vague, ce qui a provoqué la rupture du gouvernail de la *Pinta*.

Il faut donc réparer. Heureusement il y a des terres espagnoles à proximité. Le 9 août, on relâche aux îles Canaries et Martin Pinzon s'occupe immédiatement de trois choses. Il fait d'abord réparer le gouvernail de la *Pinta*, fait caréner les trois nefs (c'est-à-dire nettoyer la carène, partie immergée de la coque, car l'eau glisse mieux sur une carène propre et le bateau avance plus vite) et se préoccupe enfin de l'approvisionnement. On n'a que peu de détails sur ces travaux car c'est Colomb qui a raconté l'histoire et non Pinzon, mais il serait très intéressant de disposer de ces renseignements. Car cette première expédition vers l'Amérique et les Antilles est l'un des rares voyages où l'on ne parle pas de cas de scorbut. Quel genre de vivres avait donc embarqué Pinzon ? Savait-il déjà que l'absorption d'aliments frais constituait la seule façon de prévenir cette terrible maladie ? Jacques Cartier y fera allusion très peu de temps plus tard, c'est donc une hypothèse plausible.

Colomb, lui, ne s'arrête pas à ces détails : pendant que Pinzon s'occupe de tout, lui fait du tourisme dans les îles, quand il ne flirte pas avec une certaine Béatrice de Bogazilla qui est gouverneur de Gomera, l'une des plus belles îles des Canaries. Tout en continuant à donner ses ordres à Martin Pinzon, car la *Nina*, la *Pinta* et la *Santa Maria* doivent être prêtes à appareiller dans les premiers jours de septembre.

Le 6 septembre 1492, c'est le grand départ, cap à l'ouest. Il nous faut imaginer l'état d'esprit des marins de cette époque pour apprécier à sa juste valeur l'extraordinaire courage de Colomb et de Pinzon, et aussi des hommes d'équipage. On avait beau avoir affirmé partout que la terre était ronde, que c'était une sphère, il n'en demeurait pas moins que la grande majorité des marins étaient des hommes incultes. Très vite, ceux-ci se rendent compte que le vent souffle toujours dans la même direction, un vent très fort, d'est en ouest : c'est inquiétant, ce vent, qui théoriquement rend impossible tout retour vers l'Europe. Et ces courants, orientés dans la même direction, ils ne sont certes pas très rapides, mais qui dit qu'ils ne vont pas s'accélérer au cours de la traversée ? Qui dit que ce fameux gouffre d'Aristote n'existe pas ?... Et plus on progressera vers l'ouest, plus les marins sentiront croître leurs craintes devant l'existence possible de ce gouffre et des monstres qui y étaient toujours associés, dans des récits aussi fantastiques qu'imaginaires.

Cap plein ouest, donc. Au début, tout se passe bien. D'abord, on a vu des oiseaux plus longtemps qu'on ne s'y attendait. Les oiseaux sont, en général, un signe de bonheur et de chance, et les marins attachent une importance considérable à leur présence au-dessus des bateaux. Tuer un oiseau de mer porte malheur, car il indique la proximité de la terre. Il est la preuve que la terre est toujours là, qu'elle n'a pas abandonné le marin à sa solitude. Souvenez-vous de la colombe de Noé !

Nos voyageurs ont en outre une chance insigne : ils bénéficient d'un très beau temps, ce qui est assez extraordinaire dans la mesure où ils sont partis dans les premiers jours de septembre, à l'époque de l'année où l'alizé n'est pas encore bien établi. Ils semblent avoir eu une mer facile, la mer facile des alizés plus tardifs (décembre, janvier), celle que traversent à l'heure actuelle les navigateurs solitaires ou les plaisanciers. Ces vents alizés, les Espagnols commencent à les connaître. Ils vont constituer un des secrets de la couronne espagnole, un secret de navigation qu'il sera interdit de divulguer sous peine de mort.

Ces hommes de la première traversée de l'Atlantique, ils sont peu nombreux et nous connaissons leurs noms. Ils sont vingt-quatre sur la *Nina*, vingt-six sur la *Pinta* et quarante sur la *Santa Maria* ; quatre-vingt-dix hommes courageux qui s'apprêtent à affronter l'océan, loin de toute terre connue.

Les premiers temps, tout va bien, donc. Mais Colomb se méfie. Prévoyant que la peur va monter au fil des jours, il a pris des précautions : il tient deux livres de bord, dans lesquels il porte deux mesures différentes de la route suivie. L'un présente le chemin déjà parcouru comme beaucoup plus rapide que l'autre, qui contient les données réelles de la navigation. Seuls Colomb et le navigateur, Martin Pinzon, connaissent l'itinéraire effectivement parcouru. Durant tout le voyage, Colomb va « truquer » ses livres pour ses équipages. Il sait qu'il a besoin de ses hommes jusqu'au bout et il préfère leur mentir pour ne pas entamer leur moral.

Le problème de la terre va se poser beaucoup plus rapidement que Colomb ne le pensait. Il avait calculé qu'il lui faudrait au moins un mois pour atteindre la première terre. On n'est encore que le 25 septembre lorsque Pinzon croit avoir aperçu quelque chose, vers le nord. La *Pinta* et la *Santa Maria* se mettent bord à bord, on échange les cartes, Pinzon et Colomb se consultent. Colomb est sûr de ne pas être encore arrivé mais enfin, puisque Pinzon lui affirme avoir vu la terre, il accepte de mettre cap au nord pendant dix-neuf lieues. Puis Pinzon reconnaît son erreur et l'on repart vers l'ouest.

Les hommes deviennent de plus en plus nerveux. Les discussions se font de plus en plus véhémentes et les risques de mutinerie se multiplient. Les matelots commencent à revendiquer. Mais enfin, où les conduit-on ? Le vent soufflant toujours dans la même direction et l'eau coulant toujours dans le même sens, ont-ils une chance de revenir un jour en Espagne ? Si, au début, les voix sont assourdies, elles montent peu à peu vers le pont et parviennent aux oreilles de l'amiral.

Avec les membres de l'équipage, Colomb est partisan de la manière douce, alors que Pinzon propose tout de suite d'en pendre un ou deux. Les attitudes différentes des deux hommes s'expliquent très bien : l'un est marin, et en tant que commandant, il se considère comme le seul maître à bord, après Dieu. Colomb, lui, est un diplomate qui se dit : « J'ai besoin de ces hommes pour le voyage de retour et si j'en tue un, si j'en pends un ou deux, est-ce que je ne prends pas de gros risques ? Et puis tous ces marins viennent du même village : n'y aurait-il pas à Palos un cousin ou un frère de l'un de ceux que j'aurai fait exécuter qui cherchera à se venger sur ma personne ? »...

Refusant les conseils de fermeté de Pinzon, Colomb préfère donc recourir à la douceur et réussit à convaincre ses marins, un peu comme il avait réussi à persuader Isabelle la Catholique. On prétend qu'il a tout de même épointé leurs couteaux [1].

Vers le 10 octobre, on commence tout de même à scruter de plus en plus intensément l'horizon, d'autant que les souverains espagnols ont promis une rente annuelle de dix mille maravédis à celui qui verrait la terre le premier. Dix mille maravédis par an, c'est l'équivalent de vingt mille de nos francs. On scrute donc à s'en faire mal aux yeux à la tombée du jour, à l'heure où le soleil, en se couchant pourrait révéler au loin un pic ou une bande de terre, comme en ombre chinoise.

Dans la nuit du 11 au 12 octobre, une lumière apparaît. On en discute beaucoup : certains prétendent qu'elle était très nette, d'autres l'ont vue fugitive : a-t-on passé une île sans la voir ? On ne l'a jamais su. Toujours est-il que le lendemain matin, l'horizon est toujours aussi désespérément vide.

Enfin, dans la matinée du 12 octobre, un cri fuse de la vigie de la *Pinta*.

— Terre ! Terre !

---

1. — Tous les marins de toutes les époques ont toujours eu un couteau. Aujourd'hui, c'est un couteau qu'on plie dans la poche mais autrefois, c'était un poignard. Cette mesure semble bien insuffisante et l'histoire est sujette à caution mais la tradition veut que ce soit à cette précaution que nous devons d'avoir des couteaux à bouts ronds. Nous donnons cette information d'origine américaine sous toute réserve.

Cette fois, c'est vraiment la terre, et celui qui l'a aperçue le premier se nomme Juan Rodriguez. Il se fait appeler Rodrigo de Triana, car comme beaucoup de ses compagnons — des plébéiens, comme lui — il a décidé que seul un nom à particule peut aller de pair avec la nouvelle vie qu'il compte entamer dans le monde nouveau qu'il va découvrir : au Japon, ou en Chine.

Colomb fait preuve d'une mesquinerie particulière à son égard. Alors qu'il va retirer tous les avantages que l'on sait de cette expédition — il est amiral, va devenir vice-roi, et doit toucher une bonne partie de ce que l'on va rapporter —, il confisque à son profit la pension annuelle de celui qui, le premier, a signalé la terre, en prétendant avoir aperçu le rivage avant lui. Juan Rodriguez, indigné, n'oubliera jamais cet affront. Rentré en Espagne, il abjurera sa religion, rejoindra les rangs des musulmans et combattra à leurs côtés jusqu'à sa mort, contre les siens.

Cette terre, c'est un îlot de l'archipel des Bahamas, que Colomb baptise San Salvador (Saint-Sauveur, aujourd'hui Watling).

Au moment où ils abordent sur cette île, les deux navigateurs vont révéler leurs véritables personnalités. Martin Pinzon devient le découvreur, Christophe Colomb le conquérant. Colomb prend possession de San Salvador au nom de la reine Isabelle et du roi Ferdinand. Cérémonie à laquelle les indigènes assistent, sans rien y comprendre, eux qui ne savent pas ce que c'est que posséder quelque chose. Ils ont décrit ces hommes couverts de plumes d'une couleur étrange, débarqués de navires qui leur semblaient énormes (alors que la *Nina* et la *Pinta* devaient faire environ dix-sept mètres de long et la *Santa Maria* vingt-quatre ou vingt-cinq mètres au grand maximum). Ils ont décrit le débarquement, l'érection de la croix, la messe d'action de grâces — dans laquelle ils ne voient qu'un rite incantatoire. Ils s'étonnent surtout à la vue des parchemins, eux qui ne connaissent ni le papier ni l'écriture ! Parchemins que ces hommes étranges à la peau blanche (sont-ce même des hommes ?) grattent avec des pointes qui laissent des traces noires. Prise de possession incompréhensible pour ces indigènes qui ignorent tout de l'existence de l'Occident.

Colomb et Pinzon ne vont pas tarder à se séparer. Pinzon,

l'explorateur, le découvreur, ne se satisfait pas de l'explication
« Chine ou Japon ? » Il ne connaît pas ces îles, il ne reconnaît
pas ces indigènes — n'oublions pas que de nombreuses descriptions des Asiatiques avaient été faites, par Marco Polo par exemple. Il cherche. Et devant l'obstination de Colomb qui, lui, se
croit arrivé à Cipango (en Chine), Martin Pinzon, en conflit
ouvert avec le chef de l'expédition, choisit tout simplement de
prendre la fuite.

A-t-il voulu vraiment explorer pour son propre compte ? Nous
ne le saurons jamais puisque c'est à Colomb — et non à Pinzon
— que nous devons le récit de ce voyage. Colomb attribue à Pinzon les plus noirs desseins, il proclame que son commandant a
voulu s'emparer de terres, a voulu garder de l'or, et qu'en le
quittant il a commis vis-à-vis de son amiral une impardonnable
indélicatesse !

Pendant que Pinzon s'éloigne vers le sud-est, Colomb lui,
continue vers le sud-ouest, d'île en île, jusqu'à Cuba. C'est une
grande île, ce qui semble justifier l'identification avec le Japon.
A Cuba, l'amiral reçoit un message de Martin Pinzon qui a
abordé plus à l'est, à Haïti, a exploré le terrain, y a découvert
un fleuve — qu'il a d'ailleurs baptisé de son nom — et fait
savoir à son chef qu'il a trouvé *de l'or*. A cette nouvelle, Colomb
se précipite pour le rejoindre. Précipitation fatale à la *Santa
Maria* qui s'échoue sur un récif. Malgré tous les efforts de l'équipage, il est impossible de la renflouer. Plus de *Pinta* non plus, et
la *Nina* est juste assez grande pour abriter son propre équipage.
Colomb décide de débarquer les quarante hommes de la *Santa
Maria*. Mais il ne les abandonne pas sans moyens. Il fait construire un fort, qu'on nomme Ciudad de la Navidad, Cité de la
Naissance, Cité de Noël. Ces quarante hommes vont être les seuls
que Colomb laissera derrière lui, au cours de ce voyage.

Il gagne Haïti, mais Pinzon en est déjà parti et une espèce
de course s'engage alors entre les deux hommes, entre la *Nina*
et la *Pinta*. Colomb a une peur épouvantable que Pinzon veuille
arriver le premier en Espagne et que, transmettant le premier
la nouvelle de la découverte à Ferdinand et à Isabelle, il s'en
attribue tout le mérite... Or, on ne peut le nier, ce mérite est
partagé. Bien sûr, Colomb a gagné son pari, mais Pinzon est
tout de même pour quelque chose dans ce succès.

La *Nina* rattrape finalement la *Pinta* en haute mer et une
scène pénible, dramatique, a lieu entre les deux hommes. Apprenant que Pinzon a donné à une rivière son propre nom, Colomb
s'insurge contre cette prétention : « Mais enfin, pour qui vous

prenez-vous ? s'écrie-t-il. Vous n'êtes qu'un subalterne ! Vous mériteriez d'être pendu à la porte de l'amiral que je suis. » Et Pinzon répond fièrement, comme un hidalgo, que c'est bien la récompense qu'il mérite pour tous les services qu'il a rendus à l'amiral en l'aidant à parvenir à une position aussi glorieuse. Colomb finit par se calmer.

Dès lors, les deux bateaux naviguent de conserve, le plus souvent en vue l'un de l'autre. Navigation difficile, car n'oublions pas qu'on a privé les caravelles des voiles qui leur auraient permis de remonter dans le vent et que les alizés ne sont plus là pour les pousser. Comme ils se trouvent beaucoup plus au nord, il leur faut souvent remonter le vent.

Arrivés en vue des Açores entre le 14 et le 15 février 1493, les deux navires sont pris dans une tempête d'une violence inhabituelle, qui les sépare. La *Pinta* est perdue de vue dans la tourmente, la *Nina*, elle, fait route comme elle le peut vers les Açores, non sans crainte de la part de Colomb, car les Açores sont portugaises. On sait qu'il avait proposé une expédition vers l'ouest au roi du Portugal, mais Jean II avait refusé, non sans insister sur le fait que les Indes constituaient son domaine réservé. Or, les quelques indigènes — quatre ou cinq — que Christophe Colomb ramène en Espagne ne ressemblent pas aux Noirs de Guinée. Ils sont couleur pain d'épice, plus café au lait que nous, de la couleur des hommes des Indes (ceux de l'océan Indien). Ces Indes que le roi du Portugal n'entend pas laisser à l'Espagne. Colomb a donc quelque raison de se méfier.

Pendant que la tempête se déchaînait, lui et ses hommes ont promis d'aller assister à une messe d'action de grâces dès qu'ils rencontreraient la terre, si jamais ils échappaient à la tourmente. Pas question de revenir sur cette promesse, mais... si le roi du Portugal avait envoyé des consignes pour l'arrêter, lui, Colomb ? Il laisse donc ses hommes se rendre à la messe, et reste à bord de son navire.

Et bien lui en prend ! Car si le délégué du roi du Portugal aux Açores ne sait rien de précis sur Colomb, il commence à éprouver des soupçons en voyant les indigènes. Et que cachent ces hommes qui ne veulent rien dire sur leur expédition ? A la sortie de la messe, il fait donc arrêter les Espagnols et les met en prison. Colomb est alors obligé de menacer les Portugais des foudres du roi d'Espagne pour qu'on lui rende ses matelots. Ceux-ci libérés, il quitte les Açores, mais on comprend les craintes qui l'animent lorsqu'il se rend compte qu'il est absolument obligé de faire escale au Portugal.

Le vent mène en effet la *Nina* à Cascais, à l'embouchure du Tage, à trente-cinq kilomètres de Lisbonne. Comme Colomb est obligé de faire connaître son arrivée au roi du Portugal, il va jouer les don Quichotte. Il se présente comme un personnage important — et ne l'est-il pas devenu puisqu'il est vice-roi des terres qu'il a découvertes ? N'est-il pas *ipso facto* le cousin du roi d'Epagne, un homme de haute noblesse avec lequel il faut compter ? Le roi du Portugal ne peut emprisonner un tel personnage sans risquer un conflit avec son voisin. Or, la guerre est terminée depuis peu. En recommencer une pour la personne de l'amiral Christophe Colomb ? Pour l'instant, Jean II n'y songe apparemment pas. Il invite le navigateur à venir le voir et le reçoit avec une certaine cordialité, mais Colomb n'a pas envie de rester trop longtemps à la Cour. Il a trop peur qu'on l'assaille de questions, qu'on lui demande où il est allé, d'où il vient, de décrire ces pays où il a voyagé... Et il repart dès qu'il le peut, c'est-à-dire le 15 mars 1493.

Cinq jours plus tard, après avoir longé la côte sud du Portugal, il retrouve la façade blanche du monastère de la Rabida et entre dans le port de Palos.

Avec à peine une demi-journée d'avance sur Martin Pinzon.

Car Martin Pinzon, après la tempête que la *Pinta* a essuyée au large des Açores, a pu éviter le territoire portugais. Il est parvenu à Vigo, en Galice, d'où, semble-t-il, il a envoyé un message au roi et à la reine. Ceux-ci ont décidé d'attendre que leur amiral fasse son rapport — car Colomb reste le chef de l'expédition ! Pinzon quitte Vigo, contourne la péninsule ibérique et, arrivé à Palos peu de temps après Colomb, écrit à nouveau au roi Ferdinand et à la reine Isabelle. Cette fois, les souverains espagnols lui répondent et lui demandent de venir les voir. Ils sont prêts à le recevoir.

Martin Pinzon va-t-il prendre place, à côté de Christophe Colomb, dans le panthéon des grands découvreurs, des grands navigateurs ? Nos livres d'Histoire vont-ils voir mettre à sa juste place de grand marin ce courageux navigateur, ce capitaine émérite qui a su prendre ses responsabilités, choisir ses hommes, et qui a contribué à la victoire de l'Espagne sur les mers ?

Mais Pinzon est malade. Il a la « fièvre ». La typhoïde, la malaria ? Il est malade et... il est vieux. Il a plus de cinquante-trois ans, ce qui constitue un âge relativement avancé à cette époque, surtout pour un homme qui, comme lui, a vécu avec intensité, n'a jamais ménagé ses forces.

Il va se réconcilier avec Colomb, l'héberger même. Colomb demeurera chez lui, à Palos, Mais la lettre des rois catholiques arrivera trop tard pour lui redonner le coup de fouet moral qui peut-être le sauverait.

Pinzon s'éteint. Transporté au monastère de la Rabida où il a rêvé, puis accompli, avec Colomb, cette merveilleuse aventure, il meurt au début d'avril 1493, sans avoir eu le temps d'être reçu par les souverains espagnols.

Cette aventure, on ne la connaît que par le récit que Colomb en a fait. Nous apparaîtrait-elle différente, sous certains aspects, si elle avait été racontée par Martin Pinzon ?

On pense au mot de Cassandre qui termine *La Guerre de Troie n'aura pas lieu* de Jean Giraudoux : « Le poète troyen est mort, la parole est au poète grec. »

Le survivant a toujours raison. Colomb a pu présenter les faits comme il l'a voulu. Et dans son récit, il minimise constamment la part que son pilote a prise à l'expédition, il réduit presque à néant le rôle pacificateur, le rôle de commandement, le rôle de meneur d'hommes de Martin Pinzon. Si une louange lui échappe, c'est véritablement parce qu'il ne peut faire autrement, de temps en temps, que de laisser éclater son admiration.

Il n'en reste pas moins au crédit de Colomb que celui-ci demeurera un navigateur, alors que Pinzon est déjà sous terre. L'amiral repartira à trois reprises pour le Nouveau Monde. Mais le plus difficile n'était-il pas déjà accompli ?

Il n'empêche que l'Histoire enseigne aujourd'hui aux hommes que le vainqueur de l'Atlantique est Christophe Colomb. Et l'on oublie Martin Pinzon. On omet de dire que, sans la science de Pinzon, Christophe Colomb n'aurait pas pu convaincre la reine. Il est vrai également que, sans la diplomatie et l'imagination de Christophe Colomb, Martin Pinzon serait resté capitaine de caboteur, que jamais il n'aurait affronté l'Océan. Les deux hommes étaient donc complémentaires et si l'on parle surtout de l'un, c'est qu'il a survécu, alors que l'autre est mort.

COLON ET PINZON

Cette civilisation qui va se développer, cette civilisation océane, c'est à Colomb qu'on attribue ses fondations, alors que Pinzon en est également un initiateur. Pinzon, qui assimile les connaissances apportées par la civilisation arabe au moment où celle-ci, en pleine régression, va abandonner le continent européen pour se réfugier dans les terres d'Afrique du Nord et y vivre une vie incohérente, une vie inorganisée, pendant des siècles. La grande civilisation océane, atlantique, qui s'est ensuite étendue aux Philippines, aux Indes, aux Hawaii, à Madagascar, à l'Afrique, c'est Pinzon qui, transmettant sa science et ses documents au merveilleux rêveur d'aventures qu'est Colomb, en a jeté les bases. A ce titre, on peut le considérer comme l'un des pères de notre civilisation actuelle.

Et quelle ironie de voir reparaître, triomphante, la civilisation méditerranéenne que la civilisation atlantique avait fait reculer ! Au règne de l'or des Amériques, succède aujourd'hui celui de l'or noir, du pétrole, avant d'être supplanté demain par un or d'une autre nature... qui sait ? Le même peut-être que celui qu'ont permis de découvrir Christophe Colomb et Martin Pinzon.

LOUIS-ANTOINE DE BOUGAINVILLE
la découverte du paradis

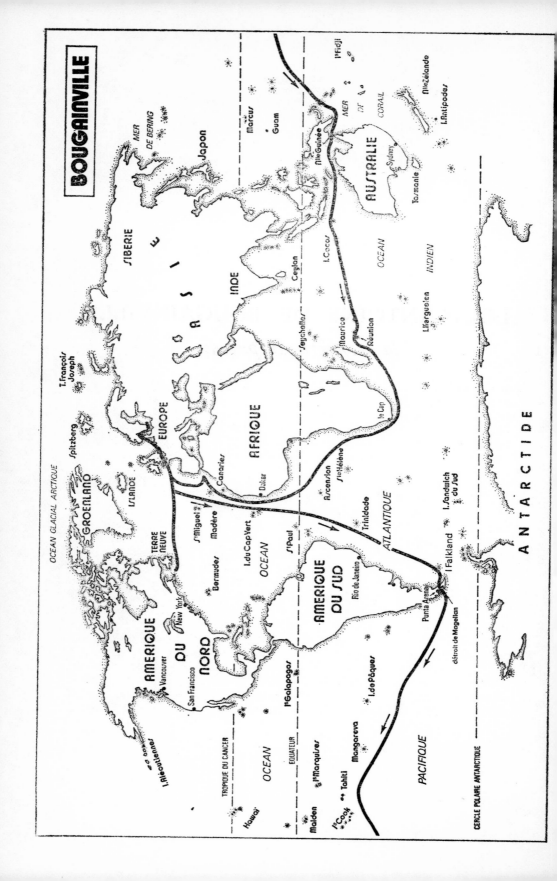

Antoine de Bougainville commença très jeune à se faire connaître comme brillant mathématicien. A l'âge de vingt ans, il avait déjà soumis plusieurs mémoires à l'académie des Sciences et participé à un congrès à Londres. Lorsqu'il embrassa la carrière des armes, il semble qu'il ait eu une préoccupation majeure : la recherche du bonheur. Bonheur de ses soldats aussi bien que des gens qui l'entouraient. Toute sa vie il sera obsédé par cette idée du bonheur de l'homme sur la terre.

En cadet de famille noble qu'il est — famille assez peu argentée — il entre dans l'armée. Dans l'armée et non dans la marine ! Il est « mousquetaire noir », c'est-à-dire qu'il fait partie d'une compagnie présente sur tous les champs de bataille alors que les « mousquetaires gris » constituent en général la garde du roi. Cela, à l'époque où va éclater la grande guerre franco-anglaise à propos du Canada, un pays où vont se retrouver tous les grands militaires qui se feront un nom dans le demi-siècle à venir.

Bougainville part rejoindre Montcalm, en compagnie des maigres troupes que le roi de France accepte d'envoyer pour défendre la France d'outre-Atlantique, la Nouvelle-France. Ne disposant que de moyens limités, Montcalm lutte à armes inégales contre les Anglais. Du jeune Bougainville, il va se faire rapidement un ami. Nommé commandant, Bougainville va se battre durant toute la campagne du Canada, d'abord devant Montréal, puis devant Québec. Et lorsque Montcalm, désespéré de voir que la métropole ne s'inquiète plus de lui, se rend compte qu'on l'abandonne, que ses canons n'ont plus de quoi tirer, qu'il manque de poudre, de vivres et d'hommes, c'est un homme de confiance qu'il va envoyer en France pour obtenir des renforts : Bougainville.

Avec toute la flamme propre à son âge, Bougainville présente à la Cour le problème de cette Nouvelle-France qu'il aime profondément. Il a appris à en connaître les habitants, il a été accueilli non seulement par les Européens installés là-bas, mais par les alliés indiens des Français, les Iroquois.

Il décrit ce qu'il a vécu au Canada, il raconte sa vie parmi les Iroquois. Ces Indiens ont des mœurs terribles, il les a vus faire rôtir des prisonniers ou les scalper... mais ils possèdent aussi une extraordinaire connaissance de la nature, des animaux et des plantes ainsi qu'une étonnante faculté de se déplacer — sans boussole, bien entendu — avec une précision inouïe dans les immensités canadiennes. Le jeune Bougainville se pose alors les questions qui préoccupent tous les hommes de son époque : « Rousseau a-t-il raison, lorsqu'il affirme que la civilisation a perverti l'homme, qu'elle en a fait un être vicieux, un être déplorable, un être agressif ? La guerre n'est-elle pas le produit de la civilisation ? N'est-ce pas pour gagner plus d'argent, pour conquérir plus de territoires qu'on la fait ? » A côté de cet homme « civilisé », Rousseau a dépeint le « bon sauvage », celui qui ne « sait » pas, vit en accord avec la nature, est tout instinct et naturellement bon. Bougainville se demande si ce sont de « bons sauvages » qu'il a connus au Canada. Ces hommes qui communient si bien avec la nature et qui, en même temps, font rôtir leurs prisonniers.

L'accueil qu'il reçoit de la Cour et du gouvernement est plutôt froid. La France a bien d'autres chats à fouetter : l'Inde bat de l'aile, quant au Canada, on a déjà presque renoncé à le défendre. Un jour, le jeune homme s'entend déclarer par un ministre :

— Vous savez, quand le feu est à la maison, on ne s'occupe pas des écuries !

— Monsieur, on voit que vous ne parlez pas comme un cheval, rétorque Bougainville, du tac au tac.

Il va repartir sans avoir obtenu les secours prévus et espérés par Montcalm. Il est toujours mousquetaire, mais il a appris beaucoup des choses de la mer, et déjà on commence à l'associer au commandement des bateaux sur lesquels il navigue. La passion de la mer le gagne et peu à peu il devient marin, un marin improvisé qui n'est pas passé par les écoles navales, bien entendu. Mais improvisation ne signifie pas obligatoirement incompétence et manque de qualités. D'autant que ses connaissances mathématiques sont plus que suffisantes pour lui permettre d'assimiler rapidement les principes de la navigation.

Il regagne le Canada juste à temps pour participer aux dernières batailles et assister à l'échec final. Il va se distinguer dans la défense de Québec, et se battre dans les plaines d'Abraham où Montcalm sera tué (ainsi d'ailleurs que son adversaire anglais Wolfe). Au moment même où il décide de se replier sur Montréal pour aller chercher des secours, on lui apprend que Québec a capitulé, que la France demande la paix, que par conséquent cette terre française est perdue.

Bougainville va-t-il désespérer ? Non. Il rentre en France, bien décidé à trouver une solution pour ces Canadiens qui se refusent à demeurer sur des territoires maintenant occupés par les Anglais. Car les Canadiens qui veulent rester Français et protestent contre l'occupation anglaise sont souvent déportés en Angleterre ; beaucoup ont pu revenir en France et ont été accueillis plutôt mal que bien dans leurs provinces d'origine — il y a si longtemps qu'ils en sont partis ! En Bretagne, dans le Berry, la Normandie, le Poitou, ils forment des colonies de repliés, de rapatriés (ce sont les pieds-noirs de l'époque). Ils se sentent très mal dans leur peau sur le territoire français, trop petit pour eux. Les grands espaces leur manquent, il se sentent abandonnés, sacrifiés, et Bougainville décide de faire quelque chose pour eux.

Le Canada est définitivement perdu et il n'est plus question d'essayer de trouver une terre nouvelle là-bas, en Amérique du Nord. D'autre part, ces gens sont habitués à la mer et au froid, et s'ils veulent s'expatrier, fonder une nouvelle colonie, ils n'ont pas besoin de s'installer dans des îles spécialement paradisiaques. On aurait pu penser, dès l'époque, à les conduire à la Martinique, aux Antilles... mais puisqu'ils viennent d'une contrée au climat rude, pourquoi ne pas leur offrir à nouveau un pays dont les conditions climatiques seraient similaires à celles du Canada ? Bougainville songe alors à l'archipel situé en face de l'extrémité méridionale de l'Amérique du Sud, ces îles que les Français appellent Malouines et les Anglais Falkland.

Cet archipel, il est encore peu connu. Il faut bien se dire que, jusqu'aux voyages de Bougainville, de Cook et de Lapérouse, les descriptions des îles récemment découvertes étaient d'une remarquable imprécision. Imprécision qui ne tenait pas toujours à l'ignorance des observateurs ou à l'imperfection de leurs instruments. Lorsqu'on avait découvert une terre riche, un bon mouillage, une baie accueillante, qu'on avait lié des relations agréables avec les indigènes on ne tenait pas du tout, en rentrant dans son pays d'origine, à en faire bénéficier tous les autres navigateurs du monde : alors on déguisait — un peu ou beaucoup — la vérité.

Des îles Malouines (découvertes par des marins originaires de Saint-Malo), on savait peu de choses. Leur position était assez mal déterminée, du moins en longitude (c'est-à-dire par rapport au méridien de Paris, à l'époque). On supposait que ces territoires étaient froids, puisque situés dans une région où abondent les icebergs, comme au Canada.

Bougainville va donc proposer à ces réfugiés du Canada, les Acadiens, d'aller coloniser une nouvelle France, de recommencer, en somme, ce qu'ils avaient fait au Canada, mais dans un endroit inhabité. On ne pourra pas leur reprocher de voler le territoire à des indigènes. De ce pays vierge, ils pourront faire leur nouvelle patrie.

Devant un tel projet, le gouvernement français ne fait pas preuve d'un enthousiasme délirant, c'est le moins qu'on puisse dire. Il vient tout de même de laisser pas mal de plumes dans ce Canada qu'on vient de perdre et la France de l'époque — de Louis XV, puis de Louis XVI —, si elle comprend bien l'intérêt d'expéditions scientifiques, de missions d'exploration — on le verra bien avec Lapérouse —, ne tient pas du tout à conquérir de nouveaux territoires. Elle a assez de problèmes sur le plan intérieur, où le temps est à de sérieuses réformes.

Tant pis. Bougainville va payer de sa poche, puisqu'en agissant ainsi il va aider les autres à trouver leur bonheur. Il paie de sa personne et de son argent, et met les trois quarts de sa fortune dans cette affaire. Il va même y intéresser son frère, académicien, et un oncle. Entraînée par cette masse de capitaux privés, la France est bien forcée de faire quelque chose et Choiseul, le ministre de la Marine, accorde deux bateaux à Bougainville.

L'*Aigle* et le *Sphinx* appareillent avec soixante-seize familles de Canadiens français à leur bord. Le vent est favorable et le voyage sans histoires. On débarque sur la plus grande des Malouines et, comme prévu, on n'y trouve pas âme qui vive.

Une surprise attend cependant les nouveaux colons, et elle est de taille !

Sous leurs yeux, à perte de vue, des étendues de gazon épais, des collines verdoyantes, mais pas un seul arbre ! Imaginons l'effet que cette découverte peut produire sur des gens qui viennent de la forêt canadienne et qui ont construit leurs maisons et leurs palissades aussi bien que leurs forts à l'aide de rondins. Comment va-t-on faire pour construire sans bois ? Le peu de planches qui se trouvent à bord des bateaux est nettement insuffisant. Tandis qu'on procède à une installation de fortune, Bougainville demande à toutes ces familles de cultiver ce qu'elles pourront et décide qu'il ira chercher le bois nécessaire là où il se trouve, c'est-à-dire aux Antilles.

Il sait que les Espagnols, qui sont installés dans tout le sud de l'Amérique, pourraient trouver un peu gênante la proximité immédiate d'une colonie française. C'est pourquoi, avant d'arriver aux Malouines, il a fait escale à Rio de Janeiro et à Buenos Aires, aussi bien en Argentine (territoire espagnol) qu'au Brésil (territoire portugais), où les autorités n'ont rien trouvé à redire à ses projets de colonisation.

C'est à son retour des Antilles que les véritables problèmes vont commencer.

Dès l'arrivée aux Malouines, en 1764, on a vu des vaisseaux rôder autour des îles ; peu soucieux de faire connaître leur nationalité, ces bateaux ont négligé de hisser leur pavillon en vue des côtes. Personne n'a encore débarqué mais les colons se sentent surveillés, épiés... Sentiment de malaise que vient renforcer une véritable catastrophe : un immense incendie, conséquence d'un feu de brousse non maîtrisé, a ravagé des hectares et des hectares de cette herbe sur laquelle on comptait pour faire un humus. Sur cette gigantesque étendue de terre brûlée, va-t-on pouvoir planter des arbres, va-t-on pouvoir vivre ? C'est au moment où ces questions se posent avec une acuité particulière que se précisent les intentions des rôdeurs étrangers. Des Anglais débarquent dans le nord et, signe dérisoire de prise de possession, labourent une minuscule portion de terrain dont ils vont faire un jardin potager.

Va-t-on devoir, de nouveau, se battre contre les Britanniques ? Non ! Ce ne sont pas eux qui vont déloger les réfugiés des Malouines, ce ne sont pas les Anglais qui vont empêcher les Acadiens de M. de Bougainville de réaliser leurs rêves de bonheur, mais les Espagnols.

Car les Espagnols, qui n'ont pas manifesté leurs intentions lorsque Bougainville s'est entretenu avec eux, ont bien réfléchi depuis ! Ils se sont rendu compte que l'emplacement du nouvel établissement français allait permettre à celui-ci de surveiller le détroit de Magellan et éventuellement d'interdire le passage de la mer européenne — car l'Atlantique est une mer européenne — vers le Pacifique, c'est-à-dire de couper les voies de communication entre les colonies espagnoles. Il n'est, en effet, pas question, à l'époque, de franchir la Cordillère des Andes pour se rendre de la pampa argentine au Chili, autre colonie espagnole : il faut passer par la mer, et pour ce faire emprunter le détroit de Magellan. Les Malouines sont manifestement trop proches de ce détroit et les Espagnols, dont les craintes sont sûrement fondées, protestent. Ils protestent en France, en Angleterre et demandent aux Anglais de les aider à faire valoir leurs droits. Pour eux, tous les arguments sont bons. Au lieu de se contenter d'insister sur le fait que la proximité des Malouines peut présenter une menace pour l'ensemble de leurs colonies espagnoles, ils ressortent des oubliettes un vieux texte, une bulle papale promulguée près de trois siècles auparavant, le fameux traité de Tordesillas.

En 1494, le pape avait partagé le monde de la façon suivante : tout ce qui se trouvait à l'est du 50ᵉ degré de longitude appartiendrait au Portugal ; tout ce qui se trouverait à l'ouest reviendrait aux Espagnols. A ce moment-là, on ne possédait que des notions fort imprécises sur l'existence et l'importance du continent américain, qui revenait de droit aux Espagnols, alors qu'à l'est l'Inde, les Célèbes, les Moluques et les Philippines étaient attribuées au Portugal. Ce n'est que plus tard qu'on découvrit cette espèce de grande bosse que le continent sud-américain forme vers l'est, au-delà du 50ᵉ méridien : le Brésil. En vertu du traité, le Brésil fut donné aux Portugais, ce qui en fit le seul pays d'Amérique Latine à ne pas être de langue espagnole.

Le pape avait eu beaucoup de mal à faire accepter ce traité par François Iᵉʳ qui s'était exclamé : « Je voudrais que l'on me montre la clause du testament d'Adam qui m'exclut du partage du monde ! » Il n'en restait pas moins que le traité de Tordesillas avait été appliqué à la lettre entre Portugais et Espagnols. Et voilà qu'on s'y réfère à nouveau en 1764 ! Même les Anglais trouvent cet argument difficile à admettre. Pourtant la France doit s'incliner et procéder à l'évacuation des îles Malouines, qui, dès lors, vont prendre le nom de Falkland sur les cartes du monde entier. C'en était fini de la tentative de colonisation du « Canada du sud », de la petite Acadie méridionale. M. de Bougainville a perdu son argent, sinon ses espérances. Va-t-il abandonner ?

Sûrement pas. Bougainville cherche le bonheur : il le trouvera ailleurs.

Il pose déjà les jalons d'une expédition vers le Pacifique, au départ des Malouines — nous sommes en 1767 et Cook prépare son premier grand voyage.

Avec ses deux bateaux, la *Boudeuse* et l'*Etoile*, il passe le détroit de Magellan et, en cours de route, résout l'énigme des Patagons. *Patagon* signifie « homme aux grands pieds ». On décrivait les Patagons comme étant probablement les géants qui avaient servi de modèles aux statues gigantesques de l'île de Pâques. Mais étaient-ils vraiment des géants ? Bougainville fait justice de cette légende. Il rencontre des Patagons, lie même des relations extrêmement amicales avec eux. Il se rend compte qu'ils sont un peu voleurs, mais sans malignité puisque finalement, quand on insiste un peu, ces voleurs rendent ce qu'ils ont dérobé.

Voilà Bougainville dans l'océan Pacifique : il recherche l'île de Pâques. Elle constitue une sorte de rêve pour tous les Européens, cette île perdue au milieu du Pacifique, cette île qui, vue de la mer, ressemble à une gigantesque œuvre d'art. Des œuvres et des formes d'art, on en découvrira plus tard dans les îles Marquises, en Nouvelle-Calédonie, aux Nouvelles-Hébrides, mais pour les trouver il faudra chercher longuement, effectuer des fouilles, interroger des indigènes, alors que les œuvres d'art de l'île de Pâques, ces impressionnants colosses de pierre, attirent immédiatement l'attention des nouveaux arrivants. Bougainville ne trouve pas l'île de Pâques, point minuscule sur un océan immense. Ce n'est que plus tard que Cook, utilisant des instruments de navigation plus perfectionnés — et singulièrement le chronomètre — précisera la longitude et la latitude des principales îles du Pacifique.

Bougainville continue vers l'ouest, le grand ouest. Les premières îles qui se présentent à lui font partie d'un archipel qui va devenir français — alors que le but de l'expédition n'est pas la conquête de nouvelles terres — et qui le restera : l'archipel des Tuamotu. Bougainville aborde aux rives du paradis tahitien.

Ce paradis, des générations vont en rêver ; nous en rêvons encore. Car, même aujourd'hui, le rêve de navigation vers un pays meilleur, où le bonheur est souriant, à la portée de tous, où personne n'est déçu, reste celui de Tahiti. Tous les ans, on voit un nombre croissant de navigateurs, solitaires ou pas, des couples, des groupes d'amis partir à la voile à travers l'océan, voguer vers Tahiti, vers le Pacifique, vers « ailleurs », à la recherche de quelque chose. Car il y a deux sortes de navigateurs : il y a ceux qui fuient la civilisation, et échouent en général, car ils ne trouvent rien pour combler leur insatisfaction ; et il y a ceux qui cherchent quelque chose, autre chose. Quoi, au juste ? Le bonheur, le paradis ? Toujours est-il que ceux-là, souvent, réussissent !

Alors que l'on cherche un bon mouillage, un homme s'approche sur sa pirogue, monte à bord. Et c'est tout de suite l'amitié, l'étonnant coup de foudre entre Bougainville et Aoutourou. Tous deux parviennent à se comprendre, et à mieux se connaître. Aoutourou va demander à rester sur le bateau et à accompagner les Français à l'intérieur de l'archipel. Bougainville est enchanté, bien entendu, car il dispose maintenant d'un pilote bénévole particulièrement habile et expérimenté, mais aussi d'un interprète.

Et surtout, Aoutourou, pour lui, c'est déjà le « bon sauvage ». Cet homme qui ne sait ni lire ni écrire, qui simplement, en montant à bord, lui a offert un sourire, un collier de fleurs, s'est dit son ami et a demandé à rester avec lui... comme il ressemble à la description que Rousseau a faite de l'homme à l'état de nature ! Mais le voilà, le bon sauvage ! Il est à bord, et, avec lui, le bonheur !

On arrive maintenant devant une île merveilleuse. Une île verdoyante où l'eau est claire, limpide, où les indigènes plongent avec des espèces d'arcs et tuent le poisson avec des flèches. Quelle extraordinaire abondance ! C'est là le paradis terrestre. Comme nous sommes loin du Canada avec ses Indiens aux mœurs farouches, de ces îles pelées, les Malouines, où l'on n'a pas trouvé un arbre, où l'on n'a rien pu construire et que l'on a dû abandonner afin d'éviter de graves complications internationales... Là, on est au milieu du Pacifique, parmi des indigènes souriants dont les milliers de pirogues entourent les navires, qui font à ces étrangers une fête extraordinaire, jouent de la musique — car on joue de la musique, à l'époque, dans les îles.

Ce lieu enchanteur, que ses habitants appellent « O Tahiti », séduit tellement Bougainville qu'il va le rebaptiser Nouvelle-Cythère. Les indigènes montent à bord. Les hommes sont beaux, bien proportionnés, solides, gais, avec une denture merveilleuse, au dire de tous les navigateurs. Cette précision nous surprend beaucoup aujourd'hui car si les Polynésiens sont restés une race très belle, saine, avenante, avec leur sourire et leur sens de l'hospitalité, leurs dents sont dans un état déplorable. Que s'est-il passé depuis deux siècles ? On l'ignore. Toujours est-il qu'à l'époque, la blancheur éclatante de la dentition des Tahitiens faisait l'admiration de tous les marins.

Et puis, il y a les Tahitiennes ! Dès le début, quelle surprise pour tous ces Français complexés, vivant à une époque extrêmement stricte sur le plan des mœurs, qui ne dissocie pas encore le péché originel des rapports charnels. Ici, les femmes sont non seulement gentilles, souriantes, séduisantes, mais offertes, parfois sous les yeux mêmes de leurs maris qui semblent tout à fait enchantés de voir que leurs épouses plaisent aux étrangers. Alors, à bord des bateaux, on a du mal à retenir ces hommes qui, alors qu'ils viennent de traverser le Pacifique et n'ont pas vu de femmes depuis de longs mois, voient s'offrir à eux ces Tahitiennes à la grâce innée et à la générosité physique évidente. Il faut pourtant tout mettre en œuvre pour éviter les désertions, les débarquements clandestins.

Bougainville va attendre un certain temps avant de débarquer, et ses bateaux restent mouillés devant O Tahiti pendant une dizaine de jours. Le roi de l'île, le bon Cacique, comme l'appelle Bougainville, est monté à bord et on a procédé à des échanges de cadeaux, les Européens offrant des clous. Ces derniers auront un succès fou. Jusqu'à ce que le marché soit saturé, on obtiendra tout ce que l'on veut depuis des bananes, des noix de coco ou une fille, pour quelques clous. Cacique lui non plus n'est pas pressé de voir les Européens descendre à terre, et plus tard il expliquera pourquoi à Bougainville, quand il sera plus intime avec lui : quelques années plus tôt, les Anglais de Wallis sont passés par là et ne se sont pas très bien conduits à la fin de leur séjour : après les vivres et les bons procédés, ce sont des balles et des flèches que l'on a échangées. Mais enfin, le Français obtient que ses hommes puissent débarquer. Oh, pas dans toute l'île : on leur assigne une zone où ils pourront descendre et où les indigènes pourront venir les voir autant qu'ils le voudront, mais les visiteurs n'auront pas le droit de se répandre dans l'île.

Et là où les marins sont autorisés à se rendre, c'est la révélation !

Mais oui, c'est bien là qu'il se trouve, le paradis terrestre ! Les femmes, on l'a dit, sont belles, accueillantes ; les hommes eux aussi sont bons et généreux ; ils partagent tout ce qu'ils ont, ils sont dénués de tout instinct de propriété. Le peu qu'ils possèdent, n'importe qui peut le leur emprunter, et éventuellement le garder. La contrepartie de cette générosité ne fait pas toujours l'affaire des Français, auxquels on « emprunte » des objets, en disant : « Je n'ai pas volé, j'ai pris ; j'en avais besoin, ça me plaisait, je n'ai pas volé... ». La langue n'est pas la même, les concepts ne sont pas les mêmes... Les conceptions du vol varient selon les latitudes, semble-t-il.

Mais s'il y a un aspect de la civilisation tahitienne qui frappe particulièrement Bougainville, c'est bien le sort réservé aux enfants. Comme Diderot le dira plus tard, un enfant est toujours le bienvenu à Tahiti. Ce qui était vrai il y a deux siècles l'est d'ailleurs resté. Aujourd'hui encore, le petit Tahitien ne sera pas forcément élevé par sa mère. Lorsque la femme est enceinte — qu'elle soit mariée ou non n'a aucune importance là-bas — et qu'elle n'est pas en mesure de garder le bébé, celui-ci est « retenu ». Par une tante, par une nièce ou par une amie — pas forcément une parente — qui, dès sa naissance donnera à cet enfant une famille et l'élèvera avec amour. Il est toujours le bienvenu, qu'il ait un peu de sang chinois ou européen dans les veines, ou qu'il soit entièrement polynésien.

Autre habitude étonnante pour un Européen et qui montre bien la simplicité des mœurs tahitiennes : au lieu de se vendre le poisson très cher les uns aux autres pour permettre à certains d'amasser de grosses fortunes, les Tahitiens partent à la pêche tous ensemble et les prises sont partagées suivant les besoins de chacun. On ne donne qu'une petite part à un célibataire, mais une grosse part à un homme qui a quatre enfants par exemple. Ces mœurs seraient-elles celles du paradis terrestre ?

Bougainville n'est pas loin de le penser. Et puis cette terre est si généreuse qu'elle fournit même le pain directement. Pas besoin de pétrir la pâte — il n'y a pas de blé — : les fruits d'un certain arbre donnent une pâte qui, cuite au four, donne un pain aussi croustillant que savoureux.

Une petite ombre au tableau pourtant. Evidemment le scorbut a disparu, la consommation de légumes, de vivres frais a arrangé beaucoup de choses à bord, mais on ne trouve pas les fruits qu'on s'attendait à cueillir, ni oranges ni citrons, réputés pour leur valeur antiscorbutique. Ce n'est que bien plus tard qu'on importera les agrumes et qu'on les acclimatera à Tahiti.

Bref, entre Français et Tahitiens, c'est une véritable lune de miel. Pas une seule note discordante, si l'on excepte les chapardages, les petites discussions et les petites scènes de jalousie que suscitent les Européens, jamais les Tahitiens. Et Bougainville est certain d'avoir trouvé le paradis. Il l'a tellement écrit que nous l'avons cru et que nous le croyons encore. C'est le cadeau qu'il a fait à nos rêves.

Mais combien de temps pensez-vous que Bougainville soit resté à Tahiti, au paradis ? A-t-il eu le temps de voir l'envers du décor, lui à qui on avait gentiment ménagé une jolie petite scène au-delà de laquelle il ne pouvait aller ? Bougainville, l'homme qui nous a décrit Tahiti, y est resté... huit jours ! Il a débarqué le 7 avril 1768 et en est parti le 13 avril. Imaginez un peu un touriste arrivant dans un pays nouveau — maintenant, hélas, il n'y a pratiquement plus de terres à découvrir —, y séjournant une semaine et, de retour en France, en Angleterre ou aux Etats-Unis, décrivant pour des générations la géographie et les mœurs de ce pays... C'est un peu sur cet ensemble, ces renseignements nettement insuffisants, je ne dirai pas cette « escroquerie morale », que nous nous fondons encore lorsque nous parlons de la merveille des îles du Pacifique.

Après ce court séjour qui n'a vu aucun incident opposer Européens et indigènes, la *Boudeuse* et l'*Etoile* lèvent l'ancre. Le fidèle Aoutourou est du voyage. Il a tellement insisté, tellement supplié, que Bougainville l'a emmené. Le navigateur sait pourtant qu'il ne rend pas un service au Tahitien en lui faisant connaître la France, et il le lui dit. Aoutourou se moque de ses scrupules et, pour lui montrer son attachement, lui propose de devenir son frère de sang. Bougainville accepte. Les deux hommes se font une scarification à l'avant-bras droit et échangent quelques gouttes de sang. A vrai dire, cette petite cérémonie qui permet à Aoutourou de prouver son affection, Bougainville n'y attache pas tellement d'importance. On est tout de même loin de l'obscurantisme des siècles précédents.

Décidément, Aoutourou est un merveilleux pilote. Il se guide d'après les étoiles, il annonce à l'avance les îles qu'on va reconnaître et qui confirment que l'on se trouve bien au paradis. Toujours par la bouche d'Aoutourou, Bougainville apprend que les insulaires sont des navigateurs et qu'une certaine forme de navigation de plaisance existe à Tahiti : pour éviter qu'il y ait trop de mariages consanguins, les hommes partent sur des pirogues pour de longs voyages à travers l'archipel. Ils emportent des cadeaux pour les habitants des îles qu'ils vont rencontrer, font des enfants sur place — ces enfants qui sont toujours bien accueillis — ou bien ramènent une épouse. Ce sont de véritables voyages de plaisance qui sont organisés, à l'intérieur de l'archipel de la Société, comme dans celui des Marquises, les Tuamotu. (Ces mœurs sont encore courantes, non plus dans les archipels français, mais dans les îles Trobriand au large de la Nouvelle-Guinée, et celles de la Loyauté en face de la Nouvelle-Calédonie.)

Bougainville profite de longues veilles pour s'entretenir avec Aoutourou, pour le questionner. Et Aoutourou lui raconte ce qui se passe dans la partie de l'île qu'il n'a pas vue. Et ce qu'il entend le désespère. Le bon sauvage qu'il croyait avoir trouvé, Dieu qu'il est cruel !

Le disciple de Rousseau apprend ainsi que, pour apaiser les éléments lorsque le temps est mauvais, les Tahitiens se livrent à des sacrifices humains. Il apprend que la cérémonie de lancement des grandes pirogues qui vont faire ces longs voyages, qui vont affronter cet océan dangereux — et les Tahitiens le savent bien — qu'est le Pacifique est accompagnée d'une manifestation d'une cruauté inouïe : ce que l'on appelle aujourd'hui le « slip » de lancement est constitué de corps humains espacés de deux mètres en deux mètres ; les lourdes pirogues ne glissent pas sur ces hommes ainsi allongés : elles les sectionnent, les déchiquètent, les tuent. Bougainville apprend qu'il existe des rites effrayants de mutilation volontaire, destinés à se concilier les faveurs des dieux. Alors? Le bon sauvage ?

Ce Français est un incurable optimiste. Il décide que c'est parce que ce ne sont pas de véritables sauvages, parce que ces gens descendent d'une ancienne civilisation qu'ils ne sont pas bons. Il n'a pas compris qu'en réalité il n'y a pas de bon sauvage — pas plus que de bon ou de mauvais civilisé — mais simplement l'homme, cet animal incompréhensible, et qu'il est impossible de classer les hommes en sauvages d'un côté et en civilisés de l'autre, chaque catégorie comprenant ses bons et ses mauvais éléments.

L'expédition continue, car son objectif n'était pas la recherche du paradis : on l'a eu « en prime », en quelque sorte. Bougainville veut faire un voyage rapide, c'est pour cela qu'il est resté si peu de temps à Tahiti. Du travail l'attend vers le sud et le sud-ouest, qui sont mal reconnus — il n'est pas encore au courant des découvertes de Wallis. Il désire en particulier explorer un archipel situé au bord de la Nouvelle-Bretagne, et un autre très au sud.

Il trouve assez facilement le premier archipel, dit des Navigateurs — les Samoa actuelles —, où les indigènes sont loin de se montrer accueillants. L'accueil est très froid, brutal, même. Explication : les derniers visiteurs anglais ont emmené de force des hommes et des femmes. Français, Anglais ? Les insulaires ne font aucune différence. Ce sont tout simplement des Blancs aux réactions étranges qui sont gentils un jour et méchants le lendemain. Et les Blancs, de leur côté, ne comprennent pas ces indigènes qui sont accueillants un jour et qui, le lendemain, leur jettent des pierres. Des rapports presque normaux finissent tout de même par s'établir avec les Samoans, mais quand on part on a droit à une volée de flèches.

Bougainville se souvient alors que les Tahitiens, ces Tahitiens du bonheur, ces Tahitiens du paradis l'ont accueilli avec des fruits, des cochons rôtis, des bananes, des noix de coco, mais qu'ils avaient eux aussi des arcs, des flèches et des sagaies. Ces armes, elles devaient bien servir à quelque chose, non ? Alors ? Ces hommes qui paraissaient si bons, font-ils ou ne font-ils pas la guerre ?

Et peu à peu le doute le gagne, l'envahit au point qu'il est obligé d'admettre qu'il s'est trompé. Le bonheur n'existe pas à Tahiti. Une forme de bonheur peut-être, mais ça n'est pas ça, le vrai bonheur.

Bougainville met ensuite le cap au sud. Là, Aoutourou ne peut plus guère l'aider, il ne connaît pas cette région. Sur sa route, il trouvera une île, si grande qu'il la prendra d'abord pour un continent et lui donnera son propre nom. C'est la plus septentrionale de l'actuel archipel des Salomon.

Le retour s'effectuera sans histoires et Bougainville pourra se glorifier de n'avoir perdu que cinq matelots, dont trois qui ont déserté, trois marins qui, à la mer, ont préféré le « paradis ». Il n'a pas pu les retrouver.

L'état de santé de ses hommes n'est tout de même pas des

meilleurs : les charmes des Tahitiennes étaient parfois empoisonnés, et les maladies vénériennes ont fait des ravages parmi les membres des équipages.

On s'est beaucoup et longtemps interrogé sur l'origine de ces maladies : s'étaient-elles vraiment développées dans les îles ? Comme on était très anti-anglais à l'époque, on s'est contenté d'expliquer que le capitaine Wallis était passé par là et que ses hommes avaient fait ce cadeau aux Tahitiens. Chaque nation rejette sur l'autre la responsabilité de la propagation de la syphilis, que les Français appellent pudiquement « mal de Naples » — alors que les Napolitains, évidemment, ne connaissent que le « mal français ».

A Saint-Malo s'achève la plus grande expédition commandée par Bougainville. Et la dernière. Ses découvertes le couvrent de gloire. En France, Aoutourou fait fortune, non pas matériellement, mais dans les salons car on le considère vraiment comme le « bon sauvage » de Jean-Jacques Rousseau et à ce titre on le reçoit partout, aussi bien dans les cercles nobles que chez les bourgeois. Les honneurs qu'on lui rend ne lui déplaisent pas et il semble très heureux. En outre, Bougainville lui a promis qu'il y aurait toujours une place pour lui à bord d'un bateau à destination du Pacifique, s'il désirait rentrer chez lui.

Un jour, Aoutourou décide de retourner chez les siens. Bougainville qui, à soixante-dix ans, n'a jamais perdu de vue son « frère de sang », tient sa promesse et le Tahitien quitte la France. Mais jamais il ne reverra son île car, gravement malade, il mourra à bord du bateau qui doit le ramener à Tahiti, lors d'une escale à Madagascar.

Louis-Antoine de Bougainville meurt en 1811.
Qu'a-t-il légué à l'Histoire ?
Le paradis.
Car nous gardons la certitude que le paradis sur terre existe, qu'il se trouve là, sous les tropiques, dans ces îles riantes, merveilleuses, dans ces lagons qu'aujourd'hui la plongée sous-marine a conquis, où l'on peut nager dans une eau tellement limpide qu'on en oublie la profondeur à laquelle on se trouve ; ces îles dont chacun rêve et où de plus en plus de gens ont les moyens de se rendre.

Mais Bougainville, malheureusement, a laissé d'autres souvenirs. Il semble qu'à son nom soit attachée une certaine fatalité.

Les Malouines ? Les Espagnols ne les ont pas occupées après le départ des Français ; il semble que le fait d'en chasser les Acadiens leur ait suffi. Les occupants suivants ont été plus malins qu'eux : ce ne sont pas des colons qu'ils y ont débarqués, mais des soldats, et ils en ont fait les îles Falkland, théâtre de l'un des derniers grands combats navals de la Première Guerre mondiale, au cours duquel les principales unités de la flotte allemande ont été coulées.

L'île de Bougainville ? Conquise par les Japonais en 1941, elle est devenue l'une de leurs principales bases dirigées contre l'Australie et contre Guadalcanal, qui se trouve juste en face. Et, en 1943-1944, la reconquête de cette île, qui porte le nom d'un homme qui ne rêvait que bonheur et paix, a été l'objet de combats sanglants et sans pitié.

Bougainville n'aurait-il donc visité que des endroits où l'on se bat ? Cet homme aurait-il eu la malchance de ne découvrir des terres que nous n'associons qu'à la guerre et à la mort alors qu'il n'était qu'un pacifique ?

Heureusement, à bord de la *Boudeuse* se trouvait un nommé Commerson, un botaniste qui s'était fait accompagner d'un jeune homme du nom de Barret. Barret, dont on a découvert en cours de route que ce n'était pas un homme mais une femme, et dont l'aventure inspirera la chanson « *Elle prend l'habit de matelot Et va s'engager à bord du vaisseau* ». La femme de Commerson a réussi à faire illusion pendant les trois-quarts du voyage. Quand on lui a enfin rapporté que c'était une femme, Bougainville a très bien pris la chose, une fois passé le premier instant de surprise. Et Commerson, en gage de remerciement et en hommage à son commandant a donné son nom à la plus belle des fleurs exotiques qu'il a découverte : la bougainvillée.

Quelle belle récompense pour un marin qui a fait le tour du monde en quête du bonheur, que de rester présent à notre mémoire grâce au nom d'une fleur admirable !

JAMES COOK
le laboureur du pacifique

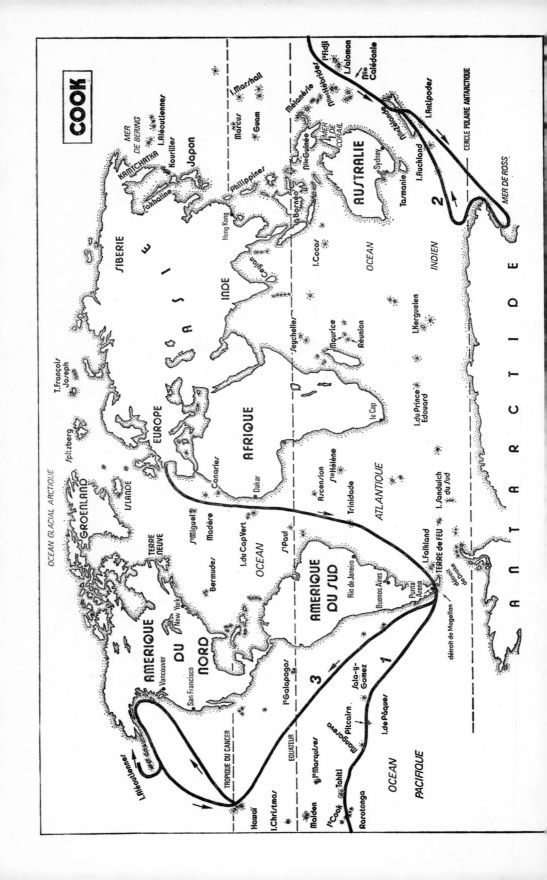

Est-il possible de réussir dans la vie, au XVIII⁰ siècle, quand on est fils d'ouvriers misérables ? Oui, si l'on en croit l'histoire de James Cook.

Il est né en 1728 dans une famille d'ouvriers agricoles, métier extrêmement pénible à l'époque, mal payé et considéré avec mépris. Jusqu'à dix-sept ans, le jeune Cook mène cette vie rude de travailleur des champs, réussissant pourtant à se dégrossir un peu, puisqu'il apprend à lire, à écrire, à compter. Après son dix-septième anniversaire, il entre comme employé dans une épicerie en gros comme il en existait alors des quantités en Angleterre.

« Garçon sérieux, garçon rangé », cette appréciation va suivre Cook toute sa vie. Tout ce qu'il fait, il le fait sérieusement, à fond. Ces qualités ayant attiré sur lui l'attention de petits armateurs, il va travailler chez eux à l'âge de dix-huit ans. Le voilà devant la mer. Or, pour tout Anglais, se lancer dans un métier ayant un rapport avec la navigation — et singulièrement dans ce XVIII⁰ siècle où l'Union Jack domine sur toutes les mers du monde — *Rule, Britannia* — c'est changer radicalement de vie : James Cook vient de la campagne et « monte » vers la mer.

Bien sûr, il fait d'abord des métiers de tâcheron, mais enfin, un jour, il embarque sur un bateau charbonnier. Que pouvait être un bateau charbonnier, à l'époque ? En 1746, il n'y avait pas longtemps que l'on utilisait la houille. Et il n'était pas loin le jour (trente-six ans auparavant, au maximum) où, en Angleterre, un homme était monté sur le bûcher, pour sorcellerie, sous prétexte qu'il avait fait brûler... de la terre ! On avait aussitôt puni cet acte diabolique, et la créature du démon avait été condamnée et brûlée. C'est dire qu'au milieu du XVIII' siècle le charbon était d'utilisation récente et que les charbonniers n'étaient pas encore surchargés de commandes.

Rapidement, sur ce bateau, James Cook devient un personnage important, un homme que l'on écoute, un garçon « sérieux ». Responsable de la navigation, il se plonge dans les mathématiques et apprend à faire le point comme on le faisait à l'époque, quoique le métier de charbonnier en général ait surtout consisté à faire le cabotage.

A l'âge de vingt-cinq ans, il est nommé commandant en second. Il s'acquitte si bien de cette tâche que trois ans plus tard on lui proposera de devenir le capitaine du navire, à lui qui a commencé par labourer la terre.

Mais Cook refuse, parce qu'on est à la veille d'un nouveau conflit avec la France (la guerre de Sept Ans). On le sait, on en parle partout et en Angleterre on vit dans l'allégresse à la pensée d'en découdre avec l'ennemi héréditaire ! C'est pour Cook une occasion d'entrer dans la marine de guerre, et une chance de promotion... Cook refuse donc la facilité qui lui était offerte de devenir capitaine marchand. Quel preuve de caractère, déjà ! Un homme qui refuse une carrière (car enfin, sa carrière dans la marine marchande s'ouvrait toute grande).

Il préfère redevenir simple matelot, mais matelot de Sa Majesté ! Il s'engage dans la Navy pour pouvoir monter, pour avoir des chances d'accéder aux grades.

Les roturiers, à l'époque, tant en Angleterre qu'en France, avaient peu de chance de promotion dans une arme quelconque, et surtout dans la marine : les grades étaient réservés aux nobles, aussi bien dans la Royal Navy que dans la « Royale ». On pouvait, évidemment, à la suite d'une action d'éclat, devenir officier. Mais on ne montait pas très haut, rarement au-dessus du grade de lieutenant. Cook devient donc matelot.

Cependant il faut croire que l'on reconnaît rapidement ses mérites, puisqu'il est nommé maître d'équipage un mois à peine après son engagement.

De nos jours encore, le maître d'équipage est un personnage de grande importance. C'est le sous-officier qui est en contact direct avec les hommes, c'est lui qui transmet les ordres du commandant, c'est lui qui, en fait, commande sur le pont : c'est le chef d'équipe.

C'est donc en tant que maître d'équipage que Cook va participer à la guerre du Canada. Car la guerre qui vient de s'engager est celle de Sept Ans, au cours de laquelle la France va perdre, entre autres, le Canada. Et, pour que le Canada soit conquis, il faut que tombe sa place forte, Québec. L'énorme flotte anglaise va donc remonter le Saint-Laurent pour aller faire le siège de la ville. Elle est composée de nombreux navires de haute mer. Et qui connaît le Saint-Laurent ? Ce sont les Français ! Les Anglais, eux, ignorent à peu près tout de son cours !

On va donc demander à un homme de confiance de baliser le fleuve. Malgré les escarmouches françaises, et surtout les attaques des Indiens. Et c'est Cook qui va être chargé de cette mission, qu'il va mener à bien avec une telle efficacité que la flotte anglaise tout entière (plusieurs centaines de vaisseaux) va pouvoir venir mouiller devant Québec et assiéger cette place forte réputée imprenable... Il ne semble pas que Cook ait participé directement au siège, mais il n'en reste pas moins que si la flotte a pu arriver là, c'est grâce à lui ! On le récompense en le nommant officier.

Le fils d'ouvrier a réussi, il a le pied à l'étrier. Mais la guerre va-t-elle durer, et jusqu'où va-t-elle lui permettre d'accéder ?

Malheureusement pour lui, elle prend fin en 1768. Il est bien officier, mais son avancement semble compromis, puisqu'on entre dans une période de paix.

C'est justement en pleine paix que va avoir lieu ce que l'on peut considérer comme la première expédition scientifique internationale. La planète Vénus doit, en 1769, passer entre le Soleil et la Terre. L'endroit d'où on pourra le mieux l'observer pendant cet événement exceptionnel est situé dans le Pacifique. Et, dans le Pacifique, il semble que ce soit l'île de Tahiti qui soit le mieux placée pour l'observation — du moins d'après les astronomes.

Une expédition internationale est donc mise sur pied, à laquelle participent plusieurs pays dont la France et l'Angleterre — la paix étant revenue, les deux nations autrefois (et bientôt de nouveau) ennemies sont réunies dans un but scientifique. On arme donc un navire, l'*Endeavour*.

Dès le départ, des problèmes se posent. L'expédition a, en effet, deux missions bien distinctes à remplir : l'une officielle, scientifique : l'observation de Vénus ; l'autre secrète, confiée par la *Royal Society* [1] qui voudrait bien savoir s'il existe un continent au milieu de l'océan Pacifique.

---

1. — La *Royal Society* était la seule société de géographie de l'époque. Actuellement, il en existe plusieurs de par le monde, ainsi que d'autres *Royal Society*. Personnellement je suis décoré par la *Royal Scottish Geographical Society*, Société géographique royale d'Ecosse, qui m'a décerné sa médaille d'or, la Mungo Park Medal.

Insistons sur cette mission étrange, parce qu'elle fournit la preuve que, bien que le Pacifique ait été sillonné par des hommes de toutes les nations et essentiellement par les Espagnols, les découvertes étaient, en général, restées secrètes. On n'avait donc pu les relier entre elles. Certaines, même, étaient hypothétiques : avait-on affaire à des îles éparses ou à des points différents d'un continent ?... En Angleterre, un certain Darlympe, géographe et astronome réputé, soutenait qu'on ne pouvait comprendre le monde sans qu'il existât un grand continent au milieu du Pacifique : l'absence de ce continent aurait, disait-il, déséquilibré la Terre. Il *devait* donc y avoir là un continent, peut-être au centre, peut-être au nord, peut-être au sud, mais certainement un grand continent entre l'Asie et l'Amérique. Cook, qui va commander l'*Endeavour*, part donc avec, comme mission occulte (exposée dans une lettre cachetée qu'il ne devra ouvrir qu'en mer), d'essayer de trouver s'il existe ou non un continent Pacifique !

Pourquoi cette mission reste-t-elle secrète ? Il y a à cela plusieurs raisons : si l'on découvre un continent, peut-être essaiera-t-on de s'en emparer ; mais peut-être et surtout, les lords de l'Amirauté se méfient-ils d'une hypothèse un peu aventureuse et de ce fait ridicule. Au fond d'eux-mêmes ils n'y croient guère, à ce continent du centre-Pacifique. Ils ne veulent donc pas déclarer officiellement : « Nous allons chercher un continent qui n'existe pas » !

Quoi qu'il en soit, Cook part avec son secret et il ne part pas seul. A bord de l'*Endeavour* a pris place une société très mêlée : un mondain, un savant un peu dans le style d'un encyclopédiste pas très sérieux — beaucoup moins sérieux qu'un d'Alembert ou qu'un Diderot — mais dans le même état d'esprit. Nous sommes, ne l'oublions pas, au XVIIIe siècle, au siècle des Lumières... Ce savant, c'est Banks. Banks est un curieux, un érudit, un homme du monde et, dès le départ, il semble évidemment qu'il va faire figure de chef de l'expédition. Il a une telle autorité naturelle, et puis des parents qui..., et puis des cousins qui... Alors que Cook, lui, homme effacé, va commander l'expédition, apparemment en cachette au début. Mais très vite le véritable chef va se faire sentir.

Ils partent donc pour Tahiti à bord de l'*Endeavour*, font sans tarder le trajet Plymouth-Rio de Janeiro et descendent vers le cap Horn.

Cook a déjà introduit une nouveauté dans ce voyage : il a emporté de la choucroute. Il connaît les déboires de ses prédécesseurs qui ont tellement souffert du scorbut ; il n'ignore pas non plus que les vivres frais ne se gardent pas longtemps à bord, et sait maintenant que seule la consommation de végétaux frais permet de prévenir le scorbut. Mais comment garder des légumes frais ? Il a alors l'idée d'importer l'aliment qu'utilisent les gens d'Europe Centrale, qui ont de longues périodes d'hiver à passer sans légumes verts. N'oublions pas que la rapidité nécessaire au transport des primeurs et la science des conserves n'existent pas. A cette époque, en Allemagne, en Suisse, en Autriche, on n'a pas de légumes verts en hiver. Il faut attendre le printemps. Que mange-t-on alors ? : de la choucroute... Cook embarque donc de la choucroute. Mais les matelots refusent ce mets qu'ils ne connaissent pas. Comment le leur faire accepter ? Il faudra que les officiers en mangent ; dès lors, quand les marins voient les officiers en consommer, non seulement ils en réclament mais on se dispute pour la choucroute. Pas un seul homme du bord ne sera atteint de scorbut pendant le voyage qui va conduire l'*Endeavour* de Plymouth à Tahiti.

Avant d'arriver à Tahiti, Cook a très peur de perdre des hommes. Il les a sauvés du scorbut, il voudrait bien les sauver d'une maladie célèbre à Tahiti et transmise par les femmes : la syphilis (à l'époque, on dit déjà la vérole).

Tahiti a mauvaise réputation. On conçoit aisément que ces hommes qui venaient de naviguer pendant de longues semaines étaient affamés d'amour, et Bougainville avait décrit les femmes de Tahiti comme étant admirables et de mœurs fort faciles. A bord du bateau de Cook, se trouvent deux matelots anglais qui se sont déjà rendus une fois à Tahiti sur le *Dolphin*. Ils ont raconté que, là-bas, leurs camarades avaient contracté la vérole. Cook met alors en garde ses marins contre le « mal français » — comme on l'a vu, on se rejette à l'époque la paternité de la syphillis : le « mal français », disent les Italiens et les Anglais ; le « mal de Naples », disent les Français. Cook, lui, prétend que ce sont les Français qui ont introduit la maladie à Tahiti. Il en donne une raison peu valable : la preuve, d'après lui, est qu'après le passage de Bougainville on en a parlé, alors qu'avant Bougainville, après le passage du *Dolphin*, il n'en avait pas été question. L'argument est spécieux et il se peut fort bien que n'importe quel matelot d'Europe ait apporté la syphilis à Tahiti, si tant est que les Tahitiens ne l'avaient pas contractée au cours de leurs nombreux voyages... et il faut bien que l'équipage de Bougainville l'ait attrapée de quelqu'un.

En tout cas, à Tahiti, c'est dans la paix que vont commencer les observations astronomiques.

Ce rendez-vous avec Vénus, Cook va le manquer. On n'avait, en effet, pas prévu que, lorsque Vénus passerait devant le Soleil, celui-ci éblouirait tellement que toute expérience scientifique serait rendue impossible.

La mission principale de Cook échoue donc. Il ne verra pas Vénus. Il se consacre alors à une mission que nous pourrions qualifier « d'amitié » : il va rechercher l'ancre que Bougainville a perdue. Cette ancre, il va la retrouver, la ramener à l'Angleterre, et il offrira de la rendre à Bougainville... Quel merveilleux symbole de paix entre les deux nations ! Ces deux explorateurs qui sont passés à des années de distance au même endroit, l'un allant rendre son ancre à l'autre, alors qu'on vient de se faire une guerre impitoyable et qu'on est au seuil d'un nouveau conflit, la guerre d'Amérique, au cours de laquelle on ne se fera pas non plus de « cadeaux » !

Sa première mission ayant échoué, Cook va essayer de remplir la seconde : il va chercher le continent centre-Pacifique. De Tahiti, où il est arrivé en passant le cap Horn, il va se diriger vers la Nouvelle-Zélande et s'installer dans une baie que Tasman avait décrite avant lui, qu'il appelle la baie de la Reine-Charlotte...

Tasman, le grand navigateur, avait auparavant décrit la Nouvelle-Zélande comme une grande île se resserrant en son milieu. Il pensait que là, entre les parties nord et sud de cette grande île, existait une immense baie, une espèce de grand fjord. Cook va aller plus loin. Il ne va pas se contenter des affirmations de Tasman : il s'avance dans le fjord, large de plusieurs dizaines de kilomètres et... se rend compte qu'il ne s'agit pas d'un fjord, mais d'un passage. C'est un détroit ! Cook a découvert que la Nouvelle-Zélande était composée de deux îles, une au nord et une au sud, et il commence en détail l'exploration des côtes de ces deux îles. Il en laissera d'ailleurs une admirable carte, d'une précision extraordinaire, qui montre les progrès étonnants de la cartographie à cette époque.

Les Maoris, en Nouvelle-Zélande, avaient mauvaise réputation. Il est pourtant assez bien reçu. Assez bien seulement, parce qu'il a eu des prédécesseurs et que ces prédécesseurs se sont quelquefois mal conduits. Mais les indigènes se sont vite aperçus que ce capitaine-là n'est pas comme les autres et ils lui font bon accueil.

COOK

Il repart de Nouvelle-Zélande, après en avoir fait le tour, et se dirige vers l'Australie. On sait bien, à ce moment-là, que l'Australie n'est pas le continent central du Pacifique. (On discute encore, de nos jours, de l'existence du continent central du Pacifique. Certains affirment qu'il a existé, qu'il faisait pendant à l'Atlantide et qu'il a disparu en même temps qu'elle. Il s'agirait du continent de Mû, cher aux gens qui croient aux mystères. Quant à moi, je pense qu'on ne peut attribuer la présence des îles du Pacifique à l'effondrement d'un ancien continent.)

Il continue donc sa route vers l'Australie et arrive dans une baie dont la végétation lui paraît si riche qu'il la nomme Botany Bay, la baie Botanique.

Dans Botany Bay, il continue le travail qu'il avait déjà entrepris en Nouvelle-Zélande, c'est-à-dire l'établissement de rapports amicaux avec les indigènes. Pendant tout le temps des voyages de Cook, on sera frappé de l'humanité dont il va faire preuve vis-à-vis des populations locales. A Botany Bay, en Australie, c'est vraiment l'euphorie. On l'acueille à bras ouverts. Mais enfin, d'autres navigateurs, avant lui, ayant été mal reçus, il ne veut pas risquer la vie de ses hommes : il descend d'abord, seul. Et c'est seulement quand il a débarqué, quand on lui a démontré, par des cadeaux et des témoignages d'affection, l'amitié qu'on lui porte, qu'il fait signe à son navire : on peut envoyer les hommes qui vont l'accompagner à terre. A l'époque le fait est presque unique. En général, les chefs envoyaient un canot en éclaireur voir si tout se passait bien, les officiers ne descendant qu'après. Cook, lui, est allé à terre le premier, les autres l'ont suivi.

Il longe ensuite les côtes de l'Australie. A ce moment-là, il ne cherche déjà plus le continent, il envisage de revenir le chercher une autre fois. Il est surtout de plus en plus porté à croire que ce continent n'existe pas, et sait que pour cela il aura des difficultés à son retour à Londres, mais c'est sa conviction intime. Il longe la côte est de l'Australie pour voir s'il existe vraiment un détroit entre la Nouvelle-Guinée et l'Australie. Le marquis de Torres avait bien décrit un passage. Il lui avait même donné son nom, mais enfin, c'étaient encore seulement des on-dit et il n'existait de cette zone ni carte ni détails. On y va donc un peu à l'aventure, tellement à l'aveuglette que, là encore, Cook paie de sa personne lorsqu'il s'engage dans ce détroit. (Même de nos jours ce passage est terriblement dangereux à cause de ses bancs de coraux et du courant considérable qui y défile.) Cook met donc une embarcation à la mer et il y précède son navire pour faire signe si le passage est ou non ouvert. Le détroit de Torres existe bien, il est navigable et l'expédition va arriver à Batavia.

Batavia ! Ce sera l'escale catastrophique ! Jusque-là, tout le monde à bord était en bonne santé. Il n'y a pas eu de scorbut, il ne semble pas qu'il y ait trop de cas de syphilis, tous ces hommes se portent bien et, en tout cas, il n'y a pas eu un mort, pas un malade déclaré... Mais voilà qu'à Batavia, tout commence à aller mal. Les hommes débarquent et c'est à terre qu'ils contractent des maladies. Paludisme, fièvre typhoïde, qu'en sait-on ? Les marins commencent, en tout cas, à tomber vraiment comme des mouches. Au début, Cook perd treize hommes, puis il en perdra de nouveau douze. C'est vraiment une fin tragique pour une expédition qui s'était, jusqu'alors, si merveilleusement déroulée.

Finalement, Cook regagne Plymouth, son tour du monde bouclé — mission officielle non accomplie, bien sûr : il n'a pas vu Vénus ! Mission secrète également manquée, puisqu'il n'a pas trouvé le continent recherché ! Mais que de découvertes, que de précisions nouvelles ! La côte de la Nouvelle-Zélande est complètement explorée, et le détroit de Torres est ouvert pour toujours aux navigations futures... Il est vrai qu'il revient avec un équipage diminué de trente hommes. Même pour l'époque, c'est beaucoup ! Mais Cook, le capitaine, le chef de l'expédition, n'a pas démérité. Il a vraiment mené cette opération de main de maître. Il y a évidemment eu des incidents, comme lorsqu'il s'est échoué, une fois, sur la côte australienne ; mais enfin, on a réussi, en jetant à la mer tout ce qui pesait trop, à déhaler le navire. Cook s'est montré un grand capitaine, un grand navigateur, et il arrive en Angleterre auréolé de gloire.

Naturellement, Banks participe lui aussi à cette gloire et, bien qu'il n'ait pas beaucoup fait parler de lui pendant ce voyage, sinon par quelques extravagances, Cook et lui sont associés dans un même triomphe.

Un homme est furieux, c'est ce brave Darlympe, celui qui était convaincu qu'il y avait un continent là où on n'en a pas trouvé ! Or, il reste convaincu que ce continent existe et déclare mensonger tout ce que racontent les navigateurs. Il va même jusqu'à prétendre qu'auparavant on connaissait parfaitement tout ce qu'ils décrivent... Le retour est donc tout de même marqué par une note de discorde. C'est, au fond, l'éternelle discussion entre les passéistes et les progressistes. Le progrès, à ce moment-là, ce sont les découvreurs : c'est Cook, c'est Banks, et le passé, c'est Darlympe qui croit encore à une géographie imaginaire au lieu de se fonder sur les faits.

Cook se voit proposer un poste à terre. Il prend du grade dans la marine et devient capitaine de frégate. Il pourrait rester dans la Royal Navy, ce qui, pour le moment, est de tout repos. Mais Cook est un homme d'action. Il repartira. Et au moment où naît son cinquième enfant, le départ se prépare. Cette fois avec deux navires : le *Resolution*, qu'il commandera lui-même, et l'*Adventure*, qui sera commandé par un officier probablement d'origine française, le capitaine Furneau.

Cette expédition, qui part en 1772, va durer trois ans, jusqu'en 1775. Elle sera consacrée, elle, à l'Antarctique. Puisque l'on n'a pas découvert le continent espéré au centre du Pacifique, on demande à Cook d'aller le chercher plus au sud, dans les mers australes.

Sur le plan pratique, Cook bénéficie d'une importante nouveauté : on a mis au point pour lui un chronomètre perfectionné qui va lui permettre de conserver le temps de Greenwich, c'est-à-dire le midi local de son lieu de départ. Pour la première fois dans l'histoire des hommes, on va pouvoir calculer la position est ou ouest d'un navire, c'est-à-dire la longitude, au moyen d'un chronomètre. Jusqu'à présent, on l'avait fait par des observations de la lune et en se référant à des tables extrêmement compliquées permettant de déduire les longitudes, mais avec des erreurs considérables, d'où l'imprécision de certaines découvertes antérieures. Avec un chronomètre, à cette époque, on peut mesurer sa longitude à un mille [1] près. C'est la différence qu'il y a entre le midi réel — c'est-à-dire la culmination du soleil — et le midi que marque le chronomètre qui donne la longitude, en plus ou en moins suivant que l'on se trouve à l'est ou à l'ouest du méridien de départ (*West = Greenwich best, East = Greenwich least*).

C'est encore de cette façon que l'on navigue aujourd'hui. La latitude se mesure avec un sextant, la longitude également avec le sextant et essentiellement avec le chronomètre, grâce auquel on obtient la différence des temps. C'est toute l'histoire du *Tour du monde en quatre-vingts jours* de Jules Verne où Philéas Fogg

---

1. — 1 **mille marin** : 1 852 m.

avait gagné vingt-quatre heures en faisant le tour du monde en allant vers l'est alors qu'il aurait perdu une journée entière s'il était parti vers l'ouest. Cook réalise donc une expérience de navigation d'une importance primordiale pour l'histoire des hommes en général et pour celle de la Marine en particulier.

Les deux navires vont d'abord gagner la Nouvelle-Zélande. Le continent antarctique devant se trouver à égale distance de la Nouvelle-Zélande, de la Tasmanie — l'Australie actuelle — et des îles Kerguelen, on doit pouvoir y aboutir de tous les côtés. Cook retourne à la baie de la Reine-Charlotte qui est et restera sa base pendant tout ce voyage. Il en partira, vers l'Antarctique, exactement comme le fera Scott, au XXᵉ siècle, pour tenter d'atteindre le pôle le premier, avant Amundsen.

Cook revient ensuite vers Tahiti et là, dans un archipel proche de la grande île, il est reçu d'une façon tellement affectueuse, tellement amicale qu'il l'a longuement décrite. Il aura bien du mal à en repartir. Ces îles où il est accueilli avec des fleurs, des cadeaux, des invitations à venir s'installer à terre, il va les appeler : les îles des Amis. Y retourner sera le rêve secret de Cook pendant le reste de sa vie.

Cook et son équipage sont seuls sur l'archipel des Amis. Le *Resolution* a, en effet, dépassé l'*Adventure*, puis l'a perdu de vue pendant le voyage vers la Nouvelle-Zélande. Cook n'a pas attendu Furneau. Il est parti avec un seul navire vers le continent antarctique. Et il va lentement, régulièrement vers le sud, à la recherche de ce continent.

Mais ce continent, existe-t-il ou pas ? C'est la question à laquelle la *Royal Society* voudrait bien trouver une réponse. Il est maintenant à peu près prouvé qu'il n'est pas situé au milieu du Pacifique. Mais au sud ?

Au sud, des glaces, encore des glaces, toujours des glaces... Non, finalement on ne trouve rien, et le *Resolution* repart pour le nord. Sur la route, on rencontre une île, une île assez verdoyante mais où il n'y a aucun port, pas d'aiguade ni de mouillage confortable. Sur cette île on peut apercevoir d'étranges fûts, des sortes de pyramides en forme de cylindres : ce sont des statues, d'énormes statues, monumentales : cette île, c'est l'île de Pâques. Cook y débarque, il prend contact avec les indigènes, et on se comprend ; la langue n'est pas celle de Tahiti mais elle lui ressemble tellement qu'on arrive très bien à s'entendre.

Quelque temps après avoir quitté l'île, Cook tombe malade. Il est au plus mal. A tel point que son équipage s'inquiète :

va-t-il mourir ?... Il y a, à bord, un chirurgien qui le soigne avec tout son dévouement et qui cherche la solution à ce problème : comment rendre la santé au capitaine ? A l'époque, on pensait que, pour rendre ses forces à quelqu'un il n'y avait qu'un moyen : lui faire consommer du bouillon de viande fraîche. Mais où trouver de la viande fraîche à bord du bateau ?... Or il y avait un chien, à bord du *Resolution*, et ce chien appartenait au chirurgien. Pour sauver son commandant, le chirurgien va donc sacrifier son chien. Il le tue, fait bouillir sa viande, et obtient ainsi un bouillon de viande fraîche qu'il fait absorber au commandant. Et, effectivement, Cook reprend rapidement des forces, il sort vainqueur de la maladie, certainement plus grâce au dévouement et à l'affection de son chirurgien qu'à la viande de ce malheureux animal !

Le *Resolution* arrive aux Marquises, puis fait de nouveau escale à Tahiti. A Tahiti — qui constitue, avec la baie de la Reine-Charlotte, une des deux bases de Cook — on a des amis, on y connaît des gens, et il faut d'autant plus faire attention que de temps en temps des désertions se produisent. Désertions que l'on compense d'ailleurs en prenant des indigènes à bord. Ce sont un peu des otages mais des otages amicaux. Ils sont bien reçus, bien traités. On attend alors que la population ramène les fuyards pour récupérer ses parents. Rapports parfaits, donc, entre les Tahitiens et les Anglais de Cook quand un jour, au réveil, c'est l'ahurissement de l'équipage !

Une immense flotte de guerre tahitienne est réunie autour du *Resolution*. Car c'est bien d'une flotte de guerre qu'il s'agit ! Les hommes brandissent des armes, poussent des cris, c'est vraiment une multitude qui est là, présente, avec les peintures de guerre. Et Cook se demande ce que cela signifie ! Il n'a rien fait de mal. Il était hier encore en parfaite entente avec eux, que s'est-il donc passé ? Le roi de Tahiti s'apprête simplement à donner une leçon à l'un de ses chefs qui s'est révolté sur la petite île de Moorea, juste en face. Il a donc réuni sa flotte et ses guerriers, et n'a pas pu résister au désir d'impressionner un peu l'ami blanc, non pour lui faire peur mais pour lui montrer de quoi il est capable !

Cook quitte Tahiti et fait voile vers la baie de la Reine-Charlotte. Et là, une mauvaise surprise l'attend : avant de quitter la Nouvelle-Zélande à la recherche du continent antarctique, il a laissé une bouteille contenant un message pour le capitaine Furneau. Or la bouteille a disparu et il n'y en a pas d'autre à la place. Cook pense que si Furneau était venu avec l'*Adventure*,

83

il aurait pris son message mais, en repartant, lui en aurait laissé un autre en échange. Il interroge alors les Maoris : « Un autre bateau est-il venu après moi, avec des Anglais, comme moi ? » Les indigènes éludent les questions, les Maoris ont l'air gêné. Chez les Anglais, on commence à parler de massacre mais vite, le bruit est démenti. Cook cherche alors les traces d'un massacre quelconque, mais n'en trouve aucune. Pourtant les Maoris restent gênés, et c'est dans une atmosphère un peu contrainte que Cook lève de nouveau l'ancre. Il part vers le cap Horn. Loyal envers son armateur, il va tenter une fois encore de trouver cet hypothétique continent antarctique. Il découvre bien quelques îles mais se rend rapidement compte que ce ne sont que des îles. Il va ensuite remonter vers le nord, vers Capetown et le cap de Bonne-Espérance. L'*Adventure* se trouve justement au Cap. Et Cook apprend la catastrophe. En Nouvelle-Zélande, un massacre a bien eu lieu dans la baie de la Reine-Charlotte. Quand l'*Adventure* est arrivé, un canot est descendu à terre, comme d'habitude. Que s'est-il passé alors ? Les Maoris ont-ils eu peur ? Les ont-ils pris pour d'autres ? En tout cas, les occupants du canot ont été non seulement massacrés mais on les a même mangés. Un gigantesque festin a eu lieu au cours duquel les compagnons du capitaine Furneau ont été dévorés.

Désespéré, plein de tristesse pour ses marins disparus et pour la confiance trahie, Cook repart pour l'Angleterre avec ses deux navires réunis.

L'expédition de 1775 est donc terminée. Cook va-t-il « prendre ses invalides » ? On le lui propose. On lui offre de s'installer à l'hôpital de Greenwich où il serait pensionné de l'Etat. Il est reçu par le roi. Il l'avait déjà été au retour de sa première expédition et le roi qui l'aime, qui l'estime, qui a pour lui une grande admiration, le reçoit de nouveau.

On ignore si, à ce moment-là, Cook avait l'intention de mettre un terme à ses voyages, mais là, en tout cas, on lui force un peu la main.

Car une nouvelle expédition est en préparation. Sous la forme d'un extraordinaire rendez-vous en mer. Il ne s'agit plus maintenant de trouver ce continent, dont on pense enfin que la quête est inutile, qu'il n'existe sûrement pas au milieu du Pacifique et probablement pas au sud (assertion dont l'inexactitude ne sera démentie que beaucoup plus tard), mais d'organiser un étrange rendez-vous sur l'océan, comme on se livre actuellement à des expériences de rendez-vous dans l'espace, entre deux vaisseaux cosmiques. On va essayer de faire se rencontrer deux navires passant au nord de l'Amérique, l'un venant de l'ouest, l'autre de l'est. C'est tellement tentant ! Chacun connaît le passage au sud de l'Amérique : c'est le fameux cap Horn ! Pourquoi n'existerait-il pas un passage — après tout, il y a aussi de la glace au sud — entre le continent nord-américain et les glaces arctiques ? Un des navires, le *Lion*, va donc entrer par la baie de Baffin entre le Groenland et le Canada puis mettre le cap à l'ouest pendant que les bateaux de Cook vont essayer de passer entre Amérique et Asie, puis piquer vers l'est. En espérant que les trois navires se rencontreront à mi-chemin.

Les trois bateaux qui lèvent l'ancre ont pour nom : le *Resolution*, le *Discovery* et le *Lion*. Les deux premiers n'ont évidemment qu'à suivre la route habituelle : le Cap, un petit détour pour reconnaître les îles Kerguelen, et ils vont arriver en Nouvelle-Zélande, à la base de la baie de la Reine-Charlotte. Le *Lion*, lui, se rend à Terre-Neuve, puis remonte vers le nord.

Les Maoris, bien entendu, ne sont pas là. Il n'y a personne à l'arrivée pour accueillir les Anglais. Tout le monde s'est enfui à l'intérieur des terres. Cook vient-il venger le massacre des compagnons du capitaine Furneau ? se demandent les indigènes. Mais Cook descend à terre avec un drapeau blanc : il avait appris aux Maoris ce que voulait dire ce signal. Peu à peu, les indigènes s'approchent. Il n'y aura pas de représailles ! Cook estime que la vengeance ne sert à rien, qu'elle ne rendra pas la vie à ceux qui sont morts, et qu'il vaut mieux continuer à entretenir des rapports amicaux. Il laisse les Maoris à leurs remords, car ils en ont. Eux sont des gens violents, qui punissent de mort ceux qui ont tué ; on amène à Cook l'instigateur du massacre. Cook refuse de l'exécuter. Ce qui va contribuer à accroître sa réputation dans toutes les îles du Pacifique, car partout on va parler de lui dans les meilleurs termes.

Est-ce à cause de cela que l'atmosphère a changé quand, entamant son périple vers le nord — car il va chercher le passage du nord pour se rendre à son rendez-vous — il arrive aux îles Tonga, et que là, son comportement se modifie complètement ? Lui qui a toujours été un homme modeste, plutôt effacé, un homme calme, va vivre une année de fastes incroyables. Il va accepter des honneurs que l'on ne prodigue habituellement qu'à un dieu. Il semble tout à coup grisé par sa puissance. Cook, l'ouvrier agricole, est devenu le roi du Pacifique. Plus qu'un roi, un dieu. Il se fait, semble-t-il, initier aux religions de ces régions pendant un an. Les filles envahissent les bateaux, on les garde et on les emmène d'île en île...

Pourtant l'attitude de Cook envers les déserteurs devient plus dure : maintenant, on leur coupe les oreilles, quand on les retrouve. Quant aux otages, on prend l'habitude de les garder !

Oui, il semble bien que le personnage change du tout au tout. Est-ce la cinquantaine ? Est-ce le démon de onze heures ? Au bout d'un an, enfin, poussé tout de même par le sens du devoir, il reprend la route du nord et rencontre un chapelet d'îles, des îles enchantées, verdoyantes, admirables, qu'il ne connaissait pas. Il leur donnera le nom de Sandwich [1]. Ce sont aujourd'hui les îles Hawaii qui constituent le cinquantième état des Etats-Unis et où le désastre de Pearl Harbor a déterminé l'intervention des Américains dans la Seconde Guerre mondiale. Cook est reçu, comme partout maintenant, avec les honneurs que l'on réserve aux dieux. Mais il ne reste pas longtemps. Il n'a pas le temps, il a du travail. Après les Hawaii, il remonte vers la côte ouest de l'Amérique, puis longe les côtes de l'Alaska. Il croit voir une baie, à l'ouest, il s'y enfonce, c'est bien un passage : James Cook a découvert les îles Aléoutiennes. Il suit ce grand chapelet d'îles puis touche une terre à l'extrémité ouest de l'archipel, mais ce n'est plus une île, c'est le Kamtchatka. C'est le continent. Cook a donc relié le continent américain au continent asiatique. Qu'y a-t-il au nord, entre les deux ? Pourquoi pas le passage tant recherché ! Il continue à faire voile vers le nord, mais se heurte à la banquise, comme il l'a fait dans le sud. Décidément, il ne semble pas y avoir de détroit au nord. Il cherche, il cherche avec acharnement, mais ne trouve pas de passage.

Si ce passage n'existe pas, il faut abandonner l'idée de contourner l'Amérique par le nord et de rejoindre le *Lion*...

Cook décide donc de regagner sa base de Nouvelle-Zélande. Sur le chemin du retour, il fait de nouveau escale aux îles Hawaii. Il y est encore accueilli comme un dieu, mais là, vraiment comme le dieu des dieux : c'est un personnage qu'on adore, qu'on admire, qu'on encense, qu'on couvre de cadeaux, dont on exauce les moindres désirs... Il se laisse encore faire, peut-être moins qu'aux îles Tonga, mais enfin, il se laisse tout de même encore faire. Et cela dure longtemps, parce qu'il faut réparer les bateaux et acheter des vivres... si bien que ces hommes qui l'entourent

---

1. — Du nom de lord Sandwich, premier lord de l'Amirauté.

et sont donc aussi honorés, et ce dieu qu'on adore finissent tout de même par coûter cher aux populations indigènes ! Quand Cook repart pour la Nouvelle-Zélande, les Hawaiiens sont profondément soulagés. Un dieu, cela va bien quand il ne fait que passer, mais quand son séjour s'éternise, cela revient vraiment trop cher à entretenir !... Hélas, il ne va pas rester longtemps parti : un mât casse au bout de quarante-huit heures, il faut le réparer, il rebrousse chemin.

Et là, l'atmosphère a changé. Que s'est-il passé en l'espace de deux jours ? On ne le sait pas bien mais on peut supposer que, pour les indigènes, casser un mât n'est guère digne d'un dieu. Ce n'est plus du tout l'accueil enthousiaste d'autrefois. C'est froid. Glacial même. On commence à le voler, ce qu'on n'aurait jamais osé faire avant (on ne vole pas un dieu). On lui dérobe des objets, des hommes même. On ne lui rend plus ses déserteurs. Quand il les réclame, on lui rit au nez, on se moque de lui. C'est un homme calme, on le sait, mais tout de même ce changement d'attitude des Hawaiiens à son égard est un peu brutal et il s'énerve.

Un jour enfin, on lui inflige un affront majeur : on lui vole une chaloupe. Pour un indigène du Pacifique, dérober un bateau, c'est vraiment vouloir insulter un ennemi. « Un ennemi ? Suis-je donc devenu un ennemi ? » se demande Cook. Et il va exiger qu'on lui restitue son bien : on ne se laisse pas voler un bateau sans réagir. On perdrait la face.

Il débarque, et là commence le drame. L'accueil est franchement hostile. Des hurlements l'accueillent, les indigènes sont habillés en costumes de guerre, brandissent des armes... Le roi, qui semble exercer une influence modératrice, s'approche, demande à parler à Cook. Cook s'éloigne avec lui. Les deux hommes s'enferment un moment dans une case et quand ils ressortent, Cook tient le roi par la main. Il semble que ce soit un affront qu'il fait au roi et donc à son peuple car la main du roi est tabou.

Les clameurs augmentent et on commence à voir voler des pierres puis des sagaies. Cook lui-même n'est pas directement menacé. Bien sûr, on brandit le poing vers lui ; bien sûr on le menace, mais enfin, lui ne reçoit aucun projectile. Ce sont ses soldats, ses marins qui tombent les uns après les autres et commencent à se replier. Cook vise alors un énergumène qui, devant lui, le menace d'une arme. Il tire. La charge ne fait qu'entrer dans le bouclier et ne tue pas l'homme. Cook essaie de tirer un second coup : il se trompe, et tue un autre homme que celui qu'il visait. C'est alors un déchaînement général des Hawaiiens, et les hommes de Cook commencent à reculer, à refluer vers la mer. Jugeant la position intenable, James Cook se retourne pour partir lui aussi.

Tant qu'il faisait face aux indigènes, rien ne lui a été fait personnellement. Mais maintenant il a le dos tourné. Soudain, un prêtre indigène qui était là se précipite et lui plonge son couteau dans la nuque. James Cook s'effondre, probablement tué sur le coup. On assiste alors à une scène incroyable, impensable quand on réfléchit aux honneurs dont il était l'objet quelques jours plus tôt seulement. Chacun se jette sur lui, chacun paraît avoir à cœur de tremper son poignard dans le corps du dieu mort. Il semble vraiment s'agir d'un meurtre rituel.

Les marins reculent, s'embarquent ; le second qui était là, blessé, s'embarque aussi. Ils vont gagner le navire et se préparer à lancer une expédition pour récupérer le cadavre de leur capitaine. Dans la nuit, ils verront brûler le bûcher sur lequel on fait griller les restes du dieu déchu.

Comme il faut quelques jours au bateau pour se préparer à repartir, les indigènes auront le temps de venir demander pardon. Ils regrettent. Et ils apportent le peu qu'ils ont épargné du corps du capitaine James Cook : son crâne, ses mains. Et, grandeur de l'exemple, le second de Cook voudra, comme son supérieur, faire grâce. Il n'y aura pas de représailles pour venger la mort du capitaine Cook, comme lui-même aurait souhaité qu'il n'y en eût pas. Ses quelques restes seront enterrés sur place, aux îles Hawaii.

Son second essaiera bien d'accomplir la mission vers le nord. Mais il se heurtera lui aussi aux glaces, naturellement, et il reviendra mourir en terre russe, en Sibérie, de la suite de ses blessures.

Cook est mort. Sa dernière exploration, sa dernière mission, n'ont pas été plus couronnées de succès que les deux précédentes. La première fois, il devait voir Vénus, il ne l'a pas vue. La deuxième, il devait trouver le continent antarctique, il ne l'a pas trouvé. La troisième, il devait trouver le passage du nord, il n'a pu le franchir.

COOK

Qui est donc James Cook ? Une aventurier raté ? Non. Les missions qu'on lui avait confiées étaient des missions impossibles. Mais de ces missions impossibles il a su tirer un merveilleux travail de synthèse. C'est lui qui a rassemblé, en les explorant à nouveau, en publiant ses travaux, toutes les terres découvertes dans l'océan Pacifique au cours des siècles précédents. Et c'est James Cook qui nous a offert l'océan Pacifique que nous connaissons maintenant. Parce que, grâce à lui, c'en est fini des spéculations irrationnelles. Après James Cook, il n'y a plus de mystère du Pacifique. Non seulement les terres sont connues — bien sûr, on découvrira encore quelques îles ça et là, et qui sait s'il n'y en a pas encore quelques-unes à découvrir ? — mais la géographie du Pacifique est faite, et non seulement la géographie physique, mais la géographie humaine. On connaît les populations. On sait que ces hommes, on peut les approcher. On sait, grâce à l'humanité de Cook, qu'on peut avoir des échanges avec eux. On commence à pressentir que leur civilisation était une grande civilisation.

Cook est mort. Et le Pacifique reste. Quand il apprendra sa mort, le roi d'Angleterre pleurera. Il a raison de pleurer. Il pleure sur le capitaine. Il pleure sur le découvreur. Il pleure surtout sur l'homme, sur cet homme qui avait su montrer que même dans ces siècles terribles où la naissance primait tout, un ouvrier agricole, sérieux, courageux, travailleur, intelligent, persévérant, fidèle, pouvait avoir sa place parmi les plus grands. Il pleure aussi sur un homme qui a su admettre que, la vengeance ne réparant pas le méfait, la clémence aide les hommes à se mieux comprendre.

MAGELLAN
la remise en question du partage du monde

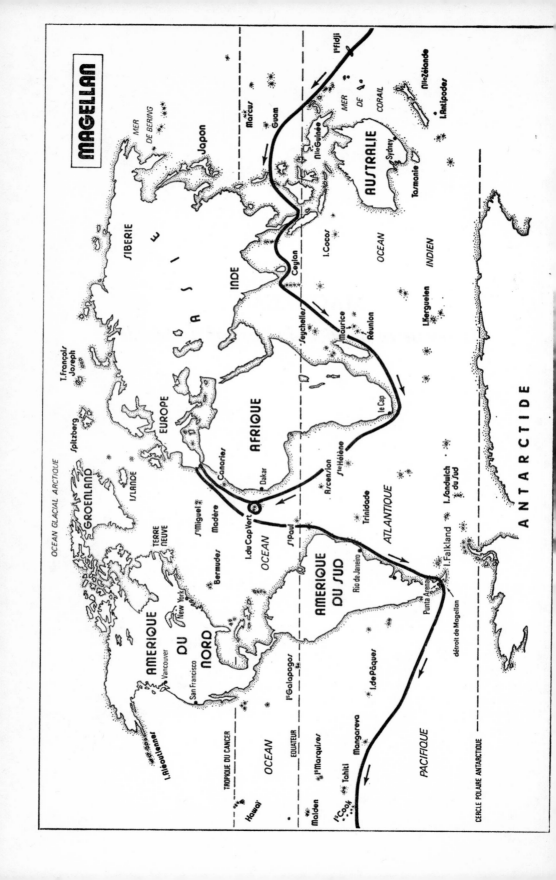

Fernand de Magellan ! C'est l'homme qui, le premier, a fait le tour du monde ! Il semble que ce nom nous introduise dans un rêve. Allons-nous vivre avec lui une merveilleuse aventure ? Allons-nous, à ses côtés, visiter d'admirables pays ? Il n'en est rien ! Son histoire est une extraordinaire odyssée, certes ! mais c'est aussi une aventure cruelle, sanglante, assez atroce par certains côtés, qui a pourtant eu pour support l'une des navigations les plus sensationnelles de l'histoire de l'humanité. Sans cesse elle a été marquée par le malheur, par le drame et le sang.

Fernâo de Magalhâes est issu d'une famille de la petite noblesse, probablement de la région de Porto. Il est né en 1480, c'est-à-dire au début d'une période marquée par la rivalité hispano-portugaise, par le conflit latent qui oppose les deux grandes nations maritimes. Les découvertes de Colomb viennent d'ouvrir à l'Espagne la route du Nouveau Monde. De son côté, le Portugal a fait faire à ses navires le tour de l'Afrique par le sud, par le cap de Bonne-Espérance, avant de conquérir Calicut (la future Calcutta) et les Indes. Les Portugais sont allés jusqu'aux Moluques et ont occupé Madagascar, près de la côte d'Afrique orientale.

Un problème s'est posé : les routes de l'ouest et de l'est devant se rejoindre du fait de la rotondité de la Terre, les deux souverains allaient, à un moment donné, se trouver en conflit ouvert. C'est justement pour éviter ce conflit entre les deux nations très-catholiques que le pape s'est entremis.

Grâce aux bons offices d'Alexandre VI, les deux pays finissent par aboutir à un accord, concrétisé par le traité de Tordesillas, signé le 7 juin 1494. Ce traité prévoit le partage du monde en deux ; tout ce qui sera découvert à l'est du 50e méridien sera portugais et toutes les terres trouvées à l'ouest reviendront de droit à la couronne espagnole.

La compétition est donc ouverte entre les deux royaumes ibériques. Magellan a vécu cette « course aux contrées nouvelles » et il est parti d'abord vers l'est, vers l'Inde, en suivant la route du cap de Bonne-Espérance, comme tous les Portugais engagés dans la conquête des terres à épices. Deux fois il s'est rendu aux Indes, où il a été blessé à plusieurs reprises, mais il n'est pas l'un de ces grands nobles que l'on cite, que le roi décore, à qui le royaume confie de hautes charges. Il est un simple exécutant aux bons états de service — un ancien combattant, puisqu'il a près de 40 ans — quand il demande audience au roi du Portugal. Il voudrait obtenir une augmentation de sa pension, mais on l'éconduit. Il quitte donc l'armée avec une très petite retraite et un seul esclave. Enrique est un Malais qu'il a ramené de Malacca lors de son deuxième voyage, lorsque les Portugais essayaient de conquérir ce fameux détroit qui ouvre la mer vers les Moluques. Cet esclave va l'accompagner pendant tous ses voyages et lui sera bien utile, surtout comme interprète.

Magellan a dit au roi qu'il savait où se trouvait le passage au sud du continent américain. Il sait — ou croit savoir — qu'il existe une grande baie, vers le 40e degré sud, qui doit former l'entrée de ce passage vers la mer du Sud, c'est-à-dire vers la Chine..., mais Manuel Ier ne l'a même pas écouté. Il s'est contenté d'accorder à son visiteur l'autorisation de partir pour l'étranger, et Magellan quitte le Portugal pour l'Espagne.

En Espagne, le souverain espagnol ne fait pas preuve de plus de compréhension à son égard. Il refuse tous les jours des projets plus ou moins mirifiques, et, au début, les propositions de Magellan lui paraissent appartenir à cette catégorie.

Magellan va tout de même trouver quelqu'un que ses idées intéressent, en la personne du cardinal Fonseca. C'est d'autant plus étonnant que l'évêque de Burgos, qui se passionne pour ce projet, a été l'ennemi acharné de Colomb. Il veut probablement se racheter de l'erreur qu'il a commise une trentaine d'années auparavant. Il appuie si bien la demande de Magellan que

Carlos Iᵉʳ, le futur empereur Charles-Quint, se laisse fléchir et décide de donner à Magellan les moyens de partir.

Cinq bateaux lui sont attribués. De vieux bateaux, car on ne va pas risquer des navires neufs pour une pareille expédition. Magellan dispose donc de cinq bâtiments et de l'argent nécessaire pour les armes, mais il va avoir un mal fou à former les équipages.

D'abord parce qu'il a demandé qu'on embarque pour deux années de vivres. Deux années ! Où cet homme-là veut-il donc mener sa flottille ? Deux années de provisions de bord, c'est inutile ! Chacun sait que Colomb a mis quatre ou cinq semaines pour traverser l'Atlantique, et qu'on trouve autant de vivres frais que l'on veut, de l'autre côté de l'Océan ! Alors, pourquoi se munir autant au départ ? Où cet aventurier portugais veut-il emmener ces navires espagnols ?

Ensuite parce que, depuis que Magellan a donné corps à son projet, le Portugal va essayer par tous les moyens de le faire échouer. On essaie de le faire rentrer au Portugal, mais Magellan n'ignore pas que, s'il retourne dans son pays, un coup de couteau aura vite fait de le supprimer. De son côté, l'ambassadeur du Portugal tente de convaincre le roi d'Espagne qu'en bonne fraternité il doit donner un délai d'un an au moins au Portugal pour se retourner. Mais Carlos Iᵉʳ ne se laisse pas prendre : un an ! Cela suffirait aux Portugais pour construire une flotte et « souffler » son projet à Magellan.

A Séville, les cinq navires sont enfin prêts. Magellan commandera seul l'expédition. Au début, il devait être accompagné d'un certain Faleiro, mais celui-ci ne viendra pas : son horoscope est, paraît-il défavorable. Cette raison peut sembler bizarre, surtout lorsque l'on sait que Magellan possède au plus haut point l'art de se débarrasser au dernier moment des gens qui le gênent.

La *Trinidad*, le navire amiral, est commandée par Magellan lui-même, le *San Antonio* par Juan de Cartagena, la *Concepcion* par Gaspar de Quesada, la *Victoria* par Luis de Mendoza, et enfin le *Santiago* par Joâo Serrâo (le seul commandant portugais, outre Magellan).

Dès le début, les rapports de Magellan avec les capitaines espagnols vont être de plus en plus difficiles, ces derniers n'hésitant pas à remettre en question l'autorité de l'amiral qu'ils considèrent comme un traître au Portugal susceptible de devenir traître à l'Espagne. (En guise de comparaison, imaginez quels auraient été l'état d'esprit et l'attitude d'officiers français si, lors d'une campagne de colonisation en Afrique, ils s'étaient trouvés sous les ordres d'un général anglais, au lendemain de Fachoda.)

Néanmoins, la petite flotte lève l'ancre le 20 septembre 1519. Six jours de voyage conduisent les bateaux aux Canaries. Et là, on annonce à Magellan l'arrivée d'un messager secret. C'est en général mauvais signe. Le messager en question est, en effet, porteur de mauvaises nouvelles : Diego Barbosa, le beau-père de Magellan, met son gendre en garde : ses capitaines espagnols sont ligués contre lui. Ils ont reçu du roi une autre mission que celle de l'accompagner, ils sont chargés de tout superviser et au besoin de se débarrasser de lui.

Magellan est un homme très calme et qui, surtout, ne dévoile jamais ses batteries trop tôt. Il se contente d'enregistrer le message et de remercier son informateur, tout en songeant qu'il va lui falloir dénoncer cette conspiration — si elle est réelle — avant qu'elle ne prenne trop d'ampleur.

A partir des Canaries, il fait route d'une façon si étrange que les capitaines espagnols, vieux routiers de l'Océan, se demandent ce que Magellan peut leur cacher. Au lieu de suivre l'itinéraire espagnol des alizés, au lieu de prendre ce bon vent d'est qui souffle et qui conduit sans problèmes dans la bonne direction, c'est-à-dire vers le nouveau continent, il a mis cap au sud. Il se comporte exactement comme s'il commandait un navire portugais qui s'apprêterait à aller doubler le cap africain avant de poursuivre vers l'est. Les capitaines du *San Antonio*, de la *Concepcion* et de la *Victoria* se demandent quelles sont les intentions de leur amiral. Magellan n'étant pas du tout l'homme des conférences, des conseils d'état-major, il ne dit jamais rien à personne et les Espagnols commencent à murmurer : « Ce Magellan est bien le traître que nous craignions ; il va tenter de détourner notre flotte vers les territoires portugais ! »

Leurs esprits commencent d'autant plus à s'échauffer que Magellan a commis une véritable erreur. Il a espéré trouver un alizé plus fort en descendant plus au sud, en se rapprochant de la côte de ce qu'on appelle aujourd'hui la Sierra Leone, c'est-à-dire à l'entrée du golfe de Guinée. Il s'est trompé ! Au contraire, ses bateaux se traînent littéralement dans le Pot-au-Noir, cette région où, à de violentes tempêtes, succèdent de longues périodes de calme plat. Les capitaines espagnols sont de plus en plus furieux et inquiets et un jour, Juan de Cartagena, de façon délibérée, refuse le salut à l'amiral : au lieu de lancer, comme tous les soirs, du haut de la dunette et en direction de la *Trinidad*, le traditionnel : « Salut, Monsieur le Capitaine général, bonne navigation et Dieu vous garde ! », il s'est fait remplacer par un officier subalterne qui, désinvolte, crie : « Salut, Capitaine, et bon voyage ! »

On a, en somme, envoyé un adjudant dire au général : « Comment ça va mon vieux ? » Devant ce camouflet, que va faire Magellan ? Rien. Rien pour le moment, car il estime que l'heure n'est pas encore propice à une réaction efficace. Quatre ou cinq jours se passent sans qu'il ne manifeste rien de ses sentiments ni de ses intentions. Puis, saisissant comme prétexte un petit manquement à la discipline de la part d'un matelot, il convoque à son bord les commandants des navires. Tous les quatre. Lorsqu'ils se trouvent autour de lui, Magellan fait allusion à l'incident du salut. Se sentant fort et appuyé par les deux Espagnols, Cartagena s'adresse en termes directs au capitaine général :

— Vous êtes un incapable. Regardez où vous nous avez conduits depuis le départ. Il faut tout de suite rentrer en Espagne. Vos théories sont fausses et vos renseignements sont erronés. Vous n'êtes pas apte à conduire cette expédition au succès !

C'est bien d'une rébellion qu'il s'agit ! Or, Magellan a été nommé personnellement par le roi d'Espagne et, à ce titre, il a droit de justice à bord de ses bateaux. Il fait aussitôt arrêter Cartagena. Il parle de le faire mettre aux fers... Mettre aux fers un Grand d'Espagne, le neveu du cardinal Fonseca ! C'est tout de même une décision très grave. Et les autres capitaines espagnols supplient ! C'est bien cela que Magellan voulait obtenir : on le supplie, donc il est bien le chef, il a repris ses officiers en main, c'est lui qui les domine... Il joue les généreux. Il accepte de libérer Cartagena qui poursuivra le voyage sur un autre navire, le *San Antonio* étant confié au commandement d'un Portugais, Mesquita.

Et les Espagnols de se méfier de plus en plus en disant : « Au départ nous étions trois et les Portugais deux. Désormais ils sont trois capitaines — dont celui de la plus grosse unité, le *San Antonio* — et nous deux seulement. Quel jeu joue exactement le capitaine général ? »

L'atmosphère de suspicion et de rébellion larvée ne se détend que lorsqu'on arrive en vue des côtes du Brésil, le 10 janvier 1520. On jette l'ancre à Pernambouc ; c'est l'accueil brésilien, la forêt tropicale, des fruits frais, de la verdure, l'eau fraîche et pure... Les Portugais ne sont pas encore bien implantés dans le pays, on ne risque donc pas d'ennuis avec eux. Ils se sont contentés de planter des croix çà et là et, en vertu du traité de Tordesillas, ont pris possession du territoire au nom du roi du Portugal, possession encore toute théorique. Les indigènes sont gentils, accueillants, souriants ; les Espagnols sont persuadés que ces hommes sont tous devenus des chrétiens. Magellan, pourtant, fait extrêmement attention, durant son séjour, et s'abstient de tout acte qui pourrait faire croire qu'il prend possession du territoire : le Brésil dépend de la couronne portugaise et Magellan, né portugais, est au service du roi d'Espagne !

En poursuivant vers le sud, le long de la côte du Brésil, la flotte arrive, un jour, à l'entrée de ce qui s'appelle maintenant le Rio de la Plata, immense baie qui sépare l'Argentine de l'Uruguay et qui s'enfonce là où la terre semble disparaître.

Chacun croit qu'on a enfin trouvé le passage vers l'ouest. C'est bien cela le secret de Magellan : il croit lui aussi que le détroit est là, il l'a affirmé à Fonseca et au roi.

L'exploration commence. Les cinq bateaux examinent les côtes, à la recherche d'un chenal. Et, les uns après les autres, ils reviennent. Ils n'ont trouvé aucun passage, car il n'y en a pas. Ce n'est qu'un fleuve qu'ils ont remonté, et l'eau du rio Salinas — aujourd'hui rio de la Plata — est douce, donc ce n'est pas de ce côté qu'il faut chercher à communiquer avec la mer du Sud.

Magellan s'est trompé. Il le sait maintenant. Il n'y a plus pour lui que deux solutions : ou bien il réunit ses officiers, admet devant eux son erreur et décide de retourner en Espagne ; ou bien il s'entête, garde le silence et joue la comédie en laissant croire qu'il sait que le passage, le vrai, est plus au sud. Quelle terrible angoisse doit l'étreindre au moment du choix ! Il sait parfaitement que, s'il revient en Espagne, c'est la prison qui l'attend et peut-être même la mort. Des gens comme Juan de Cartagena et le cardinal Fonseca ne lui pardonneront pas.

Magellan a choisi : il s'enferme dans sa tour d'ivoire, après avoir annoncé que le passage se trouve plus au sud. Il ne recevra plus aucun conseil, ne supportera plus aucune critique. Or, nous sommes fin mars et l'hiver austral sera bientôt là ! Ce passage, s'il existe, il faut donc le trouver au plus vite. Chaque fois que l'on découvre une baie, il faut s'assurer si ce n'est pas là le fameux passage, et l'explorer inlassablement. Ce qui fait que l'on descend très lentement le long de la côte orientale de l'Amérique du Sud. Chaque baie constitue une nouvelle déception. Chaque fois, c'est la même désillusion ! Et plus leur inquiétude grandit, plus les chefs espagnols sont persuadés qu'il faut faire quelque chose. Ce fou de Portugais les entraîne au-delà des limites tolérables, peut-être même vers la mort ! Que faire ?

Un jour, alors que la flottille vient de mouiller dans la baie de San Julian, Magellan décide d'hiverner sur place et d'attendre le retour du printemps austral, avant de faire de nouveau voile vers le détroit qui doit obligatoirement se trouver plus au sud.

Les capitaines espagnols ne réagissent pas sur-le-champ, mais une nuit, Cartagena, Quesada et Da Coca aidés de Juan Sebastian de El Cano — un sous-ordre qui, jusque-là, a peu fait parler de lui — montent dans un canot, s'approchent silencieusement du *San Antonio*, se hissent à bord, mettent immédiatement aux fers le capitaine portugais Mesquita, après avoir égorgé le pilote, un Portugais lui aussi. Sebastian de El Cano est aussitôt nommé commandant du *San Antonio* et les trois autres capitaines regagnent leurs navires respectifs, toujours dans le silence le plus complet. Pas un seul coup de feu n'a été tiré. Magellan ne sait rien encore de ce qui vient de se passer.

Le lendemain, il envoie son canot chercher de l'eau à terre et voir si l'on peut trouver des aliments frais. Il est prévu que plusieurs matelots du *San Antonio* doivent participer à la corvée de vivres, mais quand les marins de la *Trinidad* s'approchent du *San Antonio*, ils s'entendent insulter et on leur lance : « Vous n'êtes pas chez vous, le bateau maintenant est à nous et nous le gardons. » C'est alors seulement que l'amiral est mis au courant de la mutinerie.

Autant il a été facile de prendre le *San Antonio* par surprise, personne n'ayant prévu une révolte, autant il va être difficile de le reprendre, maintenant que les mutins s'attendent à des représailles. En outre, l'avantage est du côté des Espagnols qui disposent désormais de trois vaisseaux.

Dans des circonstances aussi délicates, Magellan va prouver qu'il est un grand stratège. User de la force étant impossible, il lui faut faire appel à la ruse. Tout le monde s'attend à ce que le jour se passe sans problème et à une contre-attaque de nuit.

Les chefs espagnols qui ont choisi pour chef Cartagena veulent montrer à Magellan que, bien que plus forts numériquement, ils n'ont pas l'intention de livrer un combat fratricide. Ils envoient au capitaine général une mission de cinq hommes, porteurs d'une *suplicacion*. Ils demandent simplement que soit organisée une rencontre, en terrain neutre, sur un des navires, au cours de laquelle seront décidées les modalités du retour vers l'Espagne. Magellan voit aussitôt le parti qu'il peut tirer de cette situation. Il fait prisonniers les hommes de la *Victoria* et les remplace par les siens. Quand Mendoza se rend compte que c'est un homme fidèle à Magellan qui monte à son bord, il a un sursaut. Mais enfin, il prend la lettre de réponse du capitaine général en disant au porteur avec un sourire :

— Tu ne m'auras pas.

A l'instant même, il tombe, frappé d'un coup de poignard par l'envoyé de l'amiral. Saisi de stupeur, l'équipage s'apprête à réagir. Mais Magellan a envoyé un second canot chargé d'hommes qui, profitant de la diversion, prennent d'assaut la *Victoria*. Privés de chef, les mutins se rendent.

La *Victoria*, la *Trinidad*, le *Santiago* manœuvrent alors vers l'entrée du golfe pour montrer aux deux navires espagnols qui restent qu'il n'y a plus aucun espoir pour eux. Juan de Cartagena et Gaspar de Quesada se rendent à leur tour.

Que va faire Magellan ? Va-t-il punir tous les coupables et se mettre ainsi tous les Espagnols à dos ? Il lui faut tout de même poursuivre ce voyage et il a autant besoin des équipages que des officiers. Magellan va alors sacrifier Quesada qui passe en jugement et se voit évidemment condamné à la peine capitale. Il supplie qu'on ne le pende pas. Comme mutin, il pourrait, il devrait même être pendu. Comme il est gentilhomme, il obtient de mourir décapité. Mais... il faut trouver un bourreau. Personne ne veut se porter volontaire et surtout pas parmi les Portugais qui craignent des représailles de la part des Espagnols ; on n'en trouve pas plus parmi les Espagnols qui aiment Quesada. Magellan appelle alors le plus fidèle ami de Quesada et lui propose :

— Ou tu acceptes de couper la tête de Quesada, ou c'est la tienne qui tombe.

Devant cette alternative, l'homme n'hésite guère, et la tête de Quesada roule sur le pont. La mutinerie n'a fait que trois cadavres, ceux du pilote portugais, de Mendoza et de Quesada, décapité. Cela va-t-il suffire ? Non. Il faut à Magellan plus de sang et d'horreur. Il faut que la mort de ces hommes serve d'exemple afin qu'à l'avenir plus personne n'ose broncher. Non content d'avoir fait tuer les deux Espagnols, il va leur infliger la peine la plus déshonorante : à l'aide de cabestans, on va écarteler les corps sanglants de Quesada et de Mendoza.

Reste Cartagena ! Va-t-on le tuer, lui aussi ? Probablement à cause de sa parenté avec Fonseca, Magellan ne va pas oser le faire mettre à mort. Mais le sort qu'il lui réserve est peut-être pire encore. En compagnie d'un religieux espagnol dont on n'a pas conservé le nom et qui, lui aussi, avait participé à la mutinerie, on va purement et simplement l'abandonner à terre, sans vivres, sans aide aucune. « Et Dieu, dit l'amiral, pourvoira à ce qu'ils désirent ». Jamais plus on n'entendra parler ni du Grand d'Espagne ni du prêtre.

Dans cette baie terrible va commencer l'hivernage. Un hivernage qui va durer quatre mois pendant lesquels il va falloir faire travailler ces hommes — rien de pire que l'inaction qui les conduirait encore à se mutiner. Il faut absolument les tenir en main : on les emploie à réparer les bateaux, à calfater, on les envoie chercher de l'eau, des provisions. On soupçonne même Magellan d'avoir inventé des travaux supplémentaires pour maintenir ses matelots en activité. (C'est un petit peu l'histoire du *Pont de la Rivière Kwaï* : il faut que ces hommes travaillent pour rester des hommes et pour que le capitaine général conserve intacte son autorité sur eux pendant la suite du voyage.) Il se demande s'il va ou non continuer vers le sud. Avant de prendre une décision définitive, dès que les beaux jours reviennent, il envoie le *Santiago* — le plus petit de ses bateaux, commandé par Serrâo, le capitaine en qui il a le plus confiance — en reconnaissance vers le sud.

Avec les beaux jours, les indigènes ont fait leur apparition. On voit s'approcher des hommes que les marins de Magellan ont décrits comme des géants. De retour de voyage (et de quel voyage, cette fois-ci !), les hommes ont toujours eu tendance à exagérer la taille réelle des objets, des animaux ou des hommes qu'ils ont rencontrés. Comme ceux-là ont paraît-il des pieds énormes, on a tôt fait de leur donner le nom de Patagons (hommes aux grands pieds). Et maintenant qu'on n'est plus en territoire portugais mais dans une contrée que le roi d'Espagne a le droit de revendiquer, on peut utiliser, pour capturer ces hommes qui semblent extrêmement robustes, des moyens assez peu élégants. On commence par leur faire cadeau d'objets qui les étonnent. Des miroirs, par exemple. La première fois qu'un Patagon voit son image se refléter sur la surface polie, il sursaute avant de chercher derrière le miroir quel est cet homme qui lui ressemble tant. Ensuite, on les charge d'un si grand nombre de présents qu'ils n'ont plus une main libre et quand on se saisit d'eux, ils sont incapables de se défendre. Mieux encore, on leur montre de ravissantes petites chaînes munies de bracelets et on leur explique que c'est une parure qui fait honneur à celui qui la porte, en Europe. On leur propose de s'en parer.

— Mais comment les porte-t-on ? demandent ces naïfs.

— Aux chevilles, leur répond-on.

Les malheureux se passent eux-mêmes les bracelets aux chevilles et, lorsqu'ils sont entravés, il suffit de bondir sur eux, de les faire rouler à terre, de les ficeler et de les emporter. Tous ces hommes mourront lors d'une famine qui surviendra plus tard.

Magellan a bien prévu des vivres pour deux ans, mais pensant que le voyage pourrait en fin de compte durer bien plus longtemps, il commence à rationner ses hommes. Demi-ration de vin, demi-ration de nourriture. Un certain rationnement avait déjà été ordonné dès l'arrivée dans la baie de San Julian et l'un des premiers gestes de Cartagena pour s'attirer les bonnes grâces des matelots avait été d'ouvrir largement la cambuse. Conséquence : beaucoup de vivres mal utilisés, parfois même jetés à la mer. Les nouvelles mesures de rationnement sont sévères. Elles permettront (mais qui pourait s'en douter alors ?) de sauver la vie de ces hommes lorsqu'ils seront en haute mer.

Le temps passe et le *Santiago* ne revient toujours pas de sa mission de reconnaissance. A-t-il trouvé le passage ?

Un beau jour, hélas, on voit arriver deux hommes en loques, épuisés, les pieds en sang à force d'avoir marché : ce sont des survivants du *Santiago*. Le *Santiago* s'est échoué. Il a fait naufrage dans la baie de Santa Cruz située un peu plus au sud. Tout l'équipage est sain et sauf (à part un Noir qui s'est noyé) et attend là-bas, frigorifié, qu'on veuille bien venir le chercher. Une expédition composée de grands canots va les recueillir. Ce n'est que le 24 août que Magellan peut faire de nouveau voile vers le sud.

Il arrive à son tour dans la baie de Santa Cruz et là, incompréhensiblement, va rester deux mois. Deux longs mois absolument inutiles, car il est en fait à proximité de son but. Mais il ignore que deux jours de mer lui suffiraient pour atteindre le détroit.

L'expédition lève de nouveau l'ancre le 18 octobre 1520 et bientôt devant les navires s'ouvre une nouvelle baie. On y pénètre et on goûte l'eau. Elle est salée ! On avance encore. L'aspect de la baie est terrible. Le soleil fait briller la neige au sommet des montagnes, si bien qu'on donne à cette contrée le nom de Terre de Feu. Et, entre ces montagnes, il semble que l'on peut s'enfoncer. Tout à coup, cependant, le passage entre les deux rives devient si étroit que Magellan décide de garder en réserve deux navires — la *Trinidad* et la *Victoria* — et d'envoyer les deux autres — la *Concepcion* et le *San Antonio* — en reconnaissance. Mais une violente tempête arrache les ancres de la *Trinidad* et de la *Victoria*, que le vent d'est pousse dans le chenal étroit et risque de faire échouer sur les récifs.

Le vent tombe enfin. La tempête s'apaise. Le paysage a changé. Il est maintenant agréable, souriant, vallonné. Sur la terre, des hommes font des signes en direction des bateaux. Les pâturages sont verdoyants. Les deux navires envoyés en éclaireurs ne tardent pas à revenir. Ils sont couverts d'oriflammes et tirent sans arrêt des coups de canon. Une nouvelle révolte ? Non. Ces oriflammes, cette canonnade annoncent enfin le succès. Au fil de la progression du *San Antonio* et de la *Concepcion*, on s'est aperçu que l'eau continuait à être salée. Le débouché vers la mer n'a pas été trouvé, mais il doit exister, puisque la montagne descend en pente douce vers l'autre versant. Comme on a dépassé la ligne de partage des eaux, ce ne peut être sur un fleuve que l'on navigue. Il est là, un peu plus loin, ce passage vers la mer du Sud que l'on a tant cherché.

Magellan sait que son triomphe est proche. De nouveau il sépare sa flottille en deux, envoyant le *San Antonio* et la *Concepcion* dans la branche du détroit orientée vers le sud-ouest et les deux autres navires dans celle du sud-est. Ils se retrouveront dans la mer.

Et, le 28 novembre 1520, enfin, la mer libre apparaît devant les navires. Devant trois navires seulement, car le *San Antonio* s'est enfui : son équipage a estimé qu'ayant trouvé le passage, ils n'avaient pas à continuer plus loin. Le pilote a mis aux fers le commandant et le bateau est reparti vers l'Espagne.

Qu'à cela ne tienne, le capitaine général continuera le voyage avec trois navires. Et c'est alors l'incroyable aventure, dans cet océan où jamais un bateau occidental n'a navigué, cet océan que ceux qui l'avaient imaginé avaient estimé peu étendu. Lorsque

Colomb avait découvert les Antilles, il pensait déjà être arrivé en Chine ; c'est dire qu'après avoir traversé toute la zone du continent américain, Magellan pense que les Moluques sont là, à portée de la main, à quelques jours de voile seulement.

Pourtant, trente, quarante, cinquante jours se passent. Rien. Rien à l'horizon. Pas un oiseau, pas un animal, pas une terre, pas un îlot. Un vent léger gonfle à peine les voiles et la flotte navigue sur cette mer, tellement calme qu'on la baptise la mer Pacifique, en se disant chaque soir que c'est le lendemain qu'on apercevra une côte. Comme la durée de cette partie du voyage dépasse les prévisions les plus pessimistes, la famine règne à bord. Les viandes se sont corrompues, il ne reste plus que quelques quintaux de blé, que quelques vivres séchés, le biscuit est réduit en poudre, l'eau même est en train de croupir ; et il ne tombe pas une goutte de pluie, sous ces cieux trop cléments. Les hommes meurent du scorbut. Cette maladie, fléau des anciens navigateurs, due à l'absence de vitamine C, de vivres frais, se manifeste d'abord par une faiblesse généralisée. Les hommes ne peuvent plus tenir debout, puis leurs gencives gonflent, leurs dents se déchaussent, tombent et ils prennent rapidement l'aspect de vieillards, avant de mourir dans d'atroces douleurs abdominales et osseuses. Une vingtaine d'hommes vont être victimes de ce mal terrible, pendant ce voyage qui ne durera pas moins de cent jours. Ils verront juste une fois deux malheureux petits rochers qui ne vaudront même pas la peine de détacher un canot pour aller voir ce qui s'y passe.

Le 6 mars 1521, la vigie annonce enfin : « Terre ! Terre ! » Ce n'est pas un mirage, pas plus qu'une image entrevue au cours du délire que provoque la faim. C'est bien une île, avec des cocotiers et de la verdure. Ce sont des dizaines et des dizaines de canots qui approchent, entourent les trois navires, et dont les occupants volent tout ! Ils s'emparent des avirons, des voiles, des canots. Les matelots sont tellement épuisés, à bord des trois navires, qu'ils n'ont même pas la force de se défendre contre ces indigènes nus qui ignorent ce qu'est la propriété et qui, en un sens, considèrent que « tout ce qui est dans le fossé est bon pour le soldat ». Les ancres à peine jetées, chacun s'endort avec le regret de s'être fait voler mais aussi avec la satisfaction d'avoir échappé à la mort.

Heureusement pour tous, le chef est toujours là. Magellan, le grand général, réveille sa troupe, la reprend en main, obtient des indigènes quelques vivres frais et réussit à remettre ses hommes sur pied en quelques jours. Puis, il organise une opération de « récupération ».

On reprend tout ce qui a été volé et de la façon la plus brutale. Affolés, les indigènes s'enfuient. Ils ne comprennent pas, ils ne connaissent pas les armes à longue portée, que l'on tourne vers eux, se demandent d'où viennent ces flèches, ces carreaux d'arbalète qui les frappent. Comment peut-on, de si loin, les atteindre ? Que sont ces arquebuses qui tirent dans un bruit d'enfer ? Ils s'enfuient, terrorisés. On brûle leurs cases, on récupère les objets volés, et on baptise l'endroit île des Larrons.

Selon Magellan, l'île des Larrons ne fait pas partie de l'archipel des Moluques, mais les Moluques ne sauraient plus être bien loin. En tout cas, on continue vers l'ouest-nord-ouest et sur la route on trouve des quantités d'îles, avec des arbres, des légumes et des fruits. Elle est loin, la famine, il est presque oublié le temps où l'on se battait pour manger les rats qui disputaient à l'équipage les rares vivres disponibles. Les hommes ont guéri, se sont refait une santé.

Un jour enfin, la flotte mouille devant une île qui paraît assez grande et où font escale quelques bateaux étrangers, surtout malais et arabes. Le lieu semble donc très fréquenté. Cette île, c'est Massawa. Elle est si petite qu'il faut vraiment regarder à la loupe pour la trouver sur une carte. Mais le grand archipel est là, cet archipel que, plus tard, on appellera Philippines, du nom du roi Philippe d'Espagne.

C'est à ce moment précis que Magellan devient un homme riche. En effet, il est indiqué dans son contrat que chaque fois qu'il découvrirait six îles, la septième lui appartiendrait. Or, le voilà au milieu d'un archipel immense.

Enrique, son esclave, descend à terre. Merveille ! Il comprend la langue que parlent les indigènes. La boucle est donc bouclée. Evidemment l'esclave n'est pas encore exactement à l'endroit d'où Magellan l'a ramené en Europe, mais on n'en est certainement plus très loin, puisque tout le monde, dans le pays, parle à peu près la même langue qu'Enrique. Et, ironie de l'Histoire, c'est l'esclave de Magellan qui peut être considéré comme le premier homme à avoir accompli un tour du monde complet.

Les indigènes expliquent au capitaine général que Massawa n'est qu'une petite île et qu'une bien plus grande, Cebu, se trouve à deux jours de navigation de là. Magellan est redevenu le chef prestigieux — on est loin des jours malheureux — qui représente le roi d'Espagne, qui, au nom de son souverain, doit prendre possession de ces îles [1]. Il cingle sans perdre un instant vers Cebu. Là, petite déception : ce n'est plus à des sauvages comme les habitants de l'île des Larrons qu'il a affaire, mais à des gens qui ont déjà eu des rapports avec l'Occident, surtout par l'intermédiaire des navigateurs arabes qui font le commerce entre le Siam et les Philippines. Par conséquent, on connaît la valeur de l'argent, à Cebu, et le sultan réclame des droits d'entrée aux nouveaux venus. Magellan se sent insulté. Il est le chef de la flotte espagnole ! Il représente le roi d'Espagne ! Il ne peut accepter d'acquitter les droits. Pour le sultan, pas question de laisser débarquer ces étrangers, d'où qu'ils viennent, tant qu'ils n'auront pas payé. Magellan doit céder. Dès ses premiers contacts directs avec le sultan, il s'aperçoit que celui-ci s'intéresse beaucoup plus au fer qu'à l'argent. Les voyageurs vont donc se livrer à un troc extrêmement avantageux pour eux, puisqu'ils vont échanger du fer, métal dur et donc utile, contre de l'or, métal mou dont les indigènes ne savent que faire. Les Espagnols se gardent bien d'expliquer que l'or est pour eux très précieux, ils feignent même de ne pas y attacher grand intérêt.

Les habitants de Cebu sont gentils et accueillants. Et quand, le 17 avril 1521, on plante la grande croix, ils s'agenouillent, se prosternent et on procède à leur baptême. Le sultan Humabon va même se faire baptiser sous le nom de Carlos.

C'est alors que va se jouer le destin de Magellan. Il lui faut rentrer en Espagne le plus vite possible, car il ne suffit pas de conquérir des terres au roi d'Espagne, encore faut-il que celui-ci sache que ces terres sont conquises et quelle en est la position. Or, Magellan a une peur terrible — et ses craintes sont fondées — : le *San Antonio* doit être arrivé en Espagne, et qu'ont-ils pu raconter, ces déserteurs, pour expliquer leur défection ? Parce qu'enfin, si l'amiral a réussi, ce sont des traîtres. Sinon ils ont eu raison de sauver leur peau et les biens du roi d'Espagne qui se trouvaient à bord du navire.

---

1. — En vertu du traité de Tordesillas, elles appartiennent au roi d'Espagne, puisque, depuis son départ de Séville, la flotte espagnole s'est toujours dirigée vers l'ouest.

Il faut donc repartir le plus vite possible : mais comment organiser la conquête ? Magellan trouve le moyen le plus simple : il propose au sultan de Cebu, chrétien de fraîche date, de devenir le souverain de toutes les îles des environs, sultan des sultans, en quelque sorte. Il lui demande aussi de représenter les intérêts de l'Espagne aux Philippines. Enchanté par ces propositions, Carlos fait tout de même valoir que sa souveraineté ne pourra être vraiment assise que lorsqu'il se sera débarrassé de son ennemi de longue date, Cilapalapu, roi de la petite île de Mactan. Magellan lui propose aussitôt son appui, pour bien lui prouver que le roi d'Espagne est prêt à combattre aux côtés de son futur vice-roi. Magellan va donc essayer de réduire Cilapalapu par la force, avec l'aide des Espagnols.

L'épisode qui va suivre est aussi tragique qu'incompréhensible. Magellan, l'amiral, qui a su faire face à toutes les mutineries, à toutes les difficultés, qui a su apaiser tous les désespoirs, va aller se battre comme un sous-lieutenant, parmi ses hommes, pour obliger à se soumettre un roitelet sans importance. Etait-il vraiment primordial aux yeux du nouveau Carlos qu'il s'engage personnellement dans un combat sur terre, étant donné qu'une dizaine de ses lieutenants pouvaient tenir sa place ? Ce 21 avril 1521, il tient pourtant à diriger lui-même cette expédition militaire, et c'est au cours d'une escarmouche, face à des adversaires qui ne disposent que de sagaies, qu'il va se laisser surprendre et se faire tuer.

Le grand Magellan, l'amiral est mort.

Et, du fait de sa mort, les Espagnols vont tout perdre. Les indigènes des Philippines croyaient ces hommes invulnérables, invincibles. Et voilà qu'ils ne ramènent même pas le cadavre de leur chef. Les compagnons de Magellan vont aller jusqu'à se traîner à genoux pour demander qu'on leur rende la dépouille mortelle du capitaine général, mais Cilapalapu se montre inflexible et leur répond que le cadavre de son ennemi n'appartient qu'à lui.

D'autre part, le sultan Carlos — qui va reprendre son nom païen d'Humabon — n'a plus qu'une confiance mitigée en ses alliés, et leur fait savoir qu'ils sont désormais indésirables dans son île.

De son côté, le nouveau chef de l'expédition, Joâo Serrâo, va se conduire ignoblement avec Enrique. Il le traite de chien, de lâche, de valet et ajoute : « N'oublie pas que tu es notre esclave à tous, maintenant que ton maître est mort. » Enrique voit tous ses espoirs s'effondrer d'un coup. Il vient de voir mourir son dieu, Magellan, qui lui avait promis — et il aurait tenu sa parole — que dès que l'on ferait escale à Malacca, son île natale, il lui rendrait sa liberté et lui ferait don de dix mille maravédis. Et voilà que cet insolent Portugais le traite comme le dernier des esclaves, alors que Magellan le traitait en ami. Mais les choses ne se passeront pas ainsi. Enrique va se venger. Il descend à terre et, lui qui parle la langue du pays, explique que seul l'amiral tenait sa parole, que seul il pouvait apporter la richesse à ces îles, que ces officiers ne sont que des bons à rien, que souvent ils ont failli trahir, qu'on a dû les ramener dans le devoir par la force. Il se livre à la plus violente critique des Espagnols. Sa démonstration dut convaincre Humabon puisque lorsque les Espagnols, préparant leur départ, viennent chercher les derniers ravitaillements, la population tout entière se déchaîne contre eux et tous les officiers — sauf un — sont massacrés. Cet unique rescapé, c'est Serrâo, qui a été fait prisonnier et que Humabon propose d'échanger contre les marchandises qui se trouvent à bord des trois bateaux. Mais les Espagnols ne se soucient guère de sauver le dernier chef qui pourrait plus tard rappeler qu'il a été le seul à soutenir Magellan lors des mutineries. Ils font hisser les voiles et abandonnent Serrâo, qui va être transpercé de javelots, de flèches et de coups de couteau par ces hommes qui les ont si bien accueillis il y a à peine huit jours.

L'expédition se termine. A bord de la *Trinidad* et de la *Victoria* — la *Concepcion*, qui faisait eau de toutes parts, a dû être abandonnée — on ne songe plus qu'à regagner l'Europe le plus rapidement possible. La fin du voyage est pénible, car les hommes ne sont plus animés de la volonté d'un chef. Plus d'amiral : Magellan est mort. Plus d'interprète : Enrique a déserté. Plus de pilote : tous les Portugais qui avaient déjà navigué dans ces eaux, venant de l'est, ont été massacrés en même temps que les officiers à Cebu. Et les deux navires errent entre Bornéo et Sumatra, au risque de se faire arraisonner par une escadre portugaise.

Car le roi Manuel s'est réveillé. En apprenant que, dans les Indes orientales, on a aperçu la flottille de Magellan, il a fait donner l'ordre à ses gouverneurs d'arrêter les Espagnols. Ces hommes doivent être considérés comme des pirates et, comme tels, pendus haut et court, sans autre forme de procès.

C'est le sort qui sera réservé à Espinosa, le commandant de la *Trinidad*, le dernier fidèle de Magellan. Quelle ironie de penser que ce courageux lieutenant qui, au moment de la mutinerie, a poignardé Mendoza, va être pendu comme un vulgaire pirate, et que c'est El Cano, un homme qui avait joué un rôle on ne peut plus trouble puisque les mutins l'avaient choisi comme chef, qui va mener à bien la dernière étape de cette première expédition autour du monde.

Il reste maintenant une trentaine d'hommes à bord de la *Victoria*, qui remonte lentement, péniblement vers les îles du Cap-Vert, possessions portugaises. Conscient du fait qu'il prend un risque énorme, mais poussé par la nécessité de se ravitailler, El Cano prend la décision d'y faire escale. Il va faire passer la *Victoria* pour un navire qui a fortement souffert de la tempête, retour des Amériques. Il faut à tout prix que les autorités portugaises ignorent que lui et ses hommes sont des rescapés de l'expédition de Magellan. Après tout, le Portugal n'est pas en guerre contre l'Espagne. On en veut seulement à ces aventuriers qui ont conquis pour le compte du roi d'Espagne des terres qui appartenaient à la couronne portugaise.

Les malheureux « naufragés » sont bien accueillis et on ne fait aucune difficulté pour leur céder des provisions. Jusqu'au moment où l'un des hommes chargés du ravitaillement dévoile qui ils sont et d'où ils viennent. On voit sur l'île des soldats, des canots. El Cano réagit promptement : il ordonne d'appareiller, sans tenir compte des treize hommes laissés à terre. Plus que dix-huit hommes atteints de scorbut, affamés et harassés, à bord de la *Victoria*, lorsqu'on aperçoit le cap Saint-Vincent, le 4 septembre 1522. Et, deux jours plus tard, le navire désemparé — qui, par miracle, flotte encore — remonte le Guadalquivir.

La *Victoria* porte bien son nom. Elle a vaincu. Ce n'est pourtant pas la victoire de Magellan qu'elle symbolise, mais celle de Juan Sebastian de El Cano. Les curieux qui se pressent sur les rives du Guadalquivir se demandent quel peut bien être ce bateau en si mauvais état. On a oublié les hardis navigateurs, depuis le temps qu'ils sont partis. Personne ne pensait même les revoir vivants. Et les marins du *San Antonio* qui sont rentrés depuis longtemps, n'ont-ils pas annoncé que Magellan s'était perdu de l'autre côté du détroit ? Car ils sont là, les fuyards, les déserteurs, et quand ils apprennent l'arrivée de la *Victoria*, une peur terrible les étreint : que va-t-on faire d'eux ? Car de courageux survivants qu'ils étaient, ils sont maintenant devenus des traîtres !

Quel soulagement lorsqu'ils apprennent que l'amiral, l'homme qui pouvait — qui devait — les confondre, qui aurait exigé et obtenu leur condamnation, est mort, et que c'est un des anciens mutins qui commande le seul navire rescapé. Entre déserteurs et mutins, on s'entend toujours et les hommes du *San Antonio*, qui risquaient la prison ou la mort par le retour de la *Victoria*, peuvent enfin échanger des souvenirs. Tout le monde restera libre. Libre et honoré.

Un seul ne sera pas à l'honneur : Fernand de Magellan. Personne n'est là pour l'attendre. Sa femme est morte, l'enfant qu'elle lui avait donné peu avant le départ est mort, lui aussi. Son beau-père également. Plus personne de sa famille n'est là pour fêter cette victoire qui est essentiellement la sienne.

Et quand Juan Sebastian de El Cano rendra compte de l'expédition, ce sera de la victoire des Espagnols qu'il sera question, et non de celle de l'amiral portugais !

Heureusement pour sa mémoire, il se trouve parmi les dix-huit survivants un Italien du nom de Pigafetta, qui, grâce aux nombreuses notes qu'il a prises, va se révéler un merveilleux historiographe du voyage. Son témoignage va bientôt rétablir la vérité, rendre justice à Magellan, pour lequel il éprouvait une profonde admiration.

C'est également dans son journal qu'il a consigné un fait étrange : en arivant aux îles du Cap-Vert, il s'est aperçu avec surprise qu'il était jeudi à terre, alors qu'il était mercredi à bord. Comme il était absolument certain de ne pas avoir laissé passer une seule journée, au cours de ce long périple, il a bien fallu qu'il se rende à l'évidence : on gagne vingt-quatre heures lorsqu'on accomplit le tour du monde en partant vers l'ouest. Anomalie apparente qui inspirera Jules Verne et qui permettra à Phileas Fogg de gagner son pari, quelques siècles plus tard.

LAPÉROUSE

les débuts de l'océanographie

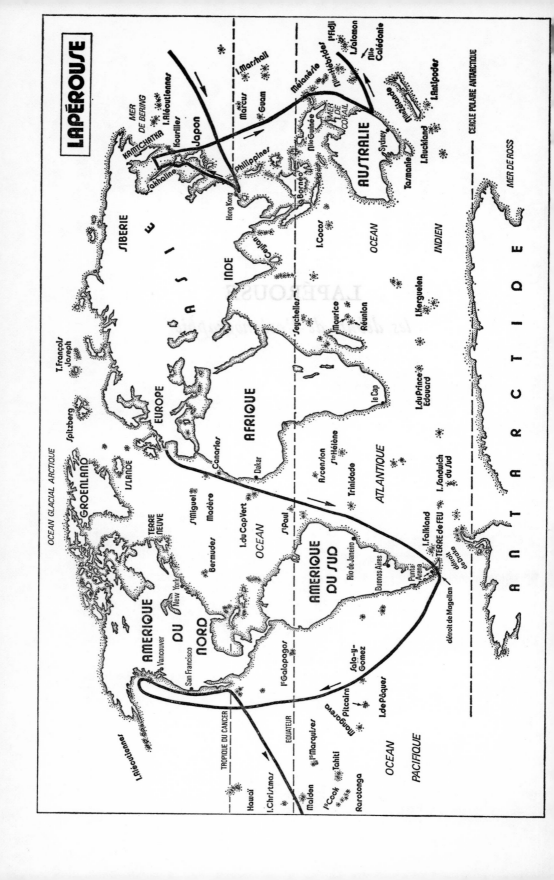

Les histoires de marins découvreurs et de voyages à travers le monde se terminent en général logiquement. Quand on connaît le début, on peut souvent en prévoir la fin : la réussite, la victoire, la fortune ou la mort.

Pour l'histoire de Lapérouse, il en va tout autrement. Elle s'achève en effet sur un mystère, qui a subsisté jusqu'à nos jours. C'est l'histoire d'une disparition.

L'expédition de Lapérouse est entreprise au moment où l'homme de la rue, du fait de son éducation, commence à s'intéresser à ce qui se passe dans l'univers. N'étant plus seulement obnubilé par la nécessité de satisfaire ses besoins vitaux, il ouvre peu à peu les yeux sur tout ce qui l'entoure. C'est l'époque de l'Encyclopédie, au cours de laquelle le bourgeois comme l'ouvrier commence à s'interroger sur le monde et à s'intéresser à la science. Car l'aventure de Lapérouse débute à la veille de la Révolution.

Jean-François de Galaup, comte de Lapérouse n'était nullement destiné à devenir marin. Il est en effet né à Albi et, au milieu du XVIIIe siècle, se rendre d'Albi à la mer constitue à soi seul une véritable expédition. Mais il est d'origine cathare [1], c'est-

---

1. — Les Cathares ou Albigeois n'étaient en fait pas des chrétiens. Ils croyaient en deux puissances (ce n'étaient donc pas des monothéistes), celle du mal et celle du bien, dont les chances de vaincre étaient égales. *Cf.* à ce sujet le très beau livre de Zoe Oldenbourg : *le Bûcher de Montségur.*

à-dire que si sa famille, en principe, n'est plus hérétique depuis quelques générations, la région d'Albi, de Carcassonne et de Béziers dans laquelle elle est fixée est restée très sensible à une forme de civilisation bien plus avancée que celle du Nord, qui l'a détruite. Pendant des générations, la famille Lapérouse a été placée sous une sorte de surveillance ecclésiastique, l'Eglise craignant toujours une renaissance de l'hérésie cathare. Lapérouse, comme beaucoup de jeunes gens de cette région soupçonnés de ne pas être très « orthodoxes », a choisi la marine, bien qu'il soit avant tout un homme de la terre. Il est d'abord garde de marine (fusilier marin, en quelque sorte), puis comme il est noble, est rapidement promu enseigne de vaisseau.

Dans la marine, à cette époque, une carrière se fait essentiellement aux colonies. Les colonies françaises, c'est d'abord le Canada. C'est donc en Amérique du Nord que Lapérouse révèle ses grandes qualités, au cours de la guerre contre les Anglais. La marine de Louis XVI est la plus belle qu'ait jamais eue la France, ne l'oublions pas. Lapérouse se fait apprécier en tant que militaire mais aussi en tant que diplomate.

On l'envoie combattre dans la baie d'Hudson, défendue par deux forts anglais : celui du Duke of York et celui du Prince of Wales. Entré avec trois vaisseaux dans la baie pour réduire ces deux forts, Lapérouse se tient à lui-même le raisonnement suivant : « Les gouverneurs de ces forts sont beaucoup plus des trafiquants que des soldats. Ils sont certes militaires d'origine mais au cours des années ils ont acquis la haute main sur le trafic des fourrures. Et ce trafic est extrêmement lucratif, chacun le sait. Il serait vraiment étonnant que ces hommes soient des foudres de guerre. »

La suite des événements lui prouve qu'il a vu juste. Au lieu de combattre tout de suite, il débarque des parlementaires et se mêle à eux. Et... son plan réussit. L'un après l'autre, les deux forts se rendent. Le premier néglige même d'envoyer une estafette pour avertir le second de l'attaque qu'il subit, si bien que Lapérouse peut scinder en deux les forces anglaises et ainsi les réduire le plus facilement du monde.

S'étant fait connaître par cette brillante campagne contre les Anglais, Lapérouse est envoyé aux Indes où il va poursuivre une remarquable carrière d'officier.

De temps en temps il va se reposer dans l'une des deux grandes « îles du paradis », l'île Bourbon — aujourd'hui, île de la Réunion, toujours territoire français — et l'île de France — l'actuelle île Maurice, cédée à l'Angleterre par la France après la défaite de Napoléon, et devenue indépendante depuis peu.

C'est à l'île Maurice que Lapérouse rencontre la jeune fille de ses rêves. Il est encore jeune — il a vingt et un ans — elle en a quinze, c'est une ravissante Mauricienne. (Les Mauriciennes sont, aujourd'hui encore, d'une beauté étonnante.) C'est une Créole. Une Créole, à l'époque, c'est une Blanche de pur sang blanc — souvent même un peu raciste — qui est née aux colonies de parents nés en France ou aux colonies. Ses parents sont des gens extrêmement simples puisque son père est le chef des débardeurs de l'île. Lapérouse, de famille noble, prévient évidemment sa famille avec moult précautions : il écrit à sa sœur qu'il aime « un peu » une charmante jeune fille, et laisse entrevoir que ce « petit » amour pourrait déboucher sur un mariage... La famille Lapérouse réagit très défavorablement. On ordonne au jeune Jean-François de mettre immédiatement fin à cette liaison, mais lui ne veut en faire qu'à sa tête : en fait, il vit un véritable roman d'amour à la mode de ce temps. C'est vers cette époque que Bernardin de Saint-Pierre écrit un roman qui connaîtra un succès fabuleux, dont l'action se déroule dans l'île de France, comme par hasard. Oui, c'est bien un amour à la *Paul et Virginie* que le jeune homme vit avec la belle Eléonore.

Mais l'heure est venue de rentrer en France et Lapérouse doit quitter sa jeune et jolie fiancée. Sa famille est d'autant plus contente de le revoir qu'elle a « arrangé » un mariage pour lui. Elle lui a trouvé un bon parti — tant sur le plan du nom que sur celui de la fortune. Nous ne sommes pas encore à l'époque de Labiche, mais une fortune, cela compte déjà. Grâce à sa nouvelle « fiancée », Lapérouse va pouvoir être introduit à la Cour, où l'on se pousse beaucoup et où il est plus facile de gagner des grades que sur un champ de bataille. Le jeune homme se laisse entraîner vers ce mariage de convenance. Il semble même s'y prêter. Mais Eléonore débarque en France, à Lorient, le seul port français autorisé aux navires venant des Indes.

Dès son arrivée, la jeune Créole tombe malade et la famille Lapérouse saisit l'occasion pour s'en débarrasser en la faisant entrer dans un couvent parisien.

La belle idylle qui a vu le jour sous le ciel limpide de l'île de France va-t-elle se terminer de si triste façon ? Non, car Lapérouse est un homme fidèle, un homme de cœur qui n'a pas oublié sa petite Créole. Quinze jours avant la date prévue pour la célébration du mariage « arrangé », il enlève Eléonore de son couvent, l'épouse secrètement, sans avertir ni son supérieur direct,

115

l'amiral commandant la Flotte, ni, à un niveau encore plus élevé, le ministre de la Marine.

Malgré le scandale que provoque son attitude, on ne le chasse pas de la Marine, ce qui tendrait à prouver qu'il bénéficiait de solides protections à la Cour. Il sait pourtant que les milieux de la « Royale » accueilleront mal l'officier et son épouse créole. Lapérouse va donc cesser d'être un marin du Roi. Pour devenir quoi ? Marin marchand ? Il n'y songe même pas. Un noble ne peut déchoir au point de faire du commerce ! Or il se trouve que le monde entier a entendu parler des merveilleuses découvertes du capitaine Cook. Et Louis XVI songe à organiser une grande expédition française à caractère scientifique. Pour diriger cette expédition, il lui faut un homme de confiance et un homme à l'esprit ouvert, qui sache faire preuve à la fois d'autorité et d'humanité. C'est sur Lapérouse que se porte son choix.

L'académie des Sciences, qui dépend directement du roi, va confier à Lapérouse sa première mission : compléter les enseignements apportés par les voyages de Cook. Cela, en suivant un principe qui paraît simple : calquer ses voyages sur ceux du grand navigateur anglais, mais en effectuant chaque étape dans le sens opposé. Tel trajet que Cook aura accompli d'est en ouest, Lapérouse devra le faire d'ouest en est, par exemple. En espérant que l'on découvrira ainsi des terres ayant échappé à l'attention de Cook.

Bien d'autres missions lui sont confiées. Les médecins — fait entièrement nouveau ! — voudraient bien obtenir des renseignements précis sur ces peuples dont a parlé Cook. C'est la première fois que l'on cesse de voir dans ces populations de possibles réserves d'esclaves, des objets de curiosité, ou des preuves de réussite. Depuis Christophe Colomb, chaque expédition ramenait ses petits nègres ou ses petits Indiens que l'on montrait complaisamment dans les salons, puis que l'on oubliait, que l'on laissait mourir de faim, quand il ne leur prenait pas la bonne idée de mourir de tristesse.

Cette fois, il s'agit d'étudier ces hommes de près, de voir comment ils se portent, quelles sont leurs maladies, quelle est leur civilisation. Quel étonnant progrès des esprits par rapport au siècle précédent ! On commence à penser qu'il peut exister des civilisations différentes de la nôtre et qui n'en sont pas moins originales et intéressantes à étudier.

On va également essayer d'obtenir des précisions sur la faune et la flore de ces contrées lointaines.

A l'occasion de cette expédition, Louis XVI, dont le règne a été marqué par tant d'échecs, va enfin trouver l'occasion de révéler d'extraordinaires qualités humaines. De sa propre main, il va rédiger les instructions de la mission confiée à Lapérouse. Il faut en citer quelques extraits. Elles rendent un son bien différent de celui des consignes que l'on donnait aux marins au XVII° siècle, et que l'on donnera d'ailleurs de nouveau au XIX°, lors des guerres coloniales.

Par ordre du Roi :

« Si, dans la visite et la reconnaissance qu'il fera des îles du Grand Océan Equatorial et des côtes des continents, monsieur de Lapérouse rencontrait à la mer quelque vaisseau appartenant à une autre puissance, il agirait, vis-à-vis du commandant de ce bâtiment, avec toute la politesse et la prévenance établies et convenues entre les nations policées et amies. » (Nous sommes maintenant en paix avec l'Angleterre !)

« Il prescrira à tous les gens des équipages de vivre en bonne intelligence avec les naturels, de chercher à se concilier leur amitié par les bons procédés et les égards, et il leur défendra, sous les peines les plus vigoureuses, de jamais employer la force pour enlever aux habitants ce que ceux-ci refuseraient de céder volontairement. » (Ces conseils ressemblent fort à des recommandations de l'ONU ou de l'UNESCO.)

« Le sieur de Lapérouse, en toutes les occasions, en usera avec beaucoup de douceur et d'humanité envers les différents peuples qu'il visitera dans le cours de son voyage. Il s'occupera avec zèle et intérêt de tous les moyens qui peuvent améliorer leur condition en procurant à leur pays les légumes, les fruits et les arbres utiles d'Europe, en leur enseignant la manière de les semer et de les cultiver, en leur faisant connaître l'usage qu'ils doivent faire de ces présents dont l'objet est de multiplier sur leur sol les productions nécessaires à des peuples qui tirent presque toute leur nourriture de la terre. »

C'est le programme de « Frères des Hommes ». Actuellement, aux Indes, des hommes, des Français entre autres, continuent à appliquer ces instructions de Louis XVI.

« Il ne recourra aux armes qu'à la dernière extrémité, et seulement pour sa défense. » Et Sartine, le ministre de la Marine, avait ajouté aux instructions royales ces mots admirables : « Sa Majesté regarderait comme un des succès les plus heureux de

117

l'expédition qu'elle pût être terminée sans qu'il en eût coûté la vie à un seul homme. »

Que voilà des instructions belles et pleines d'humanité ! Comment Lapérouse va-t-il les appliquer ? Va-t-il — comme beaucoup le feront plus tard — les prendre à la légère et jongler avec les vies humaines ? Non. Lapérouse va se plier strictement aux « règles du jeu » imposées par Louis XVI, qui stipulaient entre autres :

« Monsieur de Lapérouse se souviendra constamment qu'un chrétien doit subir et non infliger... ».

L'expédition aura bien d'autres objectifs que ceux précédemment cités, dans des domaines de recherche nouveaux : Lapérouse devra ainsi mesurer les divers degrés de salinité des mers qu'il traversera ; il essaiera de reconnaître les êtres minuscules qui se trouvent dans l'eau de mer (le plancton), et fera procéder à des mesures de courantologie... Toutes missions que des marins seuls ne sauraient mener à bien. De nombreux savants font donc partie du voyage.

Les deux bateaux de l'expédition s'appelleront la *Boussole* et l'*Astrolabe*. Deux noms qui soulignent le caractère scientifique de l'expédition, l'astrolabe étant un appareil servant à mesurer la hauteur d'un astre par rapport à l'horizon (le sextant et l'octant sont des astrolabes).

L'*Astrolabe* bénéficie d'une surprenante innovation. Les bateaux à voile, c'est bien connu, ont besoin de vent pour avancer et comme c'est aussi le vent qui actionne les ailes des moulins, l'on va monter un moulin à vent sur la poupe de l'*Astrolabe* : cela permettra à l'équipage de manger du pain frais tous les jours et constituera un excellent moyen de lutter contre le scorbut.

Parmi les voyageurs, se trouve un mathématicien qui deviendra illustre : Monge.

La *Boussole* et l'*Astrolabe* appareillent le 1er août 1785, cap vers la pointe sud de l'Amérique. L'expédition est d'ailleurs chargée de vérifier s'il n'existe pas un autre détroit que celui de Magellan, plus au sud de la Terre de Feu.

Lapérouse va franchement doubler le cap Horn. Il reconnaîtra l'île Horn, et fera du cap la plus belle description connue à ce jour, car il a eu la chance exceptionnelle de passer par temps beau et clair ! Il remonte ensuite le long de la côte du Chili, puis, suivant ses instructions, se dirige vers l'île de Pâques.

L'académie des Sciences aurait bien voulu que Lapérouse élucide le mystère de cette île. Mystère qui persiste encore de nos jours.

Francis Mazières a effectué il y a quelques années un long séjour à l'île de Pâques. Il a, de la présence des statues, tiré des conclusions sur les pouvoirs mystérieux des anciens Pascuans, de cet endroit privilégié de la terre où se seraient produits des phénomènes d'anti-pesanteur....

Tout ce que sait Lapérouse, c'est que d'immenses statues se dressent sur l'île, et que l'on n'a pas réussi à expliquer la raison de leur présence, depuis le temps où un navigateur hollandais a découvert cette terre isolée au milieu du Pacifique, un jour de Pâques.

Les deux vaisseaux de Lapérouse mouillent dans la baie où, quelques années plus tôt, Cook avait jeté l'ancre, et le chef de l'expédition entre en rapports avec les indigènes. Il va rester très peu de temps à l'île de Pâques : vingt-quatre heures. Mais pendant ces vingt-quatre heures, son armada de savants, de géographes, de géomètres, va effectuer un travail considérable, rassembler une étonnante foule de renseignements que les explorateurs de la région utiliseront jusqu'à la fin du XIXe siècle.

On mesure les fameuses statues dont certaines font plusieurs dizaines de mètres de haut. Les énormes têtes ont un grand nez pointu et semblent coiffées d'un turban, alors qu'il s'agit d'une pierre marine dure placée là pour empêcher que l'érosion de la pluie use la statue[1]. Il faudra attendre Thor Heyerdahl et son expédition du *Kon-Tiki* pour apprendre que ce qui émerge n'est que la tête des statues, dont le corps entier est enterré. Quant à l'origine de ces statues, elle est restée mystérieuse et a donné lieu aux interprétations les plus variées et parfois les plus farfelues.

Lapérouse est frappé par les mœurs des Pascuans. On l'accueille à bras ouverts, avec une telle chaleur qu'il se demande même s'il n'existe pas une sorte de « communisme » local — le

---

1. — C'est exactement ce qui se passe dans les Dolomites où l'on voit, au-dessus d'une cheminée de roche, une pierre qui paraît suspendue, une pierre dure qui a protégé de l'érosion ce qui se trouve au-dessous d'elle.

terme est de lui. Ce communisme se manifesterait en particulier par la mise en communauté des femmes, qui lui semblent appartenir à tout le monde. Nous sommes bien loin de la définition actuelle du communisme. Mais souvenons-nous que Lapérouse n'a passé que vingt-quatre heures dans l'île. Séjour un peu court pour pouvoir juger sainement et objectivement, qui nous rappelle l'exploit de certains voyageurs de XXe siècle qui croient connaître suffisamment un pays pour pouvoir écrire un livre dessus, alors qu'ils n'y ont fait étape que quelques jours. Disons donc que si Lapérouse s'est livré à une étude extrêmement sérieuse de l'île sur le plan géographique, il ne peut avoir rapporté d'observations très exactes sur les mœurs des Pascuans.

La *Boussole* et l'*Astrolabe* remontent ensuite vers les îles Sandwich (Hawaii). Lapérouse n'oublie jamais que sa mission consiste à suivre approximativement les traces de Cook mais sans emprunter le même itinéraire que lui. C'est pourquoi, lorsqu'il va toucher une des îles Hawaii que Cook n'a pas visitée, il va refuser d'en prendre possession, d'y planter le pavillon français. Dans l'esprit des consignes royales, il s'agit pour lui de découvrir et non de conquérir. Il découvre donc les plus méridionales des îles Hawaii et, négligeant celles du nord, monte directement vers la côte de l'Alaska déjà reconnue par Cook à l'époque où il cherchait le détroit de Béring. (Il n'avait trouvé que les Aléoutiennes.)

Suivant ses instructions, Lapérouse effectue le même parcours que le navigateur anglais, mais dans le sens inverse. Il débarque dans une baie située non loin de l'actuelle frontière entre l'Alaska et le Canada, baie qu'il compare à la rade de Toulon pour sa taille et pour la possibilité qu'elle offre d'y faire stationner des flottes entières et qu'il baptise baie des Français. Puis il descend le long de la côte américaine vers les possessions espagnoles de Californie, jusqu'à Monterey au sud de San Francisco. Tout au long de ce voyage, il veille à ce que soient effectués des relevés topographiques extrêmement précis, si bien que lorsqu'on collationnera les documents de l'expédition, on connaîtra parfaitement cette côte orientale du Pacifique qui va devenir la côte ouest des Etats-Unis.

Les savants qui se trouvent à bord étudient la densité et la salinité des eaux traversées, la direction et la force des courants et des vents. Les botanistes recueillent de nombreux échantillons. Partout où l'on a fait escale, on a fait cadeau aux indigènes de plantes et de graines d'origine européenne, on leur a enseigné la façon de les utiliser, ce qui étonnera beaucoup certains explorateurs quand, plus tard, ils trouveront des arbres et des fruits correspondant à un climat tempéré, dans ces régions tropicales.

Il semble que l'on ait amassé suffisamment de renseignements scientifiques pour pouvoir prendre le chemin du retour. Traversant l'océan Pacifique, Lapérouse va alors se rendre à Macao, au rendez-vous qui lui été fixé dès son départ par le ministère de la Marine. Macao se trouve en Chine, mais le port appartient aux Portugais.

Pourquoi cette traversée précipitée du Pacifique ? Car enfin, il y a encore tant de choses à explorer, à connaître dans les îles.

La vérité, c'est que cela va très mal à bord de l'*Astrolabe* et de la *Boussole*. Les équipages ne comprennent pas uniquement des marins, qui par nature sont en général disciplinés, mais aussi des savants. Tous (sauf Monge) sont encore du voyage : les botanistes, les médecins, les astronomes, les océanographes — car on peut déjà les appeler ainsi. Or, le savant est rarement un homme « de terrain », surtout à cette époque, mais plutôt un homme de cabinet, dont la principale préoccupation semble être de fournir des articles à l'Encyclopédie.

Pour les scientifiques qui se sont embarqués, cette expédition, c'est la grande aventure. Et cette grande aventure, ils la supportent assez mal. Un bateau, ce n'est pas confortable. Ils ont pris toute la place pour eux et pour leur précieux instruments. Le livre de l'amiral de Brossand qui raconte l'expédition de Lapérouse donne, en annexe, la liste des instruments scientifiques qui ont été emportés à bord. Cet inventaire est ahurissant. Tout cela devait envahir les cales des bateaux. A cause d'eux, les marins manquent d'espace vital, ne peuvent plus accrocher leur hamac, dorment mal. De plus, ils sont loin de manger à leur faim car les vivres sont sévèrement rationnés. Bref, l'atmosphère à bord se dégrade. D'autant plus vite que, dans le conflit qui les oppose aux matelots, les savants ont obtenu gain de cause. Dégoûté, Lapérouse, qui s'entend très mal avec eux, a décidé de rapatrier tout son monde et de mettre fin à cette expédition, quitte à en monter une autre plus tard.

Cependant, à Macao, le commandant d'un bateau français spécialement dépêché par Louis XVI transmet des instructions précises à Lapérouse : il doit partir vers le nord, longer les côtes de Chine puis celles de Tartarie (l'actuelle Sibérie orientale) où les Russes ont fondé des établissements de pêche, et se rendre au nord du 50ᵉ parallèle, à Pétropavlovsk, Kamtchatka, où on l'attendra.

Nouveau départ, début février 1787. On visite Formose, on lie connaissance avec les habitants de l'île, ces êtres étranges qui ne sont ni des Japonais ni des Chinois, qui, lorsqu'ils sont Chinois souhaitent être Japonais et souhaitent être Chinois lorsqu'ils sont Japonais. Puis on franchit le détroit qui sépare la Corée du Japon, le détroit de Tsoushima et on touche l'île de Yeso (actuellement Hokkaido, l'île la plus septentrionale du Japon). Cela constitue un exploit car le Japon, qui a totalement rejeté la civilisation occidentale, est complètement fermé aux Européens depuis plus de deux cents ans. Seuls quelques marchands hollandais ont reçu le droit de commercer avec le Japon, et ils conservent ce droit précieusement, bien que cette autorisation acordée avec la plus extrême parcimonie coûte très cher à leur conscience : chaque fois qu'ils pénètrent sur leur territoire, les Japonais les obligent en effet à fouler aux pieds le crucifix. On imagine ce que peut représenter ce geste pour un chrétien, même si cela paraît un peu moins sacrilège à l'époque de monsieur de Voltaire. Quoi qu'il en soit, Louis XVI, le roi très-chrétien, n'apprécierait pas du tout que son commandant se soumette à cette obligation. Lapérouse se contente donc de toucher terre à Yeso et repart rapidement vers le nord, entre le Japon et la Tartarie.

Au terme d'une navigation relativement dangereuse, il découvre un passage très mal commode, entre le nord de Yeso et le pointe sud de Sakhaline (aujourd'hui détroit de Lapérouse) et jette l'ancre devant la grande île en croyant être arrivé au Kamtchatka. Là, les instructions de Louis XVI font merveille. Lapérouse rencontre des pêcheurs, des Aïnous, ces Blancs un peu albinos du nord du Japon, que les Japonais massacreront plus tard. Il les traite avec tant d'urbanité, de générosité — il leur donne des plantes, des outils — qu'il est accueilli avec fraternité par ces hommes envers lesquels il s'est montré lui-même fraternel. Et lorsqu'il demande où il peut trouver les Russes, il s'entend répondre par un vieux pêcheur :

— Mais... En Tartarie !

— Nous ne sommes donc pas ici en Tartarie ?

— Ah non ! Ici, c'est une île.

Et le pêcheur dessine vaguement les contours de l'île, ainsi que ceux du continent asiatique qui lui fait face. Ce détroit, entre l'île et la côte de Sibérie orientale, Lapérouse lui donnera le nom de Manche de Tartarie.

Le chef de l'expédition se rend compte alors qu'il a commis une erreur d'estimation. Les renseignements dont il disposait étaient faux puisque ce n'est pas au Kamtchatka qu'il se trouve. Il rectifie donc la suite de son itinéraire et cette fois, c'est bien au Kamtchatka qu'il atterrit.

La ville de Petropavlovsk lui a réservé un accueil aussi étonnant qu'inattendu : feux d'artifice, réceptions, salves de coups de canons, comme pour un chef d'Etat. Lapérouse apprend alors qu'il a été nommé amiral par Louis XVI. C'est pour cette raison que le roi lui a demandé de se rendre en territoire ami, or le territoire ami le plus proche de la Chine n'est autre que la Russie de la Grande Catherine.

Cette escale va se révéler pour nous d'une importance capitale. C'est en effet à Petropavlovsk que Lapérouse débarque tous les documents rédigés et tout le matériel accumulé au cours de son long périple dans le Pacifique. Cela débarrasse : de la paperasse en moins, c'est de la place en plus. Les instruments d'observation sont également débarqués ainsi que les cartes et tous les livres sur lesquels sont portés les positions des îles rencontrées et le dessin de la côte d'Amérique. Tout cela, Lapérouse le confie à l'un de ses plus fidèles compagnons, qui lui a servi en même temps d'interprète de russe, M. de Lesseps (le grand-père de l'homme qui fera percer le canal de Suez).

Les découvertes de l'expédition de Lapérouse intéressent essentiellement la physique, cette science encore naissante qui va révolutionner les anciennes connaissances et la civilisation occidentales. La physique expérimentale et la chimie de synthèse, qui n'en sont encore qu'à leurs premiers balbutiements, ont pour base le principe de Lavoisier selon lequel : « Rien ne se crée, rien ne se perd, tout se transforme [1] ».

Lapérouse rapporte des observations très précises sur les conditions de navigation dans le Pacifique : les courants, en particulier les mouvements des marées (que l'on ne connaissait jusque-là que fort mal), la propagation de la houle et le clapot, la

---

1. — C'est aussi à partir du moment où l'homme va commencer à démonter cet extraordinaire mécanisme de « recyclage » qu'il va être amené à commettre une erreur fondamentale en créant des produits non destructibles, non cyclables. Ces produits et leurs déchets vont s'additionner sans se détruire, envahir les milieux vivants et donner naissance au fléau moderne qu'est la pollution.

marche des typhons, entre autres. On pourrait dire, au fond, que s'il n'a pas été un très grand découvreur de terres (bien que sa carte de la côte ouest de l'Amérique demeure un modèle), Lapérouse a été un grand découvreur des mers au moment même, d'ailleurs, où l'on commençait à se rendre compte que l'océan avait une valeur. Auparavant, on ne le considérait en effet que comme une voie de passage permettant de conquérir des terres nouvelles.

Investi d'une mission de confiance, M. de Lesseps va traverser toute la Sibérie et toute la Russie d'Europe — son voyage durera treize mois — pour rapporter en France les précieux documents et le récit de ce voyage.

Il sera l'un des deux seuls survivants de l'expédition Lapérouse. L'un des deux seuls à revoir la France. Le second ne sera autre que Monge, qui avait tellement le mal de mer au départ, qu'il a demandé à débarquer à la première escale, aux Canaries, d'où il est rentré en France.

Car Lapérouse et ses hommes d'équipage, qui font de nouveau voile vers le sud — ils ont reçu pour instructions d'essayer de gagner l'Australie et d'aller vérifier la carte de la Nouvelle-Zélande rapportée par Cook — vont mourir jusqu'au dernier.

Après dix semaines de mer, l'*Astrolabe* et la *Boussole* arrivent aux Samoa, connues alors sous le beau nom d'archipel des Navigateurs. L'excellent accueil que lui réservent les indigènes permet à Lapérouse d'appliquer de grand cœur les consignes de Louis XVI. C'est aux Samoa qu'il apprendra l'existence de la grande civilisation du Pacifique, qu'il est mis au courant de rites religieux, qu'il décrit. Il entretient donc d'excellentes relations avec les autochtones. Jusqu'au jour où, on ne sait pourquoi, le drame éclate.

Depuis quelque temps, on avait bien remarqué que les habitants se montraient désagréables vis-à-vis des Français, et ce sans raison apparente. Se fiant à la gentillesse coutumière de ces gens, Fleuriot de Langle, le commandant de l'*Astrolabe*, n'en décide pas moins d'aller faire une dernière fois de l'eau à terre. On est en effet à la veille du départ.

A peine ses hommes et lui ont-ils quitté leur canot que l'inattendu, l'inexplicable se produit. Les traits menaçants, les indigènes entourent les Blancs et, faisant preuve d'une violence inouïe, se jettent sur eux. Ils massacrent tout le monde et emportent les cadavres, qu'ils vont dévorer. Seul le corps de Fleuriot de Langle sera rendu, mais le drame est irréparable.

Lapérouse va-t-il se livrer à des représailles ? On se souvient des consignes royales : « Ne tirez que pour vous défendre ». Or, il est trop tard pour se défendre. Ce serait une vengeance gratuite.

A quoi bon répondre à la violence par la violence ? A quoi bon se venger gratuitement ? On ne ressuscitera pas les hommes qui ont été massacrés. Lapérouse suivra les conseils de son roi et ne cédera pas à l'irréparable.

Comme ces mœurs sont différentes de celles qui auront cours au siècle suivant ! Quant on pense qu'au XIX° siècle un marin hollandais s'amusera un jour, au moment où son navire lève l'ancre, à épauler son fusil et à tirer sur un indigène qui se trouve sur la plage. Pour le plaisir de tuer, comme ça, pour jouer... Oui, au XIX° siècle qui devait, croyait-on, voir s'épanouir notre civilisation et où dans maints domaines on s'est beaucoup plus rapproché de la barbarie qu'on ne l'avait fait au XVIII°, ce siècle libérateur de la pensée.

C'est le deuil au cœur que Lapérouse et ses compagnons se dirigent vers l'Australie, où, pour la dernière fois, on va voir la *Boussole* et l'*Astrolabe*. Les deux navires vont toucher Botany Bay, où Lapérouse va laisser son journal relatant les péripéties de son voyage depuis le Kamtchatka. Puis les deux vaisseaux vont s'éloigner vers l'est. On n'entendra plus jamais parler d'eux.

La France s'émeut de ce silence.

1789. On est à la veille de la Révolution — de la Révolution pacifique, s'entend. Puis viennent les Etats Généraux, la Constituante et la Législative. Les Français sont encore en paix avec leur roi et personne n'oublie Lapérouse.

En 1791, la France envoie un navire à sa recherche. Le pays tout entier est d'accord et ceux qui représentent la Nation confient à d'Entrecasteaux la mission d'explorer le Pacifique à la recherche des deux bateaux disparus. Il partira du dernier endroit où on a vu Lapérouse et, de Botany Bay, il rayonnera pour essayer de trouver d'éventuels survivants. De son côté, la Constituante vote une motion par laquelle on maintient à Madame de Lapérouse la solde de son mari tant que ce dernier ne sera pas retrouvé. D'Entrecasteaux va découvrir un îlot, Vanikoro, mais, affolé par un bouillonnement d'eau qui se produit dans les parages, il ne s'approchera pas ! Il va repartir, rentrer en France, sans avoir trouvé la moindre trace de l'*Astrolabe* et de la *Boussole*.

Dès lors, on oublie Lapérouse. La France a bien d'autres sujets de préoccupation. Elle a à faire sa Révolution. Ce sera la Révolution dans sa phase violente, la guerre avec les Anglais, avec toute l'Europe, la destruction de la marine française, les batailles perdues face à la flotte britannique. La Marine française n'est plus commandée, soit que ses officiers aient émigré, soit qu'on n'ait plus confiance en eux et qu'on les mette sous les ordres d'incapables, soit que les marins recrutés n'aient pas acquis une formation suffisante. Au cours de cette période troublée, elle cherchera en vain son Hoche, son Marceau ou son Bonaparte, et essuiera défaite après défaite.

A quoi doit-on cette faiblesse, cette infériorité chronique ? Peut-être au fait que la discipline ne constituait pas la règle d'or de la Révolution, et qu'un bateau sur lequel ne règne pas la discipline... Peut-être.

Toujours est-il qu'après la défaite de Napoléon, la flotte française se retrouve exsangue. Pas question de consacrer une expédition à la recherche d'un navigateur disparu depuis près de vingt ans.

Il faudra attendre la Restauration pour que quelqu'un — un Anglais, en l'occurrence — repense à Lapérouse. Le capitaine Dillon parviendra presque à prouver que c'est à Vanikoro que Lapérouse a fait naufrage.

C'est Dumont d'Urville qui, en 1828, découvrira l'*Astrolabe*, qui a bien sombré devant l'îlot de Vanikoro. Grâce à des documents que l'on a retrouvés, on a pu établir qu'à l'époque des recherches de d'Entrecasteaux, en 1791, vivaient encore, sur Vanikoro, deux hommes de l'équipage de l'*Astrolabe*. Ils ont vu les navires d'Entrecasteaux passer au large, les indigènes l'ont raconté. Mais d'Entrecasteaux a eu peur des récifs. De ces récifs qui ont causé la mort de Lapérouse, certainement au cours d'une tempête. Il est extraordinaire que lors des voyages d'exploration de tous ces grands marins qui naviguaient le plus souvent sans connaître les fonds, il ne se soit pas produit plus d'accidents de ce genre.

On connaissait donc le destin de l'*Astrolabe*. Mais qu'était devenue la *Boussole* ? Il a fallu attendre cent vingt-cinq ans pour le savoir.

Les Nouvelles-Hébrides ont un statut extrêmement particulier. De nombreux Français l'ignorent, mais les Nouvelles-Hébrides constituent un condominium franco-britannique, c'est-à-dire qu'elles appartiennent en même temps à la France et à l'Angleterre. Combien de nos compatriotes ont jamais réfléchi à cette anomalie de la géographie politique et de l'Histoire ?

Nombreux sont ceux qui sont revenus sur les traces de l'*Astrolabe* et, parmi eux, Haroun Tazieff, en 1959. Il a effectué des plongées remarquables au large de Vanikoro, a remonté des canons et des instruments scientifiques, dans le cadre d'une expédition dirigée par M. Anthonioz alors haut-commissaire de France aux Nouvelles-Hébrides. Mais il faudra attendre 1964 pour qu'une expédition française avec à sa tête le capitaine de vaisseau de Brossard (devenu depuis amiral) émette l'hypothèse qu'après tout l'autre frégate avait pu couler plus loin que les récifs, ce qui permettra de retrouver la *Boussole*.

Découverte d'une importance capitale car, alors que l'*Astrolabe* avait fait naufrage sur terre — ce qui signifie que le vaisseau et les richesses qu'il contenait avaient de fortes chances d'avoir été pillés par les indigènes — la *Boussole* est une épave qui, ayant coulé par cinquante mètres de fond, est restée intacte pendant près de deux siècles. Il a donc fallu attendre notre époque pour que soit éclairci le mystère de la disparition de Lapérouse, même si certains éléments nous manquent encore pour tout expliquer.

Il n'en est pas moins vrai que nous sommes désormais directement reliés à Lapérouse par des objets qui seront bientôt en notre possession — car on continue à inventorier le contenu de l'épave de la *Boussole*. Bientôt nous disposerons de nouveaux renseignements sur la marine de la fin du XVIII° siècle.

L'histoire de Lapérouse, malgré son dénouement tragique, est une histoire de paix. La mer joue son plus grand rôle dans l'évolution de l'homme grâce à la paix. Pour la guerre, elle n'a été qu'un champ de bataille de plus. Dès le départ de son expédition était donné à Lapérouse le conseil de traiter les hommes en frères. Ce conseil il l'a suivi jusqu'à souffrir la mort pour ses compagnons. Et peut-être personnellement. Car personne ne sait comment il est mort lui-même. A-t-il succombé à la violence des hommes ou à celle de la mer ? En tout cas il a su subir et non **infliger** !

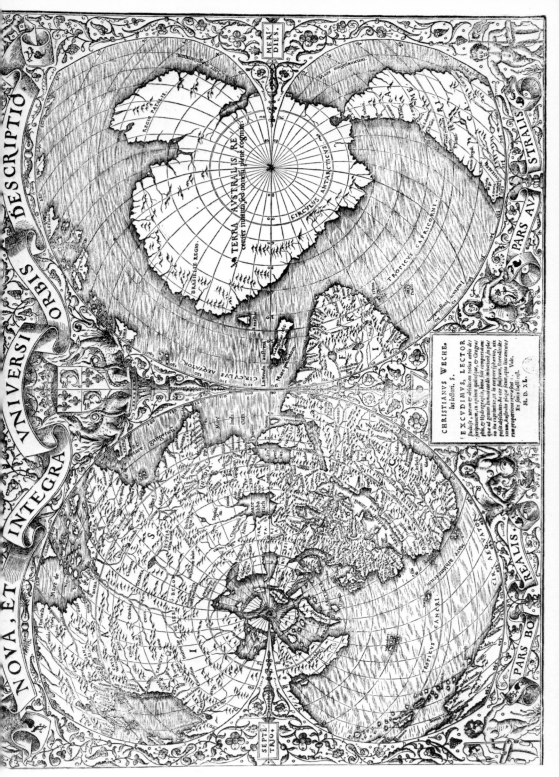

« Nouvelle description intégrale du globe terrestre », ou le monde vu par les géographes en l'an 1540. *(Photo B.N.-Plon)*

Le premier navigateur solitaire... Hercule naviguant dans une coupe. *(Photo Roger Viollet)*

Galère grecque du Ve siècle, permettant sans doute des navigations moins aventureuses. *(Photo Roger Viollet)*

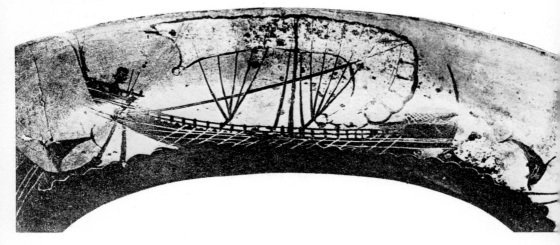

L'équivalent nordique des cathédrales gothiques : le drakkar viking. *(Musée d'Oslo)*

Christophe Colomb, l'un des deux découvreurs de l'Amérique. (*Photo Roger Viollet*)

Après les fureurs de l'Atlantique, les douceurs d'une terre inconnue. [Détail d'une gravure du XVIe siècle.] (*Photo USIS - Photothèque Presses de la Cité*)

Ferdinand de Magellan. *(Photo Roger Viollet)*

Jean de Carthagène, Grand d'Espagne, est mis aux ceps par ordre de Magellan. *(Photo Roger Viollet)*

La "Victoria", le navire-amiral qui boucla le premier tour du monde de l'histoire. *(Photo Roger Viollet)*

Caricature de Francis Drake, ou heurs et malheurs d'un aigle des mers. *(Photothèque Presses de la Cité)*

James Cook, le laboureur du Pacifique. *(Photothèque Presses de la Cité)*

L'"Endeavour", navire de Cook lors de son premier voyage dans le Pacifique. *(Photothèque Musée de l'Homme)*

La fin d'un héros; James Cook massacré par les indigènes des îles Hawaii. *(Photo J.-L. Charmet)*

L'amiral de Bougainville en majesté. *(Coll. Bulloz)*

Tête de chapitre des Mémoires de Bougainville. *(Photo Roger Viollet)*

VOYAGE
AUTOUR DU MONDE.

PREMIERE PARTIE,

Contenant depuis le départ de France, jusqu'à la fortie du détroit de Magellan.

CHAPITRE PREMIER.

Départ de la Boudeufe de Nantes ; relâche à Breft ; route de Breft à Monte-video ; jonction avec les Frégates Efpagnoles pour la remife des îles Malouines.

Ans le mois de Février 1764, Objet du la France avoit commencé un Voyage. établiffement aux îles Maloui- 1766. nes. L'Efpagne revendiqua ces îles, comme étant une dépendance du con-

Tome I.   A

Arrivée de la "Boudeuse" et de l'"Etoile" à Tahiti. *(Photo Roger Viollet)* ▼

Jean-François de Galaup, comte de Lapérouse. *(Photo B.N.)*

Boucanier à l'époque de la Flibuste. [Gravure du XVIIIe siècle.] *(Photo Roger Viollet)*

ean-François Nau, dit l'Olonnois, la terreur es Caraïbes. *(Photo Roger Viollet)*

Abordage d'un navire au XVIIIe siècle. *(Photo Roger Viollet)*

▲ Scott et ses compagnons découvrent la tente laissée au Pôle Sud par Amundsen. *(Photo Roger Viollet)*

Les dernières lignes du Journal de Scott, retrouvé près de son cadavre par l'équipe de recherches, en 1912. *(Photo Roger Viollet)* ▶

◀ Roald Amundsen, le vainqueur es Pôles. *(Photo Roger Viollet)*

we shall stick it out to the end but we are getting weaker of course and the end cannot be far.

It seems a pity but I do not think I can write more —

R Scott

Last entry

For Gods sake look after our people

Le "Terra Nova", navire de Scott, pris dans les glaces de l'Antarctique. *(Photo Roger Viollet)*

FRANCIS DRAKE
pirate de la Reine

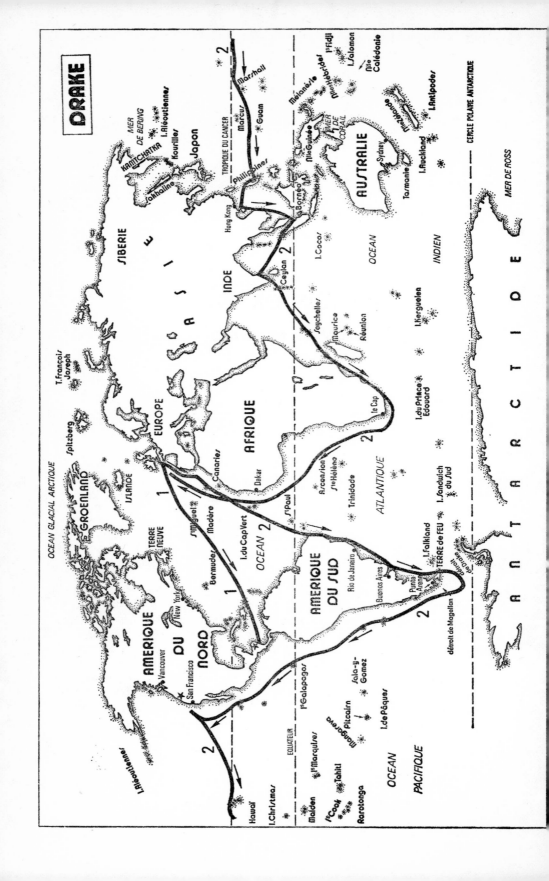

Francis Drake est un de ces héros que seul le cinéma, de nos jours, aurait pu imaginer. Un héros fait de violence, de soif d'aventure, de goût du luxe et de panache militaire. Un de ces nombreux fanatiques qu'a vu naître le siècle des guerres de religion.

Drake naît en effet vers 1540, dans une famille de prédicants, à une époque où l'Angleterre est divisée sur le plan religieux. Henri VIII s'est séparé du pape et a créé une religion d'Etat, mais se défend d'être protestant — les protestants, il les fait même brûler vifs. A la mort de son père, Marie Tudor rétablit le catholicisme et fait pendre sans pitié ceux qui ne sont pas des catholiques absolument intransigeants. Dès qu'elle lui succède, sa demi-sœur, Elizabeth, introduit en Angleterre le protestantisme comme religion d'Etat.

L'enfance et l'adolescence de Drake se passent donc dans le milieu protestant, longtemps persécuté. Dans sa famille, on n'éprouve que haine farouche pour le catholicisme, l'Eglise catholique (la « Louve romaine ») et Marie Tudor (« Marie la Sanglante », *Bloody Mary*). Ce climat de conflits religieux — ouverts ou latents — va le marquer toute sa vie.

A treize ans, il est admis commme mousse, dans un équipage de caboteur et longe les côtes anglaises, transportant des marchandises. Quand il fait très beau, il pousse jusqu'en France et en Hollande, où il rencontre des coreligionnaires. A dix-neuf ans, il hérite de son bateau. Son patron, qui n'a pas d'enfant, l'ayant trouvé digne de devenir son successeur, voilà Drake devenu patron à son tour. Mais il ne va pas se contenter de ce bateau, et comme le cabotage commence à l'ennuyer, il entre chez des cousins à lui, les Hawkins. Or, les Hawkins sont des négriers.

A l'époque, le commerce des esclaves est florissant — le système est aussi simple que rémunérateur : on se rend sur la côte africaine, vers le Congo, en embarque des hommes, soit en les enlevant, soit en se les faisant livrer par les nababs locaux qui se chargent de rafler des Noirs dans les régions de l'intérieur, et on va les vendre aux colonies espagnoles. En fait, c'est à la contrebande que l'on se livre, car on vend à Cuba et à Haïti (Hispaniola) de la « marchandise » qui échappe à la taxation espagnole. Inutile de dire que les Espagnols font la guerre à ce genre de commerce qui rapporte vraiment beaucoup d'argent aux contrebandiers.

Si le premier voyage se passe très bien, sur deux bateaux, il n'en sera pas de même pour le deuxième. On est dans le port de Carthagène en train de vendre les esclaves, on a presque écoulé toute la cargaison quand, brusquement, la tempête se déchaîne, empêchant de lever l'ancre. Impossible de quitter le port. Et, comme par hasard, voilà que se présente la flotte espagnole. Elle est constituée de navires de guerre qui vont escorter les galions qui acheminent vers l'Espagne l'or provenant des régions occidentales de l'Amérique du Sud. C'est le système de la *flota*, qui correspond à celui d'un convoi tel que le concevront, au cours des deux dernières guerres, les Anglais et les Américains pour se protéger des attaques des sous-marins allemands.

Profitant de leur supériorité numérique, les Espagnols attaquent. Drake manœuvre si bien sa *Judith* qu'il réussit à leur échapper, ce qui n'est malheureusement pas le cas pour John Hawkins et son *Minion*. Plus tard, on lui reprochera d'avoir fui, d'avoir abandonné son chef, son armateur. La règle du combat veut que deux bateaux collent l'un à l'autre, qu'ils coulent ou qu'ils s'en sortent ensemble. Quand il rentre en Angeterre, il n'est pas bien accueilli. Néanmoins, comme il rapporte pas mal d'argent (on est toujours bien reçu, dans tous les pays du monde, et surtout à cette époque-là, lorsqu'on arrive avec de l'argent), il a les moyens d'armer deux navires, le *Pacha* et le *Swan*, avec lesquels il va pouvoir repartir vers l'Amérique centrale.

Dans le golfe de Darien, il découvre un mouillage merveilleux, qu'il appelle le port des Faisans. C'est une baie cachée par des arbres qui descendent jusqu'à la mer, où il peut faire entrer non seulement ses deux petits bateaux mais aussi quatre pinasses, ces espèces de canots à fond plat et à voile, qui peuvent se glisser à peu près partout, un peu comme les pirogues des Indiens qui pêchent dans la région. C'est avec ces pinasses qu'il va livrer ses combats. Comme des moustiques, ces minuscules embarcations vont s'attaquer aux mastodontes que sont les galions ventrus, et Drake va remporter des succès extraordinaires, si bien que peu à peu il amasse une fortune considérable au port des Faisans.

Cette fortune ne lui suffit pourtant pas, car il voit très grand. Il met au point une expédition vers l'endroit où est déposé le trésor que doit emporter la prochaine *flota*. Accompagné d'une soixantaine d'hommes, il arrive de nuit à Nombre de Dios, et trouve ce qu'il cherchait. Mais il doit rapidement déchanter : le trésor est constitué de cinq cents tonnes de lingots d'argent. Impossible d'embarquer un poids pareil sur les pinasses. Il faut donc chercher autre chose, de l'or, des pierres précieuses, des bijoux, quelque chose qui soit plus facilement transportable, plus rapidement monnayable. Ses hommes et lui mettent à sac la ville endormie mais ne trouvent rien. Au petit jour, l'alerte est enfin donnée et la garnison se rue sur les pirates. Blessé d'une balle d'arquebuse à la jambe, Drake donne l'ordre de regagner les embarcations.

Les richesses continuant à s'accumuler au port des Faisans, Drake effectue toujours de petites sorties à la tête de ses pinasses. Il attaque les bateaux espagnols, tue les capitaines, menace les hommes, prend l'argent et disparaît. Pas question de le poursuivre : seuls les bateaux de très faible tonnage peuvent pénétrer dans la petite baie qu'il a choisie pour port d'attache. Mais les Espagnols commencent à signaler sa présence, et les garnisons des villes côtières se méfient. On attend le pirate de pied ferme, et lorsqu'on l'aura fait prisonnier, on éprouvera un certain plaisir à le regarder se balancer au bout d'une corde.

Drake va pourtant tenir les Espagnols en échec en concevant un plan extraordinaire. Au lieu d'attaquer les bateaux, il va s'en prendre aux convois terrestres qui transportent l'or de la côte du Pacifique à celle de la mer des Antilles pour aboutir aux ports de Nombre de Dios ou de Carthagène. Ses amis, les Indiens Cimarons, anciens esclaves qui travaillaient pour les Espagnols et qu'il a délivrés (pour ce protestant qui déteste avec passion les catholiques, ce sont des alliés naturels), vont l'aider à reconnaître l'itinéraire que suivent les convois de mules. Un jour, il monte sur un arbre immense que les Indiens ont aménagé en observatoire et, de là-haut, il découvre ce que tout navigateur du XVI° siècle rêve de voir : sur sa gauche, la mer des Caraïbes et sur sa droite l'océan Pacifique, cette mer du Sud que Magellan a découverte un demi-siècle plus tôt et où, jusqu'à présent, aucun protestant, aucun Anglais n'a encore navigué. Les maîtres du Pacifique sont les Espagnols et les Portugais, rien que des catholiques. Et Drake se jure bien qu'un jour il ira en découdre avec les « papistes » dans ce qu'ils considèrent comme leur fief.

Pour l'instant, il n'en a pas encore les moyens. Il doit encore se contenter de monter des opérations de « commando ».

Ses marins sont couchés dans les herbes hautes et attendent que le convoi de mules soit passé pour lui couper la route du retour. On ne doit attaquer qu'au moment où Drake donnera un coup de sifflet. Malheureusement, un des hommes tire un coup d'arquebuse trop tôt ! Les Espagnols, sur leurs gardes, ont le temps de dissimuler le trésor, et lorsque Drake saisira les mules, quelques jours plus tard, elles ne seront chargées que de pierres. Le coup est manqué. Quand et dans quelles conditions le rééditer ?

En attendant que se présentent des circonstances plus favorables, il reprend la mer. Sur sa route, un bateau. Une future prise ? Non. Il s'agit d'un pirate, lui aussi, d'un allié, un protestant français, Guillaume Le Testu, qui lui apprend l'épouvantable nouvelle du massacre de la Saint-Barthélemy. Pour Drake, raison de plus de haïr ces maudits catholiques. Il faut absolument réaliser le « coup » des mules.

Mais maintenant, l'escorte espagnole qui conduit l'argent et l'or de Panama à Nombre de Dios se méfie. On ne va donc pas pouvoir l'attaquer en route ? Si, il reste un moyen. Cette traversée à pied est très longue, très difficile, et les Espagnols sont constamment sur le qui-vive. Mais quand ils voient les murs de la citadelle à leur portée, leur vigilance se relâche.

C'est là, à cinq cents mètres à peine des remparts de Nombre de Dios, que Drake et Le Testu vont attaquer. Cette fois, opération réussie : le chargement change de mains et l'escorte est massacrée. Une seule anicroche : les gens de la ville ont entendu les coups de feu et les cris des gardes, et les troupes espagnoles accourent. Drake et ses hommes se replient en bon ordre. Grièvement blessé, Guillaume Le Testu souffre tellement qu'il supplie qu'on le cache dans un coin et qu'on revienne le chercher dans quelques jours ou quelques semaines. On reviendra en effet le chercher, au bout d'un bon mois passé au port des Faisans, mais on ne le retrouvera jamais. On apprendra plus tard que les Espagnols l'ont arrêté et torturé pour lui faire avouer où le trésor est caché : il est mort sous la torture, sans avoir parlé.

Quelques jours avant la date prévue pour son départ vers l'Angleterre, Drake subit une dure épreuve. Une épidémie décime ses hommes les uns après les autres, si bien qu'il n'en restera, à la fin, qu'une vingtaine. Pour connaître les causes de la terrible maladie, qui a terrassé, entre autres, deux de ses frères, il donne l'ordre de procéder à une opération absolument impensable à l'époque : il fait disséquer le cadavre de son frère aîné. Mais on ne trouvera évidemment rien. S'il a choisi le cadavre de son frère, c'est que personne ne l'aurait laissé utiliser celui d'un marin. A cette époque où l'on pensait que le corps devait se présenter intact au jour de la Résurrection, on ne pouvait pratiquer de dissections que clandestinement — Vésale était obligé de déterrer des cadavres pour parfaire ses connaissances d'anatomie. Drake est donc à l'origine d'une grande « première » médicale.

Cet équipage extrêmement réduit, ne disposant plus que du *Swan* pour charger les trésors (on va tout de même essayer de s'emparer d'un galion et on y parviendra) embarque le maximum de ce qu'on a pu amasser. Enfin, c'est le départ pour l'Angleterre, où sa précieuse cargaison rapportera à Drake plus de cinquante mille livres.

La foule anglaise l'accueille avec joie. On déteste les Espagnols, en Angleterre. Mais... on n'est pas en conflit avec l'Espagne et Elizabeth est bien embarrassée de ce héros (car elle le considère comme un héros) encombrant qui risque de lui attirer la guerre. Quand il se présente devant Sa Majesté, elle lui dit donc d'une voix terrible :

— A genoux, Francis Drake ! Je suis chargée par mon cousin le roi d'Espagne, qui vous a condamné à mort, de vous demander votre tête et de la prendre.

Et l'assistance, plongée dans un silence catastrophé, voit la

reine se lever, se diriger vers celui que plus tard elle appellera son « pirate favori » et ajouter d'une voix plus douce :
— Debout, *sir* Francis.

Sir Francis Drake est un homme riche qui va vivre en homme riche. Les nobles, qui ne montrent que dédain à son égard, lui renvoient les cadeaux qu'il leur adresse pour les amadouer, en lui signifiant qu'il ne peut offrir ce qui appartient au roi d'Espagne et non à lui. Mal à l'aise dans la société de Londres, il vit dans son rêve qui a pour cadre le Pacifique.

Ce rêve qui le hante, il va le réaliser, mais pas immédiatement puisque, arrivé en 1573 en Angleterre, il ne repartira que cinq ans plus tard. Il prépare son voyage sans faire trop de bruit, presque à la sauvette. Officiellement, la reine ne veut pas être mêlée à une expédition qui va sans aucun doute voir les navires anglais affronter les Espagnols. Ce qui ne l'empêche pas de l'aider en sous-main, pour plusieurs raisons : d'abord parce qu'elle aime beaucoup ce qu'il fait, ensuite parce qu'au fond de son cœur elle déteste les Espagnols ; enfin — et surtout — parce qu'elle espère que l'opération va renflouer la Trésorerie royale.

Pour tout le monde — sauf pour la reine et pour lui — c'est un voyage vers la Méditerranée et les Etats du Levant qu'il prépare. Il est prévu qu'il doit passer le détroit de Gibraltar et se diriger vers les Etats de la Porte [1], Alexandrie et l'Egypte. Ses équipages reçoivent des instructions en ce sens.

La flotte qu'il commande se compose de cinq navires : le *Pelican* (bateau amiral : 100 tonnes), l'*Elizabeth* (80 tonnes), le *Swan* (50 tonnes), le *Marigold* (30 tonnes) et le *Christopher* (15 tonnes), ce qui montre qu'il y a quatre siècles, on s'engageait sur les océans avec des navires qu'on considérerait maintenant comme minuscules.

Il part donc officiellement pour la Méditerranée mais, au grand étonnement de ses marins, le voilà qui dépasse Gibraltar et qui poursuit sa route vers le sud. Que se passe-t-il ?

Il faut dire que Drake a beaucoup changé, depuis l'époque de la baie des Faisans. Il est maintenant coupé de ses hommes. Jusque-là, c'était le petit matelot qui avait bien réussi, mais qui vivait avec ses équipages, partageant leur nourriture et leur mode de vie. Ce n'est plus du tout le cas maintenant. A bord du

---

1. — La Turquie.

Pelican, il est le grand seigneur, il est l'amiral, il a ses propres serviteurs, ses musiciens et vit dans un cadre extraordinairement luxueux ! Doughty, un ami qui l'a bien connu à terre, l'accompagne et joue le rôle d'ordonnateur des jeux et des plaisirs de l'amiral. Peu à peu, ses hommes, avec lesquels il n'a plus aucun contact, commencent à manifester envers lui une certaine hostilité, d'autant qu'ils ignorent où on les conduit.

C'est seulement en plein Atlantique, alors qu'il a dépassé le Rio de Oro (où il s'est emparé d'un navire espagnol qu'il a rebaptisé la *Mary* et dont il se débarrassera d'ailleurs bientôt) qu'il réunit ses commandants et leur annonce qu'ils vont descendre le long de la côte de l'Amérique du Sud. Depuis Magellan, cette portion de côtes a très mauvaise réputation et ce n'est sûrement pas de ce côté-là qu'on trouvera des galions à arraisonner. Les hommes ne cachent ni leur mécontentement ni leur déception.

Heureusement, soixante-trois jours plus tard, la flotte atteint les côtes brésiliennes. Les Portugais sont loin d'être solidement implantés au Brésil. On peut même traverser d'immenses régions sans en rencontrer un seul. Drake et ses hommes sont merveilleusement reçu par les Brésiliens. Ce sont encore de « bons sauvages » qui leur offrent des fruits, des cadeaux, des perroquets, ces merveilleux oiseaux dont tout marin rêve depuis la découverte de l'Amérique du Sud. Puis on descend vers le sud, et là, les côtes deviennent beaucoup plus rudes et les indigènes bien moins accueillants. On rencontre ces fameux géants dont avait parlé Pigafetta en racontant le voyage de Magellan, les Patagons, et cette rencontre se passe très mal. Les indigènes ont-ils déjà été maltraités par des Européens ? Toujours est-il que lorsque Francis Drake et quelques-uns de ses officiers débarquent sur le sol de ce qui deviendra l'Uruguay, on leur tire dessus, on leur envoie des flèches, des pierres : deux Anglais sont tués, d'autres sont blessés et c'est vraiment pour se réfugier qu'on remonte à bord des navires et qu'on fait voile vers la baie de San Julian.

C'est bien un lieu fatal que cette baie de San Julian. C'est là que, cinquante ans plus tôt, Magellan a eu à faire face à une mutinerie, qu'il a dû reprendre de force ses officiers en main, tuer un de ses capitaines, en exécuter un autre et en abandonner un troisième sur la côte.

Doughty, l'ami Doughty, s'est permis de punir et de faire flageller un matelot qui pourtant ne faisait qu'exécuter un ordre de son amiral. Drake réunit un tribunal qui condamne Doughty à mort. Et l'on assiste alors à une scène absolument incroyable : sur un îlot au milieu de la baie, les deux amis, les deux inséparables prennent ensemble un repas qui sera, pour l'un d'eux, le dernier. Un repas fastueux, copieusement arrosé, servi par des domestiques à la fois éberlués et fascinés. Le repas terminé, on conduit Doughty à terre, et on lui tranche la tête.

Avant de continuer vers le sud et d'aborder le terrible détroit, Francis Drake fait détruire trois de ses bateaux : le galion, le *Mary*, est sabordé, puis le *Christopher* et le vieux et fidèle *Swan*. Car il est bien loin le temps où Magellan avait nommé cette mer du sud l'océan Pacifique parce qu'il y était entré dans une période de calme plat. Depuis, quatre expéditions espagnoles se sont engagées dans le détroit de Magellan, et les quatre ont rencontré un sort contraire, parfois fatal. L'une d'entre elles a été complètement anéantie en débouchant sur le Pacifique qui, décidément, porte bien mal son nom... Ce sont donc trois navires seulement qui vont s'engager dans le détroit : le **Pelican** rebaptisé *Golden Hind*, commandé par sir Francis lui-même, l'*Elizabeth* commandé par le capitaine Winter et la *Marigold* commandé par John Thomas. Ils ne seront plus que deux à affronter le **Pacifique**, la petite *Marigold* n'ayant pu résister à la tempête qui se déchaînait à la sortie du passage et ayant sombré corps et biens. Le *Golden Hind* et l'*Elizabeth* qui prennent des rafales de vent « dans le nez », sont obligés d'obliquer vers le sud ; jusqu'à 70° de latitude sud, bien au-delà de l'endroit où finit le continent américain.

Quand la tempête se calme, quand l'horizon se découvre, on s'aperçoit avec surprise qu'il n'y a plus de terre en vue. Elle n'existe pas, semble-t-il, cette *Terra australis*, ce continent austral dont on croyait qu'il faisait pendant à l'Amérique du Sud.

Drake et Winter remontent péniblement vers la sortie occidentale du détroit de Magellan et là, tout à coup, dans la brume, les deux navires se perdent de vue. Comme il fait mauvais temps, Francis Drake a le réflexe de l'homme de mer : il s'éloigne vers le large, tandis que Winter revient vers la terre. Et Winter va disparaître. Drake attribue cette disparition à un accident, à un naufrage. Mais non : Winter a repris la route de l'Angleterre. Se retrouvant seul, loin de son amiral, il a peur de continuer. Il finira à Londres dans une misère noire. Car Francis Drake qui, pourtant, dans le temps, a lui-même abandonné son cousin Hawkins dans des circonstances dramatiques, n'oubliera jamais que Winter a fui le danger. Il le laissera mourir dans le dénuement le plus complet alors que lui sera devenu un des hommes les plus riches d'Angleterre.

Winter parti, Francis Drake se retrouve avec un seul navire et quarante-cinq hommes d'équipage. Il remonte le long de la côte du Chili, sur cet océan Pacifique, cette mer du Sud qui est, en fait, une possession espagnole et portugaise. Le *Golden Hind* est le seul navire d'une nation non catholique à évoluer sur cet océan. Et Drake est décidé, suivant l'éthique assez répandue à l'époque, à combattre en même temps pour sa foi et pour sa bourse. Car c'est cela qu'il va faire, en sillonnant le Pacifique : essayer de porter un préjudice à l'Eglise catholique, en coulant un maximum de navires espagnols, tout en se remplissant les poches.

Une proie d'importance se présente. C'est un gros galion qui remonte vers Panama, rempli de tout l'or du Chili, chargé à ras bord d'or et d'argent. C'est le *Nuestra Senora de la Concepcion*, un navire célèbre, aussi connu pour son fort tonnage que pour la maladresse de ses canonniers (celle-ci est telle qu'on l'a surnommé « *Cacafuego* »). Le *Golden Hind* a tôt fait de rattraper le lourd *Cacafuego*, et quelques heures plus tard, la cargaison du galion change de bord. Chargé à couler du précieux métal jaune, le *Golden Hind* poursuit sa route. Drake sait qu'il ne pourra pas naviguer très longtemps ainsi alourdi et avec une coque en si mauvais état. Il doit absolument caréner et, pour cela, trouver un endroit où il n'y a pas d'Espagnols. Or, ceux-ci sont partout chez eux, du Chili à Panama. Il faut donc dépasser l'Amérique centrale, remonter jusqu'à un petit port proche de San Francisco : San Enselmo.

Quand il débarque, sir Francis est accueilli comme un dieu. Les Caciques l'entourent, lui demandent des conseils, se mettent sous sa protection. On lui apporte des armes, on le prie de les prendre en main et de les rendre, comme s'il les bénissait. Et lui considère que ces rites constituent autant d'actes d'allégeance religieuse, exactement comme les Indiens s'étaient convertis après avoir assisté à la messe d'actions de grâce célébrée par les Espagnols de Christophe Colomb. Francis Drake croit ces Indiens convertis au protestantisme. Cette protection qu'on lui demande, il accepte de la donner. Il va appeler ce territoire la Nouvelle-Albion et faire ériger un monument sur lequel il indique qu'il est venu relâcher là après avoir passé le détroit de Magellan et avoir longé la « côte espagnole ». En 1938, ce monument a été retrouvé presque intact : il n'y manquait que la pièce d'un penny que Drake avait fait clouer dessus.

On trouve encore assez de place à bord pour embarquer une cargaison de six tonnes d'épices. Quand on sait le prix que coûtaient les épices sur le marché européen, on se rend compte de l'immense fortune qui s'ajoute à ce qu'il détient déjà en or et en argent.

L'heure du retour a sonné. Oui, mais comment revenir en Angleterre ? C'est que maintenant les Espagnols sont alertés ! Bien sûr, de l'autre côté de l'océan Pacifique, on va pouvoir encore faire du butin — les nouvelles ne vont pas vite — mais de ce côté-ci, c'est fini. Non seulement on ne parviendra pas à accumuler de nouvelles richesses, mais tous les navires espagnols du secteur sont prévenus et se méfient. Si on repasse devant Panama, c'est une flotte entière qui va se lancer aux trousses du *Golden Hind*. Ensuite il faudrait franchir le détroit de Magellan, retraverser l'Atlantique, arriver à la portée des Canaries, dans les parages des îles du Cap-Vert. Autant dire que l'entreprise est vouée à l'échec. Drake ne pourra jamais passer.

Alors, tenter le tout pour le tout. Ce qu'a fait Magellan, pourquoi lui, sir Francis, ne le ferait-il pas ? Pourquoi ne deviendrait-il pas du même coup le premier Anglais à faire le tour du monde ? Cap à l'ouest donc.

Drake n'est pas un géographe, ni un scientifique, ni un explorateur, mais quel marin ! Quand il rencontre une ville, il la pille ; quand il rencontre un vaisseau, il l'arraisonne et le coule après s'être emparé de tout ce qu'il transporte de plus précieux. Il porte peu d'indications sur son livre de bord, mais on suppose qu'il a fait relâche aux îles Hawaii, avant de se rendre aux Philippines. En tout cas, avec son vieux bateau vermoulu bien que rapetassé dans le port de San Enselmo, il va traverser l'océan. Un jour, devant cette immense étendue d'eau, sans une île en vue, un choc violent. Le navire s'échoue ! En plein milieu du Pacifique, sur un banc qu'on ne connaît pas, qu'on ne peut situer, le navire de Francis Drake s'immobilise. Immédiatement, ces hommes de mer réalisent les conséquences de cette immobilisation. Pas une terre alentour. Ils sont perdus. Heureusement, la coque a tenu, mais comment va-t-on se sortir de là ? Comme les marées sont sûrement très faibles, il n'y a rien à faire qu'à attendre la mort sur ce bateau posé sur un écueil.

On essaie de décharger le navire au maximum. Les mauvais esprits commencent bien sûr à dire, déjà, que l'heure du châtiment est venue, que le ciel fait payer à sir Francis Drake le meurtre de l'ami, la mort de Doughty. Mais les matelots, eux, ne sont pas responsables de cette mort ! Vont-ils payer avec leur amiral ? De nouveau, leur esprit frondeur les conduit au bord de la mutinerie.

On jette à la mer les six tonnes d'épices et tout ce qui peut paraître inutile, mais jamais personne ne suggérera qu'on pourrait alléger le *Golden Hind* en se débarrassant de l'or et de l'argent. Après tout, chacun préfère mourir plutôt que de se défaire de sa fortune. Revenir pauvres ? Plutôt la mort !

Mais un phénomène qu'ils n'attendaient pas, qu'ils ne croyaient pas si puissant dans cette région du globe se produit : c'est la marée, qui remet le bateau à flot et lui permet de se dégager. Le reste du voyage va s'effectuer sans histoires. Le *Golden Hind* touche la Chine, les Indes, et on a vite fait de remplacer les six tonnes d'épices perdues. C'est grâce à une chance absolument extraordinaire (il n'y a pas d'autre explication) que notre amiral anglais a réussi à passer au milieu de tous les établissements portugais de l'océan Indien sans y rencontrer jamais personne pour lui demander qui il était et éventuellement le couler sans sommation. D'autant plus que, cette région appartenant aux couronnes espagnole et portugaise, sa géographie exacte constituait un secret d'Etat et Drake ne disposait pour la traverser que de cartes fort imprécises.

Il s'est enrichi en cours de route mais ne semble pas avoir attaqué d'autre galion ou d'autre navire de charge : il se méfie cependant car il sait que ces mers sont très fréquentées et souvent par des navires plus puissants que le sien. On n'est plus dans la mer des Caraïbes ni dans le Pacifique, et mieux vaut se faire tout petit, ne pas trop attirer l'attention sur soi. Comme dans sa relation de voyage il ne parle pas de scorbut à bord, on suppose qu'il a dû se ravitailler assez fréquemment en vivres frais. Il semble que le *Golden Hind* ait touché les Seychelles, la côte d'Afrique du Sud, puis, après avoir franchi le cap de Bonne-Espérance, ait réussi à se faufiler entre les îles du Cap-Vert, entre les Canaries. Après être remonté le long des côtes d'Espagne, le voilà qui revient à Plymouth le 26 septembre 1580, surchargé de métaux précieux et de marchandises de grande valeur.

Elle avait bien placé sa fortune, la reine d'Angleterre ! Drake lui rapporte un bénéfice de cinq mille pour cent ! Il est accueilli à bras ouverts — la fortune ne se refuse pas, même pour une souveraine — mais Elizabeth ne laisse pas franchement éclater sa joie. Elle a de graves motifs d'inquiétude. L'Angleterre n'est toujours pas en conflit armé avec l'Espagne mais cette guerre-là menace. Elle est imminente, mais l'Angleterre ne veut pas la déclencher. Alors, que faire de cet encombrant milliardaire ? La reine le nomme d'abord membre du Parlement, puis amiral. Amiral en titre, mais en fait ex-pirate aux goûts dispendieux.

On parlera longtemps de ses folles dépenses, de ses festins somptueux mais pas tellement de femmes. Une femme, il en a pourtant une, car il a tout de même trouvé le temps de se marier, entre deux voyages. Mais de sa femme on ne parlera jamais Pas plus que de ses enfants ! Pas même lorsqu'il sera question de partager son héritage[1]. Il semble que Francis Drake ait été un homme de bombance, un homme de bamboche, un homme de fanatisme, mais un homme seul.

Quelques années se passent dans l'oisiveté et l'opulence. La reine ne veut pas qu'il reparte. Parce qu'on est au bord de la guerre avec l'Espagne et que le moindre incident provoquerait le déclenchement direct des hostilités.

Mais pour Philippe II, qui en 1580 a purement et simplement annexé le Portugal, le temps des hésitations est terminé. L'Espagne est décidée, elle a équipé une flotte gigantesque, comme on n'en a jamais vue. Qu'on en juge par quelques chiffres : 58 000 tonnes de navires, 30 650 hommes, 2 471 canons. Depuis près de dix ans, tous les arsenaux espagnols et portugais ont participé à la construction de l'Invincible Armada.

La reine Elizabeth pense alors à son vieux complice. Elle l'envoie espionner cette concentration de navires et essayer de la gêner dans ses préparatifs. Et ce cher vieux pirate va une fois de plus se montrer digne de sa réputation. Il va partir avec une quinzaine de navires, entrer dans le port de Cadix. Là, on va assister à un événement peut-être unique dans les annales de la guerre jusqu'à la mise au point des armes et des instruments de visée modernes : les canons montés sur les navires vont se montrer plus précis que ceux des forts qui défendent le port[2]

---

1. — Fait assez troublant, qui pourrait contribuer à éclaircir le mystère qui entoure sa mort.

2. — C'est la première fois dans l'histoire de la marine, que la mer va se montrer supérieure à la terre. Ce souvenir fera réfléchir le grand ministre français Colbert. Il songera à la victoire de Drake lorsqu'il imposera la notion des eaux territoriales si controversée actuellement. En fixant ces limites à trois mille des

et envoyer par le fond une quarantaine d'unités espagnoles.

Ayant réussi cet extraordinaire coup de main, Drake s'éloigne, conscient du fait qu'avec ses quelques bateaux, il ne peut rien tenter de vraiment efficace contre la formidable concentration des forces ennemies.

Comme un affrontement direct est hors de question, il choisit une autre solution : il va se placer à la sortie du détroit de Gibraltar et couler tous les navires marchands qui font voile vers un port ibérique. C'est à un véritable blocus qu'il se livre.

Et, jour après jour, le duc de Medina Sidonia, qui commande la flotte espagnole, s'aperçoit que l'approvisionnement est nettement insuffisant. Ne recevant plus de vivres, il proteste auprès du roi Philippe II. Ce n'est pas possible, il ne peut pas s'embarquer dans ces conditions-là...

L'invincible Armada va pourtant appareiller, le 25 avril 1588, à la conquête de l'Angleterre. Avec ses soutes à moitié vides.

Le grand amiral de la flotte anglaise n'est pas sir Francis Drake mais lord Effingham, qui commande en chef, en marin avisé qui sait que son subordonné possède une connaissance de la mer et des combats supérieure à la sienne, et qui, dans bien des domaines, va lui laisser la direction des opérations.

Et Francis Drake va, contre l'Invincible Armada, utiliser la tactique qui a si souvent valu la victoire à ses pinasses, dans la mer et des combats supérieure à la sienne, et qui, dans bien cesse le convoi espagnol, lui infliger des piqûres qui, peu à peu, vont s'envenimer et désagréger le bloc qu'il forme.

L'Armada avance régulièrement. La menace qu'elle représente se précise. Drake va devoir jouer et gagner le grand jeu, sinon c'est le débarquement inéluctable de ces milliers d'hommes sur les côtes anglaises. Or l'Angleterre est incapable de se défendre. Les catholiques persécutés y sont encore nombreux. Qui sait s'ils ne formeraient pas une « Cinquième colonne » ?

---

côtes, il estimait que les navires ennemis seraient dans l'impossibilité de tirer sur les forts.

Souvenons-nous qu'en 1915, aux Dardanelles, voulant rééditer l'exploit de Drake, Churchill a fait infliger une sanglante défaite à la flotte franco-anglaise : là, la terre s'est montrée plus forte que la mer. Il faudra attendre 1944 et le Débarquement en Normandie pour que le même Churchill redonne à la mer la victoire sur la terre.

Lorsqu'un messager de la reine vient lui demander de prendre la tête des quelques navires qui vont combattre l'immense flotte espagnole, Francis Drake est en train de jouer aux boules et son partenaire n'est autre que lord Effingham. Il lance tranquillement le cochonnet et déclare au messager :

— Pour l'instant, nous sommes tout aux boules. Pour les Espagnols, nous serons bientôt tout à eux, mais plus tard.

On dirait bien que Dieu est du côté des protestants. Sans aucun doute, le fanatique sir Francis a dû voir dans la tempête qui se lève à ce moment-là la certitude qu'il a choisi la bonne Eglise. Ces catholiques qui approchent, qui montent vers l'Angleterre, vers le bastion du protestantisme, vont être dispersés par une des tempêtes les plus violentes et les plus longues que l'on ait jamais vues depuis des dizaines d'années. Très habilement, les Anglais forcent les Espagnols à rester au milieu de la Manche. Ils le connaissent si bien, leur Channel, avec ses courants violents et ses vagues en cassures d'assiettes qui finissent par broyer les coques des bateaux de petit tonnage !

En effet, malmenée et affaiblie par la tempête, engagée dans le goulet de la Manche, puis dans le Pas-de-Calais, la flotte espagnole se brise bientôt en mille morceaux. Chaque navire va devoir maintenant combattre pour sa propre survie. Sir Francis Drake, lui, est à la fête : il joue littéralement avec les lourds galions, si difficiles à manœuvrer. C'est une véritable partie de chasse qui s'engage, qui s'achève toujours de la même façon : on coule le bateau ennemi, quelquefois après l'avoir pillé. Eh oui, car l'amiral de Sa Majesté britannique est loin de pouvoir faire taire ses instincts de pirate ! Pourquoi se gênerait-il d'ailleurs puisque la reine Elizabeth aussi bien que lord Effingham ferment les yeux sur de tels agissements.

C'est l'effondrement définitif de l'espoir espagnol de conquête de l'Angleterre. La déroute de l'Invincible Armada marque le déclin de la puissance espagnole, tout comme la défaite de Trafalgar sera le premier signe du déclin de la puissance napoléonienne, un peu plus de deux siècles plus tard.

L'Angleterre fait fête à l'un de ses sauveurs, sir Francis Drake, un de ceux qui ont dispersé la flotte espagnole. Et voilà que sir Francis Drake, cet homme qui est parti de rien, que certains nobles refusent de considérer comme leur pair, devient la coqueluche de tout un peuple. Il est à la fois l'un des hommes les plus populaires et les plus riches d'Angleterre. Sa fortune, difficile à évaluer exactement, est au moins aussi importante que celle de la reine elle-même. Or le pouvoir de la reine est de plus en plus discuté. A tous points de vue : politique, social, religieux (tous les protestants d'Angleterre ne sont pas ralliés à la cause de leur souveraine). Les catholiques sont irrémédiablement hostiles. De plus, Elizabeth n'a pas d'héritier... Alors, un homme comme sir Francis Drake, avec sa fortune, peut devenir l'inspirateur sinon le soutien de toutes les conspirations possibles. De celle d'une faction plus protestante que la reine elle-même, par exemple. Car l'Eglise anglicane, dont la reine est le chef, est loin de correspondre à l'Eglise démocratique que les protestants puritains appellent de tous leurs vœux.

Cet homme que l'on a choyé, pour lequel aucun honneur n'était trop grand, il faut maintenant se débarrasser de lui. Il était encombrant à l'époque où, par sa faute, on risquait la guerre avec l'Espagne, il encombre encore plus maintenant parce qu'il risque de devenir, à lui seul, un Etat dans l'Etat. Il faut qu'il reparte, il faut qu'il continue à naviguer, on ne veut plus de lui à terre.

Et Francis Drake va reprendre sa vie de pirate mais en limitant son champ d'action à l'Europe, aux côtes espagnoles et françaises surtout. Jusqu'au jour où, enfin, la reine d'Angleterre va lui donner l'ordre d'appareiller pour l'Amérique Centrale, pour la région où il a commencé sa carrière.

Mais il n'est plus un jeune homme. Il n'a plus les mêmes habitudes ni les mêmes goûts qu'à la belle époque de la chasse aux galions. Et, quand il retourne à la baie des Faisans, il trouve que le théâtre des exploits de sa jeunesse est affreusement isolé, pauvre. Pas de distractions alentour, pas de ville, pas d'endroit où il puisse résider dans des conditions correspondant à son rang. Il n'a pas obtenu de la reine l'autorisation de conquérir un territoire. Il n'est d'ailleurs pas un conquérant. La Nouvelle-Albion ? Ce n'était qu'un accident, les Indiens étant venus se placer spontanément sous sa protection. D'ailleurs, la possession n'a pas été confirmée. Pas question d'enfreindre les ordres de la reine. Pas question non plus de s'attaquer à la puissance espagnole. A un moment, il pense revenir vers le nord et essayer de disputer aux Français la Nouvelle-France, le Canada, mais il n'aime pas la terre. Il pense — et commence même à exécuter son projet — à aller conquérir des régions au sud du Brésil, mais renonce à la perspective de revoir la sinistre baie de San Julian.

Comme autrefois, il écume la mer des Caraïbes, mais décidément il n'est plus le même. La plupart de ses hommes, qui ne sont attirés que par le pillage et l'appât du gain, lui vouent une haine farouche. Ce grand seigneur n'est plus un camarade, il les méprise. Une dizaine de tentatives d'assassinat dirigées contre lui le forcent à vivre constamment entouré d'une garde personnelle.

Il n'est pas dupe : c'est la vie d'un exilé qu'il mène. Il ne peut pas revenir en Angleterre, lui, l'un des hommes les plus riches de son pays. Il sait que, s'il passait outre à cette interdiction, tous ses biens seraient saisis, il serait privé de tous ses titres, c'en serait fini de lui.

Pour lui, la vie de pirate — malgré les dangers qu'elle comporte — est presque devenue monotone. Quand le cœur n'y est plus... Un jour, un navire battant pavillon britannique vient mouiller dans la baie des Faisans. Curieusement, son capitaine semble à Drake trop amical pour être sincère. Mais cet homme est porteur d'ordres de la reine et l'invite à partager un souper mémorable.

Tellement mémorable que, dans la nuit, sir Francis est pris de violentes douleurs d'estomac, de vomissements et de coliques. Il meurt le lendemain matin, dans des souffrances atroces, le 28 janvier 1596.

Officiellement, Francis Drake est mort de dysenterie.

Mais peut-on croire qu'un homme, parti de rien, qui est devenu pirate, explorateur, amiral, qui a vaincu le grand ennemi de l'Angleterre, ait pu mourir ainsi, presque accidentellement, alors qu'on voulait par tous les moyens l'empêcher de rentrer dans son pays ? Disons-le, il est aujourd'hui pratiquement certain que sir Francis Drake a été empoisonné sur les ordres, sinon de la reine d'Angleterre, du moins de son Conseil. Et cette tête qu'Elizabeth n'avait pas voulu prendre lorsque le roi d'Espagne la lui demandait, à juste raison, elle l'a prise lorsque la puissance de celui qu'elle appelait son « pirate favori » est devenue égale à la sienne.

ULYSSE

le code secret de l'Odyssée

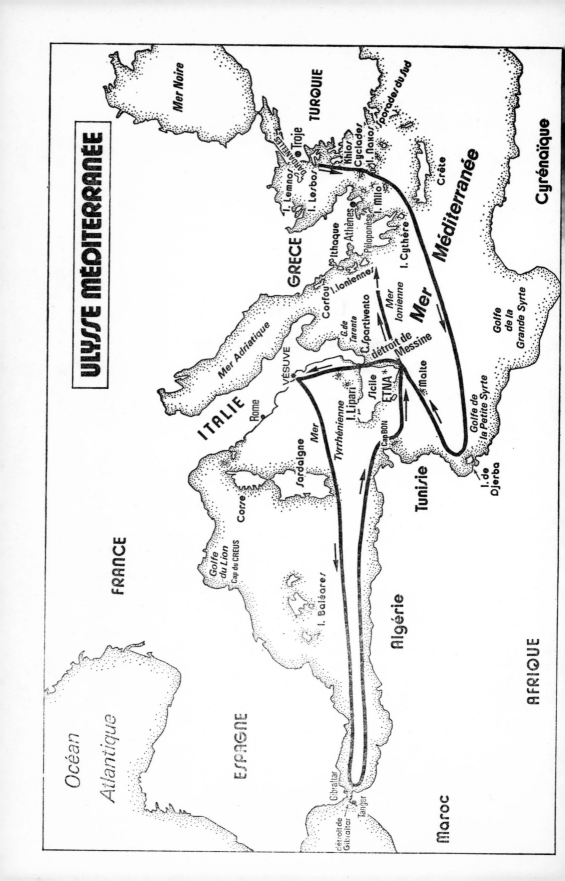

L'Odyssée ! Ce grand poème épique relatant les voyages — ou plutôt les mésaventures — d'Ulysse, de retour vers sa patrie après la guerre de Troie, chacun le connaît, souvent pour l'avoir étudié ou traduit à l'école. Mais l'œuvre immortelle d'Homère a en outre le mérite d'entraîner le lecteur sur les traces d'Ulysse, dans des lieux surprenants, sur un chemin inconnu.

L'Odyssée est certes un poème, mais c'est aussi un merveilleux roman dont l'extraordinaire héros, Ulysse, se trouve échoué, au début du récit, sur une plage, presque mort, épuisé. Ulysse a fait naufrage, son dernier bateau l'a abandonné et il s'est accroché à un espar qui flottait là. Entraîné par le courant, par le vent, il est passé sans pouvoir aborder devant la côte d'Ithaque, son île natale dont il est le roi. C'est sur une île voisine qu'il a abordé, sur une plage de sable blanc. A bout de forces, il a tout de même réussi à s'arracher à l'eau, et là il s'est endormi. Il a perdu conscience...

Une princesse vient à passer qui va prendre son bain avec ses suivantes. C'est Nausicaa, la fille du roi de l'île, le roi des Phéaciens. Emue par la mise du naufragé et son air épuisé autant que par la beauté de ses traits, elle le fait emporter dans son palais pour le laver, le baigner, le parfumer, lui offrir la merveilleuse hospitalité qui est celle des hommes et des femmes de l'Antiquité.

Mais laissons un instant Ulysse auprès de Nausicaa pour nous rendre dans l'île voisine où, au même moment, Télémaque et sa mère Pénélope attendent tous deux — elle un époux et lui un père — depuis plus de dix ans, depuis la fin de la guerre de Troie. Depuis quelque temps, ils sont obligés de supporter les exactions d'une bande de malotrus qui occupent leur maison. Fils de riches familles d'Ithaque et des îles voisines, ces gens mettent au pillage les terres d'Ulysse, dévorent ses moutons, violent ses servantes, vendent ses biens et prétendent même épouser sa femme, alors que l'on ne sait même pas si celle-ci est réellement veuve. Le jeune Télémaque, qui est constamment l'objet de menaces de la part de ces hommes, ne se sent pas en sécurité chez lui. Sur les conseils de Nestor, son vieux maître, il part pour Sparte [1] demander à Ménélas — celui-là même dont la femme avait été enlevée par Pâris-Alexandre, fils de Priam, roi de Troie, rapt qui avait provoqué la guerre de Troie — pour demander donc à ce cocu miséricordieux — qui a ramené la belle Hélène avec lui après lui avoir pardonné — s'il a des nouvelles de son père Ulysse.

A son retour, Télémaque apprend que les pillards qui occupent et pillent sa demeure, les prétendants à la main de sa mère, lui ont tendu un piège afin de le supprimer. Il décide donc de faire un détour pour rentrer à Ithaque.

Abandonnons Télémaque et retrouvons Ulysse, qui, remis de ses émotions et sans s'être nommé, raconte son histoire à la belle Nausicaa. Son récit décrit tout un voyage, toute une série de péripéties compliquées.

A son retour de Troie, dix ans plus tôt, ses navires ont été pris dans une tempête au large de Cythère, petite île située juste au sud du Péloponnèse. Entraînés par les vents d'est, ils sont emportés à toute vitesse dans une direction opposée à celle désirée. Au bout de neuf jours de tourmente, Ulysse et ses hommes abordent sur un *continent* (c'est bien le terme qu'utilise Homère). Les habitants de cette contrée se révèlent très peu hospitaliers. Ils mangent une herbe bizarre et il semblerait que

---

1. — Lacédémone.

cet aliment leur donne mauvais caractère : c'est le pays des Lotophages, où Ulysse ne s'éternisera pas, car il y est très mal reçu.

Il quitte donc le pays des Lotophages et, après une seule journée de navigation, parvient dans une région habitée par un grand nombre de Cyclopes. Les Cyclopes l'accueillent mal, lui lancent des pierres. L'un d'entre eux va même jusqu'à les faire prisonniers, lui et ses compagnons. C'est le célèbre Polyphème, le géant à l'œil unique placé au milieu du front. Pour se libérer, Ulysse devra recourir à un subterfuge qui permettra à la plupart de ses compagnons de s'enfuir et de regagner les rares bateaux qui ont résisté à la tempête. C'est donc une flotte déjà diminuée qui quitte le pays des Cyclopes et qui monte vers le nord. Oui, vers le nord, puisque Ulysse affirme se diriger vers l'étoile polaire.

Après deux ou trois jours de navigation, il débarque sur l'île d'Eole qui accueille très chaleureusement les navigateurs. Le dieu des Vents aime beaucoup Ulysse (n'oublions pas qu'à l'époque les dieux prenaient parti pour ou contre tel ou tel héros). Il est tout prêt à faciliter son retour. N'est-il pas le maître des Vents ? « Je vais t'aider à regagner ta patrie, lui dit-il. Je vais enfermer dans une outre tous les vents qui te sont contraires et tu n'auras que du zéphir (du vent d'ouest) qui va t'aider et te ramener jusque chez toi. Mais surtout, ne dis pas à tes compagnons ce que je fais pour toi car je n'ai pas le droit d'agir ainsi. Sois donc discret, garde cette outre, ne t'endors pas et surveille-la bien. »

Pendant les *neuf jours* que dure le voyage de retour vers Ithaque, aidé par le vent favorable, Ulysse surveille l'outre. Mais il est évidemment mort de fatigue. Neuf jours sans dormir ! Quand enfin il arrive en vue de sa belle île natale, il se rassure : « Enfin, nous y sommes » songe-t-il, et il s'accorde quelques instants de sommeil. Mais ses compagnons ont, depuis des jours, ruminé de mauvaises pensées à son égard : Que peut-il bien cacher dans ce sac ? Que peut bien contenir cette outre ? Des trésors ! Des trésors qu'il ne veut pas partager : oui, c'est pour cela qu'il le surveille de si près, ce sac, c'est pour cela qu'il ne veut pas dormir... Quand Ulysse s'endort enfin, les marins se précipitent sur le sac, le déchirent et c'est bien entendu la catastrophe : les vents contraires sont libérés. Furieux, ils repoussent les nefs vers l'ouest. Entraînées dans la tourmente elles voguent durant *neuf jours*, au bout desquels Ulysse se retrouve de nouveau sur l'île d'Eole.

« Ecoute, tu me caches sûrement quelque chose, lui dit le dieu des Vents. Moi, Eole, je t'ai aidé. Si tu n'as réussi, c'est qu'il y a quelque chose ou quelqu'un contre toi. Qu'as-tu donc pu faire ? » Et Eole apprend que Poséidon (Neptune) est fâché contre Ulysse car celui-ci a blasphémé contre le dieu de la Mer, alors qu'il combattait sous les murs de Troie.

« Dans ces conditions, reprend Eole, je ne veux plus m'occuper de toi. Je te laisse naviguer tranquille. Je ne ferai plus rien, ni pour toi ni contre toi. Maintenant, va-t-en, je ne veux plus te voir, je ne tiens pas à me fâcher avec Poséidon à cause de toi. »

Ulysse lève l'ancre. Il dispose encore d'une dizaine de vaisseaux qui, après six jours de mer, atteignent un pays très étrange : on y trouve de grandes baies profondément enfoncées dans la terre, et l'eau se trouve tantôt à l'intérieur de la baie, tantôt à l'extérieur. Autre fait étonnant pour Ulysse, la différence plus marquée qui existe entre la durée des jours d'hiver et celle des jours d'été. C'est le pays des Lestrygons. De là, départ vers une île où Ulysse sera le prisonnier d'une magicienne : Circé.

Celle-ci tombe amoureuse de lui, change ses compagnons en animaux variés, certains en pourceaux, d'autres en chiens — probablement les transforme-t-elle en respectant leur nature réelle — et décide de garder Ulysse pour elle seule. Ulysse, désespéré, va, pendant un an, rester prisonnier de Circé. Un jour, la magicienne lui accorde tout de même une permission. Comme elle veut voir s'il est homme de parole, elle le laisse partir pendant vingt-quatre heures. Ulysse voyage pendant une demi-journée, découvre la peuplade des Cimmériens et est de retour auprès de la magicienne douze heures plus tard. Il a donc bien tenu sa promesse.

Circé lui annonce alors qu'elle va le libérer. Avec des regrets, mais elle a compris que le cœur de son compagnon n'était pas avec elle. Pour l'aider à rentrer chez lui, elle lui conseille de longer la côte car deux dangers le guettent : l'un de pierre, le terrible Scylla aux dents aiguës ; l'autre de mer, l'impitoyable Charybde, un tourbillon qui engloutit les navires.

Ulysse part donc en prenant tout son temps pour éviter Charybde et Scylla, et aborde sur une presqu'île, la Trinacrie, d'où il va remonter le fleuve qui mène aux Enfers, ce qui lui permettra d'évoquer quelques personnages qu'il a connus et qui sont morts. Pendant son absence, ses compagnons tuent, pour les manger, des bœufs appartenant à Zeus (le Jupiter des

Romains). Aussitôt, le drame éclate. Zeus, furieux, déclenche avec l'aide de Poséidon une tempête épouvantable. Les navires sont fracassés les uns contre les autres, il n'en reste plus qu'un, celui d'Ulysse lui-même. Désemparé devant ce désastre, le roi d'Ithaque n'ose pas poursuivre sa route vers sa patrie et décide d'aller retrouver Circé, la magicienne si accueillante. Il retourne donc vers elle... et repasse par Charybde et Scylla. Mais cette fois il n'a pas pris de précautions. Charybde l'engouffre, rejette les morceaux de navire et les cadavres de ses derniers compagnons vers Scylla, et le pauvre Ulysse se retrouve tout seul — accroché à une épave sur laquelle il va dériver plusieurs jours durant.

Nouvelle île, nouvelle maîtresse, la nymphe Calypso. Ces dames devaient décidément bien manquer d'hommes nouveaux puisque Calypso, elle aussi, tombe éperdument amoureuse d'Ulysse et décide de le garder pour toujours auprès d'elle. Elle va le retenir huit années, huit années pendant lesquelles il soupirera en vain après sa patrie.

Emue par ses soupirs et peut-être aussi lassée de lui, la nymphe lui permet enfin de repartir. Très long voyage que celui qui mène de l'île de Calypso à celle d'Ithaque.

Au moment même où il va enfin retrouver Ithaque et les siens, Poséidon — qui poursuit sa vengeance, ce qui explique tous ces naufrages puisqu'il rend la mer mauvaise quand il le veut — le fait couler une fois de plus en vue de son île. C'est à ce dernier naufrage qu'il vient d'échapper, lorsqu'il est recueilli par Nausicaa.

L'Odyssée pourrait s'arrêter là. Le voyage est presque achevé. Pourtant ce n'est pas la fin de l'histoire : une nuit, conduit clandestinement par un bateau du roi des Phéaciens, Ulysse débarque à Ithaque, sous des habits de mendiant. Il est aussitôt reconnu par le vieux berger qui l'a nourri et aimé et par son chien qui l'attendait fidèlement.

Il envoie chercher son fils Télémaque qui hésite à reconnaître son père — Télémaque n'était qu'un enfant lorsque Ulysse l'a quitté, vingt ans plus tôt (dix années de guerre et autant de pérégrinations). Ulysse se fait pourtant reconnaître à quelques signes particuliers et son fils et lui préparent leur vengeance.

L'Odyssée s'achève alors sur l'une des scènes les plus épouvantables, les plus horribles de tous les poèmes antiques. *L'Iliade* avait cependant été généreuse en massacres, les combattants s'étant occis les uns les autres avec autant de frénésie que de sauvagerie, mais ces scènes sont surpassées en horreur par l'exécution sanglante et systématique des prétendants, l'un après l'autre, de la main même de l'époux de Pénélope.

Ayant exterminé tous les « parasites », Ulysse retrouve sa fidèle épouse.

Sur cette fidélité, il a d'abord des doutes, qui disparaissent lorsque Pénélope lui montre la tapisserie que chaque nuit elle a défaite, après y avoir travaillé tout le jour, car elle avait promis de choisir l'un des prétendants dès que son ouvrage serait terminé.

Ulysse est donc rentré chez lui, le roi d'Ithaque a retrouvé les siens et *l'Odyssée* semble terminée.

Quelle belle légende ! Quel roman épique !

Pendant des siècles, cette légende, ce roman, ont toujours été considérés comme relevant de la fiction pure. Ulysse avait-il existé ? Personne ne le pensait. Son voyage était-il fondé sur la réalité ? Personne n'aurait osé l'affirmer. Mais voilà qu'aux XIXᵉ et XXᵉ siècles, quelques érudits se sont demandés si l'on pourrait retrouver des traces d'Ulysse ainsi que des vestiges des cités de Troie et de Mycènes. Leurs recherches ont apporté des résultats aussi tangibles qu'inattendus.

Schliemann a bel et bien découvert Troie, là où la situait l'Antiquité : dans les Dardanelles ; Schliemann, encore lui, a découvert Mycènes, dans le Péloponnèse. On y a trouvé le tombeau du roi Agamemnon, frère de Ménélas, ainsi que celui de Clytemnestre : une œuvre cyclopéenne, digne des pyramides d'Egypte et qui date probablement de la même époque !

Alors ? Pourquoi ne pas essayer de situer les pays de *l'Odyssée* sur la carte ? Les chercheurs, les archéologues ont immédiatement pensé à un voyage méditerranéen. Au XIXᵉ siècle et au début du XXᵉ, personne n'imaginait que les Grecs auraient pu voyager au-delà des Colonnes d'Hercule c'est-à-dire du détroit de Gibraltar. Les interprétations du périple d'Ulysse sont multiples. La plus classique est celle de Victor Bérard, qui a consacré sa vie entière à cette question.

Selon Bérard, après Cythère, la tempête aurait conduit Ulysse sur l'île de Djerba. (Soulignons déjà que Djerba est une île alors que le texte de *l'Odyssée* spécifie bien que les Lotophages vivaient sur un continent.) Les Lotophages auraient été des mangeurs de dattes, le loto étant le fruit du dattier. Mais comment les dattes pouvaient-elles changer le caractère et rendre méchant ?

ULYSSE

Du pays des Lotophages, Ulysse, entraîné, toujours contre sa volonté, serait arrivé au pays de Polyphème, c'est-à-dire à Capri, Polyphème étant, bien sûr, le Vésuve — l'identification symbolique entre le volcan et le Cyclope est constante, et nous la retrouverons souvent.

Puis, après avoir échappé à Polyphème, Ulysse arrive chez Eole, dans une île que Bérard situe dans l'archipel des Eoliennes. L'explication semble un peu légère, ces îles n'ayant été baptisées ainsi que beaucoup plus tard ; ce sont aujourd'hui les îles Lipari, que domine le Stromboli.

De chez Eole, notre héros aurait atterri chez les Lestrygons, sur une petite île au sud de la Corse : soit les îles Lavezzi, soit celle de la Magdalena. De là, départ pour le pays de Circé, contrée bien décrite dans *l'Odyssée* comme étant une île. Or, Victor Bérard et d'autres partisans de la thèse « méditerranéenne » ont estimé qu'il s'agissait du Monte Circeo, petite colline située entre Naples et Rome et qui, entourée de marécages, pourrait faire penser à une île. Il semble tout de même que, là encore, le texte soit très sollicité : Homère dit bien en effet que Ulysse est retenu prisonnier dans une île !

Une fois rendu à la liberté, il se serait rendu en Trinacrie, pays qui — cela semblait évident pour les archéologues — ne pouvait être que la Sicile, cette île à trois pointes ! C'est donc dans le détroit de Messine qu'il aurait rencontré Charybde et Scylla, Scylla étant soit la pointe nord-est de la Sicile, soit celle de la Calabre, et Charybde un tourbillon à l'intérieur du détroit de Messine. Qui a traversé le détroit de Messine a pu voir des tourbillons et sait qu'à cet endroit la navigation n'est guère facile... Mais de là à voir un tourbillon « engouffrer » un navire, l'entraîner vers le fond avant de le revomir à la surface ! Il y aurait là, de la part des Anciens, une amplification considérable. Il est certes dangereux de naviguer dans le détroit de Messine mais plus à cause de l'intensité du trafic maritime dans ce passage que des tourbillons.

Puis, en naufragé errant, dérivant sur un bout de bois, Ulysse, selon Victor Bérard et la plupart des « Méditerranéens », serait allé jusqu'aux Colonnes d'Hercule. Bérard va même jusqu'à situer l'Ogygie, le pays de Calypso, dans la région des Colonnes d'Hercule. Après quoi, Ulysse serait revenu, avec la permission de Calypso, après huit ans de « captivité », jusqu'aux environs d'Ithaque, c'est-à-dire au pays des Phéaciens, que Bérard et ses disciples situent dans une île proche de Corfou.

Pour situer le royaume de Calypso, on a parlé de Corfou mais également d'autres îles, comme celle de Malte. Sur ce point, Bérard se garde pourtant de se montrer trop affirmatif. Il laisse planer un mystère sur l'emplacement de cette île, pour la bonne raison que ce ne pouvait être Malte, que les Grecs connaissaient parfaitement.

Voilà donc résumée, dans ses grandes lignes, l'interprétation méditerranéenne. Cette thèse du long périple d'Ulysse est, à notre avis, totalement indéfendable. Les Grecs connaissaient trop bien la Méditerranée pour pouvoir s'y perdre comme Ulysse s'y est perdu. Cette mer, les navigateurs grecs l'avaient parcourue jusque dans les moindres recoins... On nous parle de la Sicile, par exemple, comme étant la Trinacrie, on nous dit que le détroit de Messine était gardé par les terribles Charybde et Scylla. C'est oublier tout simplement que le détroit de Messine n'avait plus de secrets pour aucun marin grec ! Ce serait donc dans la région de Rome qu'Ulysse prétendrait s'être perdu ? Disons-le tout net : Ulysse ne voulait pas revoir sa femme, il ne désirait pas rentrer chez lui ! Il n'est pas sérieux de penser qu'un navigateur grec, un roi grec, capable de se rendre d'Ithaque à Troie, ignorait un point quelconque de la Méditerranée. Et quant aux Colonnes d'Hercule, tous les Grecs qui avaient navigué un peu loin y étaient parvenus un jour et en connaissaient la description... Qu'on dise qu'Ulysse n'a pas voulu retourner chez lui est du domaine du possible : au cours de ses voyages, il a fait, après tout, la connaissance de créatures merveilleuses telles que Circé et Calypso ; quel est l'homme qui n'aurait pas rêvé de vivre quelques années en compagnie de maîtresses si belles et si exigeantes ?

Explication plausible, mais il s'agit alors d'une autre interprétation du texte d'Homère, psychologique celle-là et non plus géographique. Cela étant, si Ulysse était réellement décidé à regagner Ithaque et n'a pu le faire pendant dix ans, c'est qu'il a vécu d'autres aventures : en ce cas il nous faut chercher dans une autre direction.

Où Ulysse a-t-il bien pu aller autre part qu'en Méditerranée ? Cette analyse a été faite par un remarquable écrivain [1] qui a résumé dans son ouvrage toutes les théories concernant la possibilité de voyages d'Ulysse extérieurs à la Méditerranée.

---

1. — Gilbert Pillot : *Le Code secret de l'Odyssée*, Ed. Laffont.

Le lecteur se souvient que tout commence par un naufrage ; sur ce naufrage, le texte ne nous donne pas d'indication. On sait simplement qu'il s'est produit tout près d'Ithaque, qui est une petite île à l'entrée du golfe de Corinthe ; pour figurer le pays des Phéaciens, quantité d'îles peuvent faire l'affaire, pourvu qu'elles soient assez proches d'Ithaque. Peu importe laquelle.

Ce qui nous intéresse beaucoup, en revanche, c'est la description du voyage de Télémaque. Ce voyage, que peut-il bien apporter au récit ? Est-il nécessaire de savoir que le fils d'Ulysse s'est rendu à Pylos les Dunes et qu'il en est revenu, suivant au retour une autre route que celle de l'aller ? Eh bien oui, car c'est justement ce déplacement qui va nous servir de référence par rapport aux voyages d'Ulysse.

Analysons soigneusement l'heure du départ d'Ithaque et l'heure d'arrivée à Pylos les Dunes — et toutes ces données sont bien précisées dans *l'Odyssée* : quand on dit : « au lever du soleil », c'est au lever du soleil ; quand on dit : « l'aurore aux doigts de rose », c'est une heure avant le lever du soleil ; quand on dit : « au coucher du soleil », c'est bien au coucher du soleil ; quand on dit : « le crépuscule obscur », c'est une heure après le coucher du soleil. Le texte décrit le voyage d'Ithaque au Péloponnèse, c'est-à-dire un itinéraire que tous les Grecs connaissaient par cœur, comme si l'on vous décrivait la route de Paris à Pontoise, ou le trajet Bruxelles-Roubaix. Le texte précise la durée du voyage et l'on s'aperçoit que les nefs des Grecs filaient entre sept et neuf nœuds, c'est-à-dire qu'elles couvraient entre sept et neuf milles par heure. Il ne faut pas oublier qu'il s'agit toujours de navires qui naviguent par vent arrière, jamais vent de côté. Navires extrêmement toilés, remarquablement étudiés pour la haute mer et particulièrement pour la Méditerranée. Qu'il s'agisse de galères à un seul rang de rames ou de vaisseaux ronds hérités de la civilisation minoenne, les Mycéniens disposaient de bateaux admirablement adaptés à la navigation hauturière.

Quant à faire le point en mer ? Les Grecs se dirigeaient d'après les étoiles. Ils possédaient le « bâton de Jacob »[1] et savaient lire le ciel et les constellations. Lorsque, plus tard, nous parlerons de Pythéas, nous verrons que les Grecs savaient

---

1. — Instrument de navigation qui permet de mesurer la hauteur des étoiles.

parfaitement que la terre était ronde. L'incendie de la bibliothèque d'Alexandrie a fait perdre aux hommes de précieuses connaissances et il a fallu de nombreux siècles pour revenir à l'état antérieur, dans bien des domaines scientifiques.

L' « échelle » de Télémaque est donc plausible, possible même, et nous pouvons l'utiliser comme guide.

Ulysse, qui raconte son aventure à Nausicaa, nous apprend qu'au-delà de Cythère (cette petite île au large du Péloponnèse), il a été pris dans une épouvantable tempête d'est qui l'a entraîné vers l'ouest pendant *neuf jours* sans discontinuer. Pendant *neuf jours*, il n'a pu s'arrêter et a navigué sans arrêt par vent arrière.

Appliquons l'échelle de Télémaque. On s'aperçoit qu'en neuf jours, Ulysse a parcouru trois mille quatre cent quatre-vingt-douze kilomètres pour arrondir. Or, de Cythère (au moment où il a perdu le contrôle de ses navires) à la sortie de la Méditerranée (aux Colonnes d'Hercule ou au cap Spartel) la distance n'est guère que de deux mille cinq cents kilomètres. Reste donc une différence de neuf cent trente kilomètres, qui nous amène à penser qu'Ulysse s'est avancé de cette distance (c'est-à-dire d'environ dix degrés) à l'intérieur de l'Atlantique.

Reportons ces dix degrés à partir de la sortie de la Méditerranée, en tenant compte du fait qu'en arrivant dans l'Atlantique, Ulysse a dû être dérivé par deux facteurs auxquels il ne pouvait s'attendre : un courant qui va du nord au sud, le courant des Canaries (que j'ai utilisé avec mon radeau), ainsi que le vent qui souffle presque en permanence en direction du sud et qu'on appelle la mousson portugaise.

Toujours est-il qu'au lieu d'aborder sur une île comme il cherchait probablement à le faire, Ulysse atterrit sur un continent, chez les Lotophages, c'est-à-dire aux environs du cap Juby. Au cap Juby vivaient déjà des gens qui mâchaient le kif, ce stupéfiant qu'utilisent encore les populations d'Afrique du Nord et qui les rendait soit doux soit enragés. Ulysse est probablement tombé sur des enragés. En tout cas, mal reçu, il n'est resté que très peu de temps sur la côte africaine. Il s'est légèrement éloigné vers l'ouest et, après une demi-journée de mer, s'est retrouvé à Fuerteventura.

Nous y voilà, au pays des Cyclopes ! C'est là, en effet, que les Cyclopes abondent, si nous reprenons le symbole du cyclope-volcan : aux Canaries, il y a des volcans partout. Haroun Tazieff explique qu'à l'époque d'Ulysse les volcans de Fuerteventura étaient en pleine activité et constituaient, par conséquent, une « population » de cyclopes. Enfin voilà le grand Cyclope, Polyphème, le pic de Tenerife. C'est évidemment le plus beau symbole de Cyclope qu'on puisse concevoir.

Après avoir réussi à échapper à Polyphème, Ulysse navigue vers le nord. *L'Odyssée*, là, ne nous précise pas pendant combien de temps : deux jours ? deux jours et demi ? Ce n'est pas très clair. En réalité, Ulysse cherche. Il a probablement disposé ses navires en éventail et il recherche l'île de Madère. Pourquoi l'île de Madère ? Parce que c'est probablement ce qu'il cherchait dès sa sortie de la Méditerranée, avant d'être dévié par le vent et le courant. Il finit par trouver Madère.

Reprenons notre compas et reportons dix degrés de latitude au départ de Tanger ; nous nous rendons compte alors qu'Ulysse avait parfaitement raison de chercher Madère, puisque cette île est justement située à dix degrés du détroit de Gibraltar, de la sortie de la Méditerranée.

A Madère, Eole l'accueille, le reçoit cordialement et lui offre de faciliter son voyage de retour en enfermant les vents contraires et en lui faisant cadeau du zéphyr. Le zéphyr, vent d'ouest, va le conduire, en *neuf jours* (encore *neuf jours*) jusque dans les parages d'Ithaque où les vents contraires se déchaînent. C'est neuf jours encore qu'il lui faudra pour revenir à l'île d'Eole ! On voit l'importance accordée par le texte à ces neufs jours puisqu'il en est question à trois reprises.

Puis, on l'a vu, Eole ne veut plus aider Ulysse et lui dit : « Maintenant, tu vas naviguer par tes propres moyens ». Ulysse part donc dans la direction générale du nord. Là encore, le texte n'est pas d'une extrême précision. *Vers* l'étoile polaire, est-il écrit, et non *sur* l'étoile polaire. Or, le poème d'Homère est toujours très précis. Quand il indique qu'Ulysse va en plein nord, il va *sur* l'étoile polaire. Tandis que là, il va *vers* l'étoile polaire, navigue donc avec une certaine incertitude. Il semble encore qu'à ce moment-là, la dizaine de bateaux qui lui restent ont ratissé la mer en vue les uns des autres, pour couvrir une certaine distance.

A force de voguer pendant six jours vers le nord, Ulysse atteint le pays des Lestrygons, où les jours sont si longs et les nuits si courtes ! Des jours si longs, précise Homère, que « celui qui aurait eu beaucoup de courage aurait gagné double salaire. » A quel moment de l'année, en Méditerranée, peut-on considérer les jours comme suffisamment longs pour que le temps de travail puisse être doublé ? En réalité, Ulysse a abouti à une latitude tellement élevée qu'il connaît des jours pratiquement sans nuit. Examinons de nouveau la carte : il s'agit de la côte occidentale de l'Irlande. Ulysse ne va y séjourner que peu de temps, mais là encore le texte ne dit pas qu'il continue vers le nord, mais qu' « il continua un peu plus loin ». On peut donc penser qu'il a poursuivi sa route, *grosso modo*, comme il l'avait fait, vers le nord-nord-ouest, ce qui rend assez difficile de situer l'île de Circé avec précision.

Il est assez troublant et assez séduisant de penser qu'Ulysse, au cours de ce voyage, va rencontrer deux magiciennes, deux personnages tout à fait en dehors de l'humanité et que ces deux magiciennes vont, l'une après l'autre, tomber amoureuses de lui. Quelle belle performance pour un don Juan ! Et ces deux magiciennes restent dans un domaine mystérieux, impossible à situer, même en étudiant logiquement la carte, compas et crayon à la main.

En ce qui concerne Circé, on sait qu'elle habite une région qui se trouve au nord-ouest de l'Irlande, probablement, donc, sur la côte écossaise ou, plus exactement, sur l'une des nombreuses îles qui jalonnent cette côte car le texte spécifie bien que Circé habite une île...

Ulysse est-il arrivé aux Hébrides ? Difficile de l'affirmer. Ce qui est certain, c'est qu'il y a passé toute une année, douze longs mois, seul avec Circé, filant le parfait amour mais souhaitant toujours repartir pour retrouver sa femme bien-aimée. Ce qui nous fait penser aux Hébrides, c'est ce voyage de vingt-quatre heures que Circé l'autorise à effectuer comme une espèce de test de sincérité, de franchise ! Durant ce laps de temps — le texte est formel sur ce point — il fait route plein sud. Il n'est parti que pour vingt-quatre heures, puisqu'il met douze heures pour aller et douze pour revenir. En un temps si court, le seul endroit où l'on puisse aboutir est situé sur la côte nord de l'Irlande. C'est donc là que nous allons pouvoir localiser le pays des Cimmériens.

Il revient vers Circé qui, touchée de sa constance, de sa fidélité à sa femme, de sa douleur, lui permet de partir. Elle lui conseille de ne pas traverser la mer et de longer la côte. Or, la carte de cette côte est découpée, parsemée d'îles et d'embûches — car qui dit îles dit embûches.

Suivant à la lettre les conseils de Circé, Ulysse longe les côtes. La magicienne l'a mis en garde : « Fais bien attention lorsque tu passeras entre Charybde et Scylla ». On croit savoir aujourd'hui ce qu'elle a voulu dire : Scylla était probablement un rocher surmonté d'une falaise, car cette région est extrêmement riche en falaises basaltiques, comme la fameuse grotte de Steffa. Sur ces côtes, on trouve un peu partout des rochers de basalte extrêmement aigus et, évidemment, très dangereux pour les navigateurs. Mais surtout, il y a là, entre l'île de Scarpa et l'île de Jura, un golfe où se produit, à chaque marée, un immense tourbillon : à marée montante comme à marée descendante, s'ouvre un immense entonnoir qui, lui, peut parfaitement détruire un petit navire sans grande quille — comme les navires utilisés par les Grecs à cette époque. Souvenons-nous : il est conseillé à Ulysse de passer Charybde « quand la mer ne se gonfle pas ». Mais oui ! C'est de la marée qu'il s'agit ! La marée, complètement ignorée des Grecs ! Le phénomène de Charybde est décrit comme ayant lieu trois fois par jour au moins de juin : les jours sont, en effet, tellement longs qu'il y a, par exemple, deux marées montantes et une descendante — ou deux marées descendantes et une montante, mais de toute façon, trois marées en une journée. Ulysse doit bien se garder de passer quand la mer se gonfle et quand elle se dégonfle, c'est-à-dire qu'il doit passer à l'étale de marée haute ou à l'étale de marée basse. C'est ce qu'il fait en partant, et il passe très bien, sans problème. Une fois franchi ce détroit, il aboutit dans un pays qui porte presque encore le nom de Trinacrie : la région de Kingtire, nom qui a la même origine que Trinacrie.

A ce point du récit, se situe un épisode étranger au voyage proprement dit : la descente au royaume des Morts. Plus tard, nous verrons ce qu'il faut en penser. Il s'agit en réalité d'un rajout, car le texte raconte essentiellement un voyage maritime et la visite aux Enfers est, elle, une évocation purement poétique.

Ulysse va donc subir une violente tempête et tous les vaisseaux seront détruits, sauf le sien. Désespéré, inquiet à l'idée de devoir continuer sa route avec un seul navire, il remonte vers le nord ; mais, au retour, il ne prend pas la précaution de passer à l'étale et arrive sur Charybde en pleine marée. C'est alors la catastrophe.

Comme Circé le lui avait fait craindre, son bateau est pris dans un tourbillon gigantesque. Il est déchiré sur les rochers de Scylla et se retrouve privé de ses compagnons, tout seul, accroché à son épave. Là commence évidemment un voyage qu'on a beaucoup de mal à situer sur la carte. Alors qu'il est facile de mesurer une navigation (grâce à l'échelle de Télémaque), on peut se demander où sa dérive a bien pu entraîner Ulysse ?

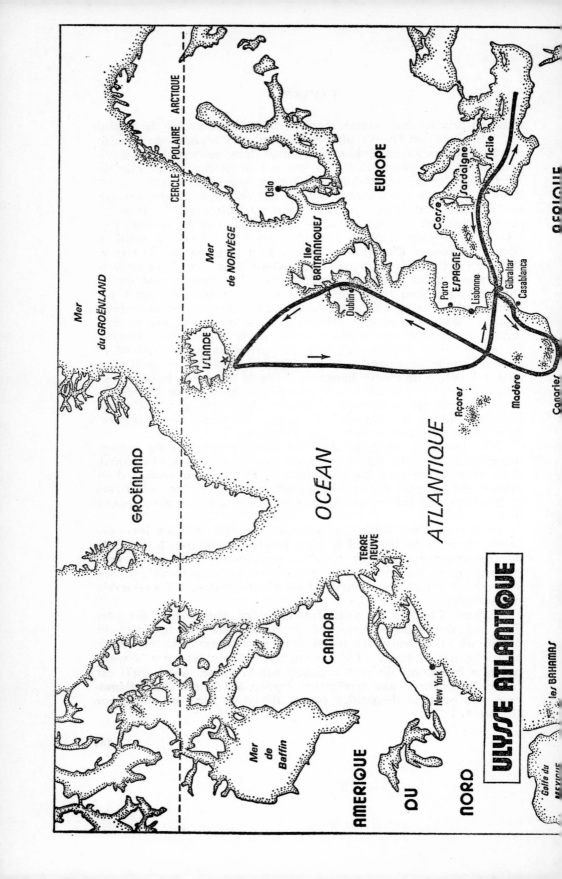

ULYSSE ATLANTIQUE

ULYSSE

Quoi qu'il en soit, c'est au terme de cette dérive qu'il aborde sur une plage. Combien révélatrice est la description de cette région ! D'une part, c'est une île ! Une île décrite comme ayant « la terre froide et les eaux chaudes », mais surtout où, caractéristique étonnante, les eaux « coulent dans tous les sens, aussi bien vers la mer que vers le ciel ». Quelle est l'eau chaude qui va dans tous les sens, aussi bien vers la mer que vers le ciel ? Ce ne peut être qu'une eau volcanique, plutonienne, sous forme de geyser ! Où trouve-t-on des geysers dans cette région du nord ? Ulysse a tout de même dérivé neuf jours, il a pu aller loin, car sous ces latitudes, il y a des courants rapides, au moins aussi rapides que son bateau : Ulysse a parfaitement pu atterrir en Islande. L'Ogygie serait donc l'Islande. Il l'a baptisée lui-même, n'ayant jamais entendu parler de ce pays auparavant. On a l'impression que toutes les autres terres visitées — sauf le pays de Circé, toujours les terres de magiciennes ! — étaient connues (le nom des habitants en est toujours précisé) et qu'Ulysse se dirigeait vers elles par sa propre décision !

A Ogygie, il va rester huit ans, puis après s'être fait aider par Calypso pour construire un bateau, il va faire voile vers Ithaque.

Ce voyage va durer dix-sept jours. Cette fois encore, prenons notre compas et portons sur la carte les neuf jours nécessaires au voyage aller d'Ithaque à l'Atlantique, un peu au nord de Madère ; dès lors, nous voyons immédiatement où doivent converger le point correspondant aux neuf jours d'entrée dans la Méditerranée et celui qui matérialise les huit jours qu'il restait à faire pour obtenir les dix-sept jours de navigation ! Partons d'Islande, allons huit jours vers le sud jusqu'à ce point de jonction... A ce stade, il faut se rendre compte qu'il est bien plus facile de rentrer dans la Méditerranée (au besoin en longeant un peu une côte), de pénétrer entre les Colonnes d'Hercule que d'en sortir et d'arriver directement à Madère. Le retour ne pose aucun problème. Ulysse navigue sans difficulté majeure jusqu'en vue des côtes d'Ithaque ! Il subit son dernier naufrage quelque part entre le sud de l'Italie et la Crète, dérive encore, emmené par une tempête, vers le nord, pour se retrouver enfin chez Nausicaa.

A Nausicaa, il a, en effet, décrit l'île d'Ogygie. C'est lui qui a parlé des « eaux qui coulent vers le ciel aussi bien que vers la mer », c'est lui qui a décrit la terre froide, qui a raconté que l'île se trouvait en dehors de tout ce qu'on pouvait connaître ! Il a également fait état de ces journées de vingt-quatre heures sans nuit, apanage des contrées proches du cercle polaire. Puis, il a bien spécifié qu'il lui avait fallu dix-sept jours pour revenir.

163

C'est grâce à cette dernière indication que nous pouvons reconstituer son itinéraire de retour vers la Méditerranée. Là encore, on retrouve les *neuf jours* fatidiques qui permettaient de gagner la sortie.

L'histoire d'Ulysse serait pratiquement achevée s'il n'y avait autre chose que le voyage. Ce voyage, résumons-le. Il s'agit, au fond, d'un ensemble d'instructions nautiques, c'est-à-dire de conseils que l'on donne aux navigateurs pour pouvoir trouver la route vers le nord. Mais que pouvaient bien aller faire en Europe du Nord les navigateurs méditerranéens ? Ils allaient y chercher l'étain, ce précieux métal qui n'existait pas ou plus guère dans les pays du bassin de la Méditerranée. A l'époque, on ne fabriquait pas d'armes sans bronze, et qui dit bronze dit étain, que l'on trouve sur les côtes d'Irlande et d'Ecosse. Plus tard, cette route de l'étain sera coupée par les Phéniciens qui fermeront complètement la Méditerranée en bouclant la sortie des Colonnes d'Hercule — c'est-à-dire le détroit de Gibraltar — et les navigateurs grecs seront obligés, pour retrouver cette route de l'étain, d'envoyer en exploration quelques bateaux, dont celui de Pythéas, après avoir vainement tenté de rejoindre les côtes septentrionales d'Europe en passant par la Volga.

Considérons donc le long périple d'Ulysse comme un voyage d'exploration, comme une recherche de nouveaux gisements d'étain. Mais peut-on vraiment penser qu'il s'agissait d'un simple voyage d'exploration ?

Et ces prétendants, dont on a vu à quel point ils se montraient insupportables dans la maison d'Ulysse, qui dilapidaient les biens du maître et voulaient épouser sa femme... Qu'étaient donc ces gens-là, qui se croyaient tous les droits ? Si le voyage d'Ulysse est, comme nous le pensons, un voyage d'exploration — cette interprétation est de Pillot mais il y en a une autre que, pour ma part, j'hésite à formuler — ces hommes avaient pleinement le droit de se trouver chez le mari de Pénélope : c'étaient des financiers. C'étaient des créanciers du roi, des gens qui avaient déboursé les frais du voyage, qui attendaient le retour d'Ulysse depuis longtemps et se payaient « sur la bête » de leurs créances. Ne voyant pas revenir le débiteur, ils saisissaient le gage, ce qui explique pourquoi Télémaque n'était plus chez lui ! Ce qui explique également les exigences de ces prétendants qui voulaient épouser... l'héritière. Cette reine, ils revendiquent sa

« propriété » comme une sorte de dédommagement des sommes qu'ils ont investies dans l'expédition vers le nord. Mais Ulysse est de retour. On pourrait alors se dire qu'après tout il revient victorieux. Il les a trouvées, ces mines, il les a décrites à Nausicaa, puis au roi des Phéaciens et il va pouvoir contenter ses créanciers... Non ! Il n'en fait rien. Il tue tout le monde ! On peut donc se poser sérieusement la question : s'agit-il encore d'une légende, d'une fiction, ou a-t-on affaire à des faits réels ?

S'il s'agit d'une légende, les Homère — car il se pourrait bien que *l'Odyssée* ne soit pas due aux talents d'un seul poète — ont-ils vraiment rajouté cette scène de cruauté à celle de meurtres et de morts violentes déjà abondantes dans *l'Illiade,* ou, au contraire, cette scène correspond-elle à quelque chose de vrai ?

Gilbert Pillot suppose qu'Ulysse a voulu simplement supprimer ses créanciers. Il aurait, dit-il, gagné beaucoup d'argent qu'il aurait probablement rapporté chez le roi des Phéaciens — c'est pourquoi il n'aurait pas voulu revenir directement à Ithaque. Cet argent, il l'aurait enterré dans une grotte de Phéacie, bien décidé à ne le partager avec personne.

En rentrant chez lui, il aurait pris comme prétexte la façon indigne dont s'étaient conduits les prétendants : on admet facilement que ce n'était pas très sympathique de leur part de vouloir épouser sa femme, de piller ses trésors et de tenter d'assassiner son fils. Pour supprimer ces hommes, les bonnes raisons ne manquaient donc pas à Ulysse même si eux croyaient seulement se comporter en créanciers dont l'impatience était compréhensible. D'après Gilbert Pillot, Ulysse les aurait exterminés pour pouvoir garder son trésor pour lui seul.

Personnellement, je ne crois pas à cette interprétation.

Ulysse est parti — et cela, à mon avis, est bien vrai — à la tête d'une expédition. Au départ, il disposait de vingt bateaux mais il en a perdu beaucoup en route pour ne revenir finalement qu'avec un seul, celui que Calypso lui a permis de construire et qui, lui aussi, en vue d'Ithaque, a fait naufrage. Il est donc revenu les mains vides de tout trésor palpable et partageable ! En ramenant pourtant quelque chose de bien plus précieux : le secret d'une route maritime.

Il est, en effet, absolument indispensable de se replacer dans l'optique de cette époque, où la force des vents et la direction des courants constituaient des secrets de navigation ! Chaque pays essayait de découvrir des terres nouvelles pour pouvoir tirer profit de la richesse du monde. Souvenons-nous du voyage de Marco Polo. Celui-ci avait choisi la voie de terre, beaucoup plus difficile, beaucoup plus fatigante, où les risques d'attaques à main armée sont grands, où les rencontres sont plus périlleuses qu'en mer (où le seul ennemi est la tempête). Souvenons-nous de toutes les tentatives pour faire éclater le monde antique et découvrir des lieux nouveaux et des richesses nouvelles. Qui rapportait le secret d'une route nouvelle devenait non seulement le roi, le prêtre, l'augure, mais le propriétaire de quelque chose qui valait des sommes considérables. Cela pendant très longtemps. Un exemple : lorsque fut découverte l'existence des vents alizés, que les Anglais ont appelés vents de commerce (*trade winds*), ces vents qui traversent l'Atlantique trois cent soixante-cinq jours sur trois cent soixante-cinq, toujours dans le même sens, d'est en ouest, qui permettent donc de compter sur des temps de navigation fixes, constants, le secret en fut bien gardé. Il appartenait à la couronne d'Espagne et sous peine de mort, on n'avait pas le droit de le divulguer.

Ulysse, lui, avait découvert la route du nord, selon un itinéraire que l'on pourrait résumer ainsi :

« Lorsque tu doubles la pointe de la Grèce, tu te diriges vers l'ouest, avec vents portants. Au bout de neuf jours de navigation, tu cherches l'île d'Eole, une île flottante aux murailles d'airain, aux parois verticales et féconde en son sommet[1]. De l'île d'Eole, tu te diriges pendant six jours vers le nord, pas au nord même mais vers le nord et là, tu trouveras les mines d'étain et d'or aussi ».

Et les magiciennes, que viennent-elles faire dans cette histoire ? Elles constituent le « brouillage ». Il ne faut pas oublier qu'on noyait ces recettes de navigation transmises oralement dans des masses de récits qui étaient destinés à brouiller quelque peu les pistes. Circé, elle, a bien un peu perdu Ulysse, mais Calypso plus encore ! Calypso qui a tout de même permis l'ouverture de la navigation vers le nord ; Calypso qui est décrite comme étant située au nord-ouest de l'île de l'Olympe (l'Islande, c'est évident !) ; Calypso d'où sont visibles toute la journée, en automne, le Grande Ourse et les Pléiades, avec sur l'horizon la

---

1. — C'est l'île de Madère, et non les Canaries, qui sont plutôt plates, malgré la présence de quelques montagnes, et couvertes de plaines généreuses alors qu'à Madère c'est au sommet de l'île que se réduit la végétation.

constellation du Bouvier ; Calypso, une île dont la latitude est donc extrêmement élevée.

Ulysse rapportait non seulement le secret d'une route maritime mais aussi l'espoir qu'il y avait des terres nouvelles à explorer. Il ajoutait la description de ces terres qui permettrait à ceux qui s'y rendraient plus tard de reconnaître en elles l'Ogygie qu'il avait décrite, et affirmait avec force que de multiples richesses restaient à découvrir.

L'Odyssée est donc une histoire de marin, la transmission par tradition orale du compte rendu d'une grande expédition qui a dû avoir lieu vers les xe, ixe siècles avant J.-C. C'est dire que lorsque Homère l'a décrite, cette fameuse expédition s'était passée deux cents ans auparavant. Comme si, de nos jours, un homme racontait les guerres de Louis XV en se fondant uniquement sur les souvenirs transmis oralement par des générations de conteurs, sans faire appel au moindre document.

C'est cela, *l'Odyssée* : un poète s'est emparé d'une histoire transmise de bouche à oreille durant deux siècles. Histoire d'abord transmise à des initiés, à des gens qui savaient ce que parler veut dire et qui se rendaient compte que c'était une route qu'on leur décrivait ! Le *vulgum pecus*, l'homme de la rue, ne devait pas comprendre. Et le poète était l'un de ces hommes de la rue. Ce qui explique certaines scènes qui ne cadrent pas avec le récit de *l'Odyssée*.

L'épisode des sirènes, par exemple. A un moment donné, quelque part dans la région de Circé, Ulysse rencontre ces êtres qui chantent de merveilleuses mélodies. A l'aide de cire, il a bouché les oreilles de ses compagnons pour que ceux-ci, séduits par ces chants, ne se précipitent pas hors du bateau pour essayer d'attraper les sirènes. Lui s'est fait attacher au mât parce qu'égoïste, il voulait profiter du concert sans courir le risque de succomber au charme de ces voix. Lorsqu'il entend les sirènes, il s'efforce de se libérer de ses liens pour aller les rejoindre. Ces sirènes n'ont rien à voir avec celles de Bougainville, car ce ne sont pas des animaux marins. Dans *l'Odyssée*, ce sont des oiseaux ! Des oiseaux à tête de femme et aux seins admirables, le reste du corps de l'animal se perdant sous les plumes...

Qu'étaient au juste ces sirènes ? On peut comprendre que, privés de femmes depuis des mois, les marins de Bougainville, rencontrant des lamentins ou des dugongs, qui ont deux seins solides, aient pu laisser vagabonder leur imagination. Ils ont d'ailleurs dû être rapidement ramenés à la réalité, car la tête du dugong est dénuée de séduction. Mais que sont donc les sirènes décrites par Homère ? Nous l'ignorons.

Puis il y a la descente aux Enfers. Je vous en ai épargné la description car il s'agit en l'occurrence du mélange typique d'une réalité descriptive et d'éléments de brouillage poétique. Le poète n'a pu rester sur terre, il a fait un détour dans l'imaginaire. La descente aux Enfers est l'occasion, pour Homère, d'évoquer les esprits des illustres combattants de la guerre de Troie, ainsi que leurs aventures et leurs exploits, l'histoire d'Agamemnon et de Clytemnestre, etc. Ces récits merveilleux se superposent au texte et contribuent à nous faire perdre le fil !

En somme, cette extraordinaire histoire que constitue *l'Odyssée*, ce sont des archéologues qui ont tenté de lui donner une réalité concrète, sur le terrain. Ce qui fait que j'ai un peu honte d'avoir si mal traité M. Victor Bérard qui a consacré sa vie entière à essayer de reconnaître les sites odysséens, en les photographiant, en les dessinant. Car, s'il ne l'avait pas fait, qui aurait eu l'idée de chercher autre part ? Il a eu le mérite de poser la question essentielle : pourquoi *l'Odyssée* ne relaterait-elle pas une aventure vécue ?

Mais Victor Bérard est d'une autre époque et il n'a pu mettre les bons noms aux bons endroits car il n'imaginait pas que les Grecs étaient de bien meilleurs navigateurs qu'on ne le croyait au XIXᵉ siècle.

Ce récit merveilleux qui a été interprété par des archéologues, par des savants, dans des laboratoires, dans des bibliothèques, c'est sur la mer qu'il fallait chercher sa signification.

Car l'aventure d'Ulysse ne concerne pas que les archéologues.

C'est aussi, c'est surtout une histoire de marins.

LE POLE NORD

la conquête de l'inutile ?

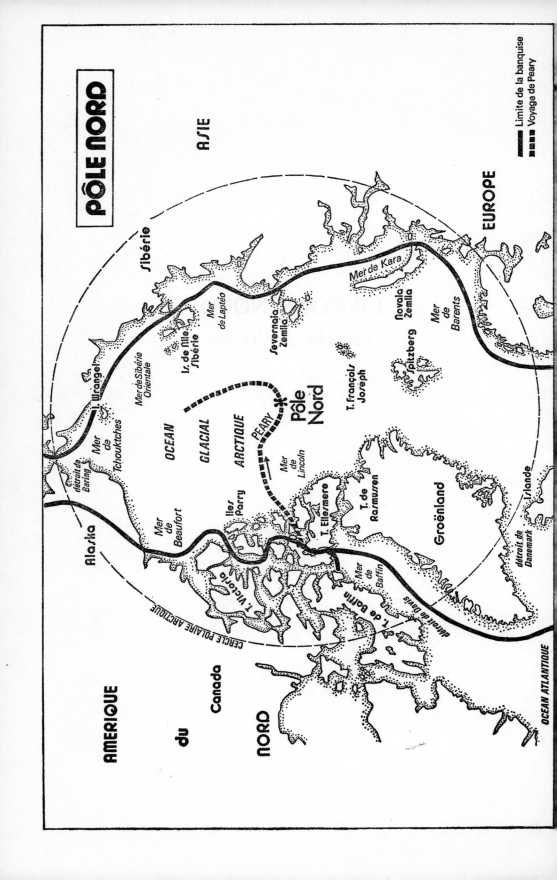

La recherche du pôle Nord a duré pendant toute l'histoire de l'humanité. Elle a d'abord fait appel au rêve, puis au commerce, et enfin au sens pratique.

Le rêve, il a été vécu trois cents ans avant Jésus-Christ par un Marseillais — autant dire un Grec, puisque la cité phocéenne était une colonie grecque — qui, après avoir fait route vers le nord et longé les côtes de Bretagne et de Norvège a abouti dans une région où le brouillard, la mer et le sol se confondent : la banquise. C'est du moins ce que raconte Pythéas, que longtemps on surnomma « le Menteur » !

Comme si, à Marseille, on pouvait rencontrer une mer glacée ! La glace, on sait à peine ce que c'est. Seules la connaissent les riches familles romaines qui font venir des glaçons à grands frais des Alpes ou des Apennins. Mais parler de glace, dans la rue, à Marseille ! Tout le monde hausse les épaules. Et la mer glacée, quelle plaisanterie !

On entendra de temps en temps parler de la glace par les Vikings lorsqu'ils arriveront en France, sous le nom de Normands. Ils apporteront avec eux ce rêve de blancheur. Grâce à eux, la neige sera mise à l'honneur le soir de Noël. Jusqu'à leur venue, Noël est une fête du gui, qui évoque les druides et leurs robes blanches. D'ailleurs, quel rapport y a-t-il entre la célébration de la naissance du Christ et la neige ? La neige est-elle jamais tombée en Palestine ?

Les Vikings racontent tout un tas de légendes : l'une d'elles dit que saint Brandan a rencontré des îles qui fondaient au

171

soleil : les premiers icebergs jamais décrits. Puis personne ne s'est plus occupé de cette banlieue de l'Europe qu'était le Grand Nord. A quoi bon s'y rendre ?

Il a fallu que Colomb découvre l'Amérique pour que naisse une nouvelle civilisation, une civilisation atlantique, qui suscita toute une série d'expéditions maritimes et de voyages d'exploration.

1494 : le traité de Tordesillas partage le monde entre le Portugal et l'Espagne. « Et nous ? Que nous restera-t-il ? se demandent les autres pays d'Europe. L'accès à toutes ces terres, riches en hommes, en épices et en or, va-t-il nous être interdit ? » Les Espagnols tiennent la route des alizés qui conduit naturellement en Amérique centrale, ils montent une garde jalouse devant les passages du sud, le cap Horn et le détroit de Magellan. Quant aux Portugais, ils sont solidement installés au Cap et interdisent l'accès du cap de Bonne-Espérance aux autres nations.

Puisque le monde connu est considéré comme propriété privée des deux grandes puissances maritimes de l'époque, les pays de l'Europe du Nord se disputent les quelques régions que l'Espagne et le Portugal veulent bien leur laisser.

La France s'installe au Canada, tandis que l'Angleterre et la Hollande vont chercher à s'approprier des territoires encore plus septentrionaux. Pour ce faire, il faut obligatoirement découvrir des passages.

Etant donné que la terre est un globe, on peut en faire le tour en partant soit vers l'ouest, soit vers l'est. La recherche du passage du Nord-Est doit être plus facile puisqu'on longe les côtes de terres habitées et relativement bien connues. Ce passage, le détroit de Béring qui sépare l'est de la Sibérie de l'ouest de l'Alaska, on ne le découvrira pourtant qu'au milieu du XVIIIᵉ siècle.

Pour ce qui est de l'ouest, existe-t-il un passage entre le Canada et le Groenland ? C'est une question que l'on va se poser pendant plusieurs siècles. La réponse est d'autant plus difficile à trouver que, dans cette région, on a partout affaire à de la glace, que ce soit sur la terre ou sur la mer. Comment faire la différence entre ce qui est banquise et ce qui est continent ? Ce problème, de nombreux explorateurs vont tenter de le résoudre : Frobisher, Davis, Baffin.

Cela coûtera même la vie au malheureux Hudson qui s'était élancé vers l'ouest en 1611. A un certain moment, ses compagnons de voyage ont refusé d'aller plus loin. Ils redoutaient les dangers que pouvait cacher la brume, cette brume épaisse, constante dans les régions de banquise ; ils avaient peur aussi des Eskimos qui avaient fort mauvaise réputation. Ils contraignirent donc leur chef à revenir vers l'ouest et à chercher un passage occidental. En fait de passage, Hudson ne trouva qu'une vaste étendue d'eau entre le Labrador et ce qu'il appella « *Terra incognita* », mais donna tout de même son nom à ce qu'il prit pour un détroit. Ignorant qu'il se trouvait dans une baie, il va chercher très longtemps la sortie du « détroit ». Si longtemps que ses hommes, épuisés physiquement et moralement, vont se mutiner, s'emparer de lui et l'abandonner à terre, sans vêtements chauds, sans armes et sans vivres, en compagnie de ceux qui lui sont restés fidèles. Leur forfait accompli, ses hommes regagnent l'Angleterre. Or, on sait que les tribunaux anglais ne sont pas tendres avec les mutins — ceux de la *Bounty* en feront plus tard l'expérience. Les marins de Hudson sont bien des mutins et ils ont pratiquement assassiné leur capitaine !... Mais les nouvelles qu'ils apportent sont tellement intéressantes pour le commerce ! Ils ont trouvé, disent-ils, le passage vers l'ouest ! Une telle découverte vaut bien qu'on les épargne. Et on leur fera grâce, ce qui constitue un événement unique dans les annales de la marine anglaise.

Certains de ces marins seront nommés pilotes, lors de l'expédition organisée par Baffin, qui parviendra jusqu'au détroit de Lancaster. Là, il n'osera pas aller plus loin, manquant de très peu la découverte du passage du Nord-Ouest.

On ne peut d'ailleurs pas dire que ce genre de voyages passionne l'opinion, au XVIIᵉ siècle, et il faudra attendre l'ère « scientifique » ouverte par Cook pour s'intéresser à nouveau à la conquête du Grand Nord. Cook lui-même annoncera, avant sa mort, que le passage tant cherché n'existe pas, après avoir vainement tenté de faire passer un navire entre le Canada et le Groenland.

Puis surviennent les guerres napoléoniennes. Dans le monde entier, les flottes seront détruites. On pense plus à se battre qu'à explorer au cours de cette période de guerre à outrance qui préfigure les grands conflits mondiaux du XXᵉ siècle.

En 1821, Parry, un Anglais, va tenter de se rapprocher le plus possible du pôle, par voie de mer. Se rendant compte que son projet est irréalisable, il débarque et poursuit sa progression à pied. Ayant emmené des traîneaux et des chiens, il part vers le nord. En cours de chemin — il ne va abandonner qu'à sept cents kilomètres du pôle, ce qui représente une performance étonnante — il s'aperçoit en faisant le point que, alors que ses compagnons et lui parcourent une quarantaine de kilomètres par jour, ils semblent avoir, en fait, reculé de cinquante ou soixante kilomètres par rapport au soleil. Ce n'est que plus tard que l'on trouvera l'explication — simple — de ce phénomène : la banquise dérive.

Les expéditions suivantes bénéficient de l'application d'une invention importante, due au Boulonnais Frédéric Sauvage : l'hélice. Les bateaux sont toujours à voile, évidemment, mais ils disposent d'un moteur auxiliaire. Ils sont par ailleurs bien plus maniables et peuvent naviguer par n'importe quel temps. Ces navires vont équiper la grande expédition organisée par l'Amirauté britannique et confiée au commandement de sir John Franklin, en 1847. Sir John Franklin est un homme de cinquante-six ans, décidé, énergique et aimé de ses équipages, qui n'imagine pas une seconde la fin catastrophique de ce voyage : lui mourra de scorbut, ses bateaux seront détruits par la banquise et pas un seul de ses hommes ne survivra à cette tragique expédition.

C'est pourtant à l'occasion de sa disparition que le monde entier va vraiment s'intéresser aux explorations polaires : on va en effet rechercher sir John Franklin. Non seulement c'est un homme aimé et admiré, un grand capitaine, mais son épouse est une femme admirable, tenace, qui n'acceptera jamais sa pension de veuve, se refusant de toutes ses forces à croire à la mort de son mari. Et même quand l'Amirauté accédera à ses demandes, elle continuera à subventionner de ses propres deniers des expéditions consacrées à la recherche du disparu.

C'est au cours de l'une de ces expéditions, en 1852, que Mac-Clure, un excellent marin qu'intéresse uniquement la prime récompensant celui qui découvrira le détroit du Nord-Ouest, franchit enfin ce fameux passage, après s'être glissé par hasard entre les bonnes îles.

On ne retrouvera jamais sir John Franklin. Seuls seront découverts les cadavres de quelques-uns de ses compagnons. On continue à ignorer pour quelle raison et dans quelles conditions sont morts tous ces hommes, car — fait étonnant de la part d'officiers — ils n'ont rien laissé derrière eux, aucun document susceptible de nous éclairer sur leur sort tragique.

Grâce aux Britanniques, dont la suprématie dans ce domaine est incontestable, la géographie de cette région est maintenant assez bien connue, et ce sont les Américains et les Scandinaves qui vont prendre le relais.

George Washington De Long est le premier à avoir l'idée d'utiliser l'hiver pour faire bloquer son bateau dans les glaces. Il espère qu'au printemps son navire, la *Jeannette*, sera libéré de sa gangue de glace et pourra continuer son chemin. A bord de la *Jeannette*, De Long part vers le nord-est, c'est-à-dire vers la Sibérie. Arrivé au nord des îles de Nouvelle-Sibérie, il est pris dans les glaces comme il l'avait prévu et attend que les choses se passent. Oh ! il n'attendra pas bien longtemps ! Car il n'a pas tenu compte du fait que le volume de la glace est supérieur à celui du liquide qui constitue cette même glace. Autour de la *Jeannette* immobilisée s'élèvent de gigantesques crêtes qui se chevauchent les unes les autres. Sous cette formidable pression, la coque du navire est broyée. De Long abandonne donc la *Jeannette* et doit partir à pied avec ses compagnons vers le continent sibérien.

Mais la *Jeannette*, que devient-elle ?

On ne la retrouvera qu'en 1884, soit trois ans après qu'elle ait été écrasée par les glaces. Et où va-t-on la retrouver ? Non pas au large de la Nouvelle-Sibérie, mais fort loin de là, au sud du Groenland ! Ce qui prouve que la banquise se déplace ! Ce qui explique pourquoi Parry reculait, alors qu'il croyait avancer, puisqu'il marchait dans le sens contraire à celui du déplacement de la banquise ! Du même coup, il est prouvé que l'Arctique, contrairement à l'Antarctique, n'est qu'une masse de glace et non un continent.

Ainsi devait être définitivement abandonnée l'idée héritée du Moyen Age selon laquelle à un continent austral devait obligatoirement faire pendant un continent arctique, pour que la Terre conserve son équilibre par rapport à l'axe des pôles.

Grâce à la dérive de la *Jeannette*, on s'aperçoit que ce gigantesque courant ne peut être dû qu'à l'inertie de la masse glaciaire par rapport à la rotation de la Terre.

Les explorateurs qui vont se succéder dans le Grand Nord doivent désormais tenir compte de cette dérive des glaces qu'il va falloir mesurer.

C'est à cette époque que les Scandinaves commencent à se manifester. On n'a guère entendu parler d'eux, depuis le temps des navigateurs vikings [1].

Mais voilà que la Norvège commence à affirmer sa personnalité, à acquérir une certaine indépendance par rapport à Stockholm, et que certains Norvégiens se mettent à s'intéresser à une partie du monde géographiquement si proche de leur propre pays.

C'est d'abord un scientifique suédois, Nordenskjöld, un homme extrêmement riche, qui va financer une expédition ayant pour but l'exploration détaillée du Nord-Est. Il longe la côte sibérienne sans trop de problèmes. Ce n'est pas tellement contre la glace qu'il aura à lutter, mais plutôt — comme Pythéas quelque vingt-deux siècles avant lui — contre les brumes qui rendent souvent toute visibilité impossible et obligent à de fréquents changements de cap. Le 20 juillet 1879, il franchit le détroit de Béring et débouche sur l'océan Pacifique. Le passage du Nord-Est est ouvert [2].

Maintenant que les deux passages, à l'ouest et à l'est, ont été découverts, on peut passer à la deuxième phase de l'exploration arctique : la conquête du pôle. En avant vers le nord !

Le Norvégien Fridtjof Nansen a un jour l'idée géniale de tirer toutes les conséquences de la mésaventure de la *Jeannette*. Si ce bateau n'avait pas été disloqué par les glaces, n'aurait-il pas été possible, en restant à bord de ce qui aurait constitué une merveilleuse base d'hivernage, d'aller jusqu'au pôle ?

Il suffirait de bien choisir, en fonction des calculs de la

---

1. — Il n'est peut-être pas inutile de rappeler qu'entre 1814 et 1905 la Suède et la Norvège ne constituaient qu'une seule nation, et que la Suède, qui dominait l'ensemble, était en quelque sorte un pays d'Europe centrale. Quand on étudie la politique internationale des xviie et xviiie siècles et du début du xixe, on se rend compte que la Suède ne constitue absolument pas une puissance océanique : c'est contre les Russes et les Turcs que se bat Charles XII, pas contre les Anglais, les Espagnols ou les Français. Pourquoi la Suède ne se tourne-t-elle pas vers le nord, vers les régions polaires ? Peut-être parce que des terres froides, elle en a suffisamment chez elle pour ne pas aller en conquérir d'autres.

2. — A l'heure actuelle, les Soviétiques essaient de garder ouvert toute l'année ce détroit qui fait partie de leur territoire, grâce à une flotte moderne de brise-glaces extrêmement efficaces. Ils n'ont, en effet, obtenu libre accès à la Méditerranée — par les détroits du Bosphore et des Dardanelles — qu'à la fin de la Seconde Guerre mondiale, et les seuls grands ports dont ils disposent dans le nord, Mourmansk et Arkangelsk, sont bloqués par les glaces une bonne partie de l'année. Il est donc vital pour eux de pouvoir ravitailler normalement les ports de la côte orientale de la Sibérie, comme Vladivostok.

dérive de la banquise, l'endroit où il faudrait se laisser emprisonner et d'équiper un bateau-base capable de résister à la pression des glaces.

Nansen fait construire le bateau correspondant à ses souhaits et à ses calculs et le baptise *Fram* (en norvégien : « En avant »). La coque du *Fram*, qu'on oindra d'huile de phoque, est étudiée pour pouvoir *monter* sur la banquise. Lorsque les glaces vont l'enserrer, le bateau s'élèvera lentement jusqu'à la surface de la glace et restera posé sur la banquise. Ensuite, on suivra au sextant les déplacements de ce nouveau type de base, immobile en apparence.

Le jour du départ, le 24 juin 1893, ils sont treize à bord du *Fram*. N'étant pas marin, Nansen n'est pas superstitieux.

Le 20 septembre, le *Fram* touche la banquise.

Quelques jours plus tard, il est bloqué dans les glaces et commence à dériver.

Malheureusement, Nansen a mal calculé cette dérive et le *Fram* ne passera pas sur le pôle. Il est curieux qu'un homme aussi intelligent que lui n'ait pas prévu cela. Dans son esprit, il assimile la dérive de la banquise — à peu de choses près — à ce qui se passe dans un lavabo quand l'eau s'en écoule : il se forme au centre un petit tourbillon qui aspire tout ce qui s'en approche. Or, ce phénomène d'aspiration centripète ne se manifeste pas sur la banquise. Jamais le *Fram* ne parviendra ainsi à se rapprocher du pôle.

Nansen s'étonne de la lenteur de la dérive mais il ne prend vraiment conscience de son erreur que plus d'un an plus tard, et décide alors de tenter de gagner le pôle à pied. Pourquoi ? Parce qu'il a absolument besoin de battre un record. Il faut, pense-t-il, qu'il aille le plus loin possible au nord pour revenir en Norvège après avoir réalisé quelque chose de tangible. Il craint que la merveilleuse réussite technique que représente le *Fram*, qui a résisté à toutes les attaques de la glace et qui constitue une base d'hivernage étonnamment confortable (on a enlevé les hélices et on a installé le chauffage central) ne soit pas considérée comme une découverte suffisante. Jamais personne n'a hiverné sur la banquise comme lui et ses compagnons viennent de le faire, mais pour Nansen cet hivernage n'a rien d'un exploit : simple affaire de préparation et d'organisation.

En outre, le temps lui pèse. Il s'ennuie énormément, comme il est facile de s'en apercevoir à la lecture de son journal de bord. Et pourtant, qu'est-ce que s'ennuyer, quand l'on songe aux

177

souffrances endurées par les membres des expéditions précédentes ?

Mais Nansen est un homme d'action. Il est parti pour vaincre, et il lui faut cette victoire. Le 14 mars 1895, il descend du *Fram*, accompagné de Johansen.

Les deux hommes vont progresser dans des conditions tellement pénibles qu'ils devront abandonner à près de quatre cents kilomètres du pôle. Ce n'est qu'après quinze mois de solitude et de souffrances dans le désert blanc — en juillet 1896 — qu'ils reprendront contact avec d'autres êtres humains : les membres d'une expédition envoyée en terre de François-Joseph.

Pendant ce temps, le *Fram* continue à dériver, pour aboutir enfin en mer libre, au nord du Spitzberg.

En août 1896, on tire les premières leçons de l'expédition Nansen : celle-ci, qui s'est rapprochée du pôle comme aucune avant elle, a été riche en enseignements de toute sorte sur les régions péripolaires, et en outre elle n'a pas coûté la vie à un seul homme. Grâce au sérieux de la préparation du voyage, grâce aux installations dont le *Fram* était doté, l'hivernage a pu se passer dans des conditions normales. Treize hommes sont rentrés triomphants à Tromsö.

Les Scandinaves n'ont pourtant pas réussi à atteindre le pôle. C'est un Américain, Robert Peary, qui va parvenir le premier à ce point géographique qui ne présente, apparemment, aucun intérêt. En quoi importe-t-il d'aller au pôle ? Satisfaction d'ordre purement moral, dira-t-on. Dans certains pays, on se demande même si cela vaut vraiment la peine de dépenser des fortunes et de risquer des vies humaines pour se rendre à un endroit qui n'est, en définitive, d'aucune utilité pratique. A partir du moment où on a démontré que le pôle est localisé sur une banquise, c'est-à-dire sur une immense étendue déserte et glacée, à quoi bon perdre son temps et son argent à tenter de le conquérir ?

Peary n'est pas de la race de ceux qui pensent ainsi.

Ce « conquérant de l'inutile » va partir une première fois du Groenland mais il se rendra très vite compte que la dérive de la banquise est plus rapide que sa propre progression vers le pôle. Premier échec.

Il repart en 1902, de la terre de Grant, cette fois, vers le nord-nord-ouest. C'est-à-dire que, dès le départ, il suit une direction qui va lui permetre d'utiliser la dérive (comme lorsque les nageurs traversant la Manche utilisent certains courants et tiennent compte du mouvement des marées).

Peary va aller au-devant de la dérive des glaces pour être amené par elle vers le pôle, mais l'expédition se soldera par un second échec, suivi d'un troisième en 1906.

Nullement découragé, fort de l'expérience acquise au cours de ses premières tentatives, Peary va de nouveau s'attaquer au pôle. Cette fois il va complètement changer de technique et faire appel à un grand nombre d'Eskimos, dont il parle la langue. Contrairement à ce qui se faisait d'habitude, à l'époque, il les traitera avec la même humanité que celle dont sir Edmund Hillary fera preuve à l'égard de ses sherpas, cinquante ans plus tard. Il leur demande de constituer des dépôts de vivres tout au long de l'itinéraire prévu, aussi bien pour l'aller que pour le retour, en tenant compte du fait que la banquise peut déjouer ses calculs en dérivant aussi bien à l'ouest qu'à l'est, à cause des contre-courants. Une fois sa route jalonnée de relais jusqu'à l'endroit où Nansen était parvenu, il s'élance après avoir choisi la meilleur position par rapport à la dérive — qui, évidemment, devient de moins en moins importante au fur et à mesure que l'on approche du pôle.

L'utilisation de ces « camps de base » est devenue courante chez les alpinistes qui se lancent à la conquête des montagnes les plus élevées. Elle permet au chef de l'expédition d'arriver plus frais — et donc avec plus de chances de réussir l'ultime ascension — au pied du dernier sommet puisque ses camarades lui ont « préparé le terrain » au cours des premières étapes.

Parti une dizaine de jours plus tôt du « point Nansen », Peary atteint le pôle le 6 avril 1909. Voilà vingt ans qu'il en rêvait de cette victoire, qu'il y consacrait tous ses instants. Entouré de quatre Eskimos et de son domestique noir, il ne reste au pôle que quelques instants, le temps d'y planter le drapeau américain et de poser pour la postérité. Puis il revient aux Etats-Unis et annonce fièrement : « Le pôle est conquis ! »

Mais à son retour il apprend avec stupéfaction que quelqu'un met en doute sa victoire, conteste le fait qu'il soit le premier homme à avoir atteint le pôle Nord ! Il s'attendait à tout sauf à cela ! A la rigueur, il aurait pu prévoir un mauvais coup de la part de Nansen, ou plutôt de ce pirate d'Amundsen qui, lui aussi, se préparait à monter vers le nord et qui, finalement, va prendre un départ fulgurant dans la direction opposée et vaincre le pôle Sud ; il craignait d'être court-circuité par un Norvégien, par un Scandinave. Et il apprend que son challenger n'est autre qu'un Américain, le docteur Frederic Cook qui prétend avoir atteint le pôle en avril 1908, soit un an avant celui dont le nom est sur toutes les lèvres et en première page de tous les journaux.

Pour Peary, c'est un véritable coup de massue. Ce n'est pas possible, voyons !

Cook fait le récit de son exploit et le monde se divise en deux : les partisans de Cook et ceux de Peary. Car Cook n'est pas le premier venu. Cela fait plus de quinze ans qu'il participe à des expéditions polaires. On le connaît sur le terrain. Il est prouvé qu'il est bien parti à la date à laquelle il a annoncé qu'il partait. Il a par ailleurs fait savoir l'itinéraire qu'il suivrait et qui le conduirait obligatoirement au pôle.

De qui va-t-on mettre la parole en doute ? De Peary ? De Cook ? Lequel doit-on croire ?

Heureusement pour Peary, Cook exagère. Et, lorsque l'Institut de géographie de Washington étudie par le menu les récits des deux explorateurs, ses membres relèvent de sérieuses lacunes dans le compte rendu de l'expédition de Cook, qui manque autant de preuves que d'arguments. Même si on ne le dit pas, on le pense : le Dr Cook est un menteur.

L'Institut va trancher et décider que Peary doit être considéré comme le vainqueur du pôle Nord. Fort heureusement, cette honorable fondation avait pour tâche de départager deux Américains. Que se serait-il passé si elle avait eu à donner son avis sur un conflit opposant un Américain à un Scandinave ou à un Anglais ? On en serait sans doute encore à se demander qui, en 1908 ou en 1909, avait remporté la victoire. L'Institut de géographie de Washington ne courait pas grand risque : de toute façon, en désignant l'un ou l'autre explorateur, elle choisissait un Américain.

Le pôle a donc bien été atteint en avril 1909 par Robert Peary. C'est maintenant officiel, bien que, de par le monde, il reste encore quelques **défenseurs de la thèse de Frederic Cook** [1] qui, en fin de compte, était un bon explorateur mais aussi un mythomane. Il semble bien qu'il ait inventé de toute pièce cette histoire de raid vers le pôle en se disant : « C'est la parole de Peary contre la mienne, et dans ces régions-là... ». D'autant que Peary avait été assez imprudent : il avait utilisé au maximum les

---

1. — **Dont Paul-Emile Victor.**

services des Eskimos, car il voulait être le seul homme de *race blanche* à arriver le premier au pôle.

Nous sommes encore en effet à l'époque où le Blanc tire une fierté particulière de la couleur de sa peau, où l'on croit dur comme fer à la suprématie totale de la civilisation blanche. Il suffit de lire Jules Verne — homme « de gauche », pourtant — pour se rendre compte de cet état d'esprit.

Le 6 avril 1909, nous l'avons vu, Peary était accompagné de quatre Eskimos et d'un Noir, mais aucun Blanc n'avait été témoin de son exploit. Cook savait à l'avance que la controverse qui allait l'opposer à Peary ne mettrait en jeu que la parole d'un Blanc contre celle d'un autre Blanc.

La décision rendue par l'Institut de géographie de Washington va-t-elle porter un coup d'arrêt aux expéditions arctiques ? Au début, certainement. Il semble que, ce point géographique atteint, plus personne ne s'en préoccupe. A quoi cela pourrait-il servir ? Avoir découvert le pôle constitue un exploit ! Pourquoi le rééditer ? Dès lors, on va décourager les candidats au départ, car il y a encore des gens qui veulent imiter Peary mais en utilisant d'autres moyens que l'Américain.

La conquête du pôle a, au fond, suivi les progrès de la technique. On a essayé d'abord d'y parvenir à la voile, ce fut l'échec. Puis on a tenté de l'atteindre en bateau à hélice. Et, logiquement, on doit maintenant passer de la voie maritime à la voie des airs.

Dans ce domaine, un précurseur : le Suédois Andrée, qui avait décidé de joindre le pôle en ballon libre, en 1897. Le projet semblait assez fou, mais il faut reconnaître qu'Andrée s'était livré avant son départ à des études sur les courants aériens assez étonnantes. Il avait inventé un système qui lui permettait de faire monter et descendre son ballon à volonté, donc d'aller chercher les courants favorables. S'était-il inspiré du livre de Jules Verne, *Cinq semaines en ballon*, dans lequel l'auteur fait traverser l'Afrique à un ballon libre (le livre date de 1867 : quelle prémonition !) équipé d'un chalumeau qui, en chauffant l'air, le fait s'élever ?

Andrée a bien trouvé les courants favorables qui l'ont conduit vers le nord. Puis, son ballon est peu à peu descendu — probablement le froid arctique y était-il pour quelque chose — et a touché terre. Pourquoi ses deux compagnons et lui n'ont-ils pas hiverné dans la nacelle qui était à la fois spacieuse et bien aménagée ? Celui qui a déjà vu un ballon se poser « en catastrophe » pourrait aisément répondre à cette question : quand la nacelle heurte le sol assez violemment, les passagers ont deux chances sur trois de se trouver éjectés. Dès lors, allégé de leur poids, le ballon remonte vers le ciel.

C'est ce qui a dû arriver à Andrée. Le ballon est reparti, avec, à bord, les instruments et la majeure partie des vivres. Les trois hommes se sont retrouvés seuls, démunis sur la banquise. On n'aura plus aucune nouvelle d'eux pendant trente-trois ans.

Il faudra en effet attendre 1930 pour retrouver leurs cadavres. Deux de ceux-ci étaient enfouis sous la glace et donc parfaitement conservés. Andrée, lui, gisait près de la dernière tente de campement. Il avait tenu son carnet de bord jour après jour. Les trois hommes avaient contracté une maladie épouvantable dont Andrée décrivait les symptômes. Cette maladie les avait tués l'un après l'autre. Andrée s'en savait lui-même atteint. Il a simplement survécu le dernier et utilisé le peu de forces qui lui restaient à donner une sépulture à ses camarades.

Parfaitement conservé par la glace, le corps d'Andrée sera ramené en Suède où il sera inhumé après avoir fait l'objet de funérailles nationales.

Une autre importante expérience aérienne fut tentée, après la Première Guerre mondiale : il s'agit de celle du général Nobile, en 1928, à bord de l'*Italia*.

En 1926, Nobile avait piloté un autre dirigeable, le *Norge*, à bord duquel se trouvaient également le Norvégien Amundsen et l'Américain Ellsworth. En passant au-dessus du pôle, Amundsen, depuis la nacelle, avait lâché les trois drapeaux : norvégien, américain et italien. Malheureusement, le retour s'était effectué dans des conditions très difficiles et on se demande encore par quel miracle les trois hommes avaient pu survivre à l'atterrissage, particulièrement catastrophique. Sans mettre directement en cause les capacités de navigateur de l'Italien, Amundsen s'était bien juré de faire à l'avenir plus confiance à l'avion qu'au dirigeable.

C'est pourquoi il cria au suicide lorsque Nobile décida l'expédition de l'*Italia*. A bord du *Norge*, seul un miracle leur avait permis d'échapper à la mort, pensait-il. Il ne fallait pas la défier une seconde fois !

Mais le Norvégien était un esprit logique, un scientifique, qui ne comprenait pas que Mussolini voyait dans cette expédition une chance supplémentaire d'affirmer son prestige. Le 23 mai

1928, l'*Italia* s'élève dans le ciel glacé du Spitzberg. Comme lors du précédent voyage, tout se passe bien à l'aller. On survole le pôle Nord et on en profite pour célébrer le triomphe de l'Italie fasciste. Le voyage de retour est à peine entamé que se produit la catastrophe prévue par Amundsen. L'*Italia* est plaqué sur la banquise, plusieurs hommes ainsi que des caisses de matériel sont éjectés de la nacelle, et le dirigeable reprend de l'altitude. Plus de nouvelles de l'*Italia*. Le monde entier s'émeut aussitôt : plusieurs expéditions sont lancées à la recherche des naufragés de la banquise.

On retrouvera très rapidement Nobile mais lorsque le petit avion qui l'a repéré se posera près de lui et de ses compagnons, le général italien commettra un acte impardonnable pour un chef d'expédition. Nobile croit sincèrement — car il est homme de bonne foi — qu'en revenant lui-même le premier, il va pouvoir accélérer le départ des secours destinés à sauver ses hommes. Il les abandonne donc, très provisoirement, croit-il. On ne les retrouvera pas tous, malgré un extraordinaire concours international de recherches.

Amundsen lui-même, le vieil adversaire de Nobile, oublia aussitôt le passé. Et quand on lui demanda : « Vous qui connaissez bien les régions polaires, voulez-vous nous aider à retrouver ces hommes ? » Il accepta immédiatement de participer aux recherches. La France mit alors à sa disposition un hydravion piloté par deux lieutenants de vaisseau, Guilbaud et de Cuverville. L'appareil décolla de Tromsö le 18 juin à 16 h. On ne le revit jamais. Cette glace qu'Amundsen avait souvent vaincue avait eu le dernier mot.

Quand le brise-glace russe *Krassine* retrouvera les rares survivants de l'expédition de Nobile, un bruit va courir : ces hommes ont mangé leurs camarades. La question du cannibalisme s'est alors posée. Cette question que se posent les bien-assis, les bien-nourris, ceux qui n'ont de problème ni pour manger ni pour se chauffer, bien carrés dans leur fauteuil, les pieds dans leurs pantoufles et devant le feu. Se rend-on bien compte de l'état mental, physique et moral dans lequel il faut se trouver pour que se pose la question de manger un compagnon mort ?

Cette question s'est de nouveau posée il y a quelques années et il semble que, cette fois, elle ait trouvé une réponse au-delà de toute hypocrisie. Les jeunes gens dont l'appareil s'est écrasé dans la Cordillière des Andes ont violé un tabou séculaire en consommant certains organes de leurs camarades qui n'avaient pas survécu à l'accident, au lieu de se laisser mourir de faim. D'abord profondément choquée, l'opinion mondiale dans son ensemble leur a donné raison.

On suppose que les survivants de l'expédition Nobile ont mangé de la chair humaine, mais il a été impossible de le prouver. Et même si cela avait été possible, qui aurait eu le droit de les juger ? Uniquement des gens ayant vécu comme eux des heures effroyables dans le désert blanc.

La voie aérienne n'a pas été la seule utilisée, on a continué à explorer la banquise par la voie maritime, ce qui nous amène à évoquer le nom d'un homme cher au cœur de tous les Français : Charcot.

Le grand Charcot a marqué assez tard la présence française dans l'Arctique mais l'a fait de façon définitive, car son élève (il était midship à bord du *Pourquoi-Pas ?*) Paul-Emile Victor a poursuivi de façon magistrale ce qu'il avait entrepris. Et s'il existe encore actuellement des expéditions polaires françaises, si la France a obtenu dans l'Antarctique — je dis bien dans l'Antarctique — sa « part de gâteau [1] » qui comprend la terre Adélie, c'est à Charcot et aux Expéditions Polaires Françaises de Paul-Emile Victor qu'on le doit. Ces deux hommes appartiennent à la même race que Peary : celle des grands organisateurs, qui mènent leur affaire de main de maître. Il a fallu malheureusement un accident stupide dû à la fatigue et aggravé par la tempête, pour avoir raison de Charcot et de son *Pourquoi-Pas ?* qui a fait naufrage en vue de la côte de Norvège en 1936. J'ai assisté personnellement à ses obsèques sur le parvis de Notre-Dame et n'oublierai jamais ces funérailles émouvantes : j'avais, à l'époque, douze ans.

C'est surtout pendant et après la Seconde Guerre mondiale que l'importance du pôle Nord a été mise en évidence. On ne se contente plus de s'y rendre, on l'utilise. Il est, en quelque sorte, annexé par une science nouvelle : la météorologie.

---

1. — Cette expression doit être prise dans son sens littéral, des accords internationaux ayant découpé le continent antarctique en « parts » dont les limites rectilignes prennent naissance au pôle. Malheureusement, les parts se chevauchent parfois.

LE POLE NORD

Jusqu'alors, l'étude des conditions atmosphériques ne constituait pas une science mais un ensemble de connaissances peu précises. Son utilisation, au cours de la guerre, est capitale : grâce à elle, on peut prévoir les dates les plus favorables pour lancer les convois à travers l'océan et pour planifier les sorties aériennes.

Avec l'autorisation des Danois, les Américains installent des postes météorologiques au Groenland et en Islande, puis sur la banquise, au nord de ces deux pays, au nord du Spitzberg, ce qui leur permet d'étudier et de prévoir l'évolution des mouvements de l'air dans l'hémisphère nord. Quant aux Allemands, ils agissent clandestinement, sans demander d'autorisation à personne. Seul le Nord peut leur fournir les renseignements météorologiques qui leur permettront de guider leurs missions aériennes, de diriger leurs sous-marins, de poursuivre la guerre de l'Atlantique. Ils s'installent, eux aussi, sur la banquise.

Ironie de l'Histoire, ce sont les membres d'une expédition météo allemande qui ont fourni (bien involontairement, comme nous allons le voir) l'explication de la mort d'Andrée et de ses compagnons !

Un groupe de météorologistes déposé sur la banquise depuis un certain temps commence à présenter les symptômes d'une étrange maladie, symptômes qui ressemblent trait pour trait à ceux décrits par Andrée. Tous ces hommes meurent. On va chercher leurs corps et on les ramène en Allemagne à fin d'autopsie. Rapport d'autopsie : ces hommes sont morts de trichinose. Comment diable ont-ils pu contracter la trichinose sur la banquise ? Il est bien connu que c'est le porc qui transmet la trichinose, or il n'y a pas de porcs sur la banquise, et le parasite de cette maladie ne peut être transmis en aucun cas par de la viande en conserve. On va alors s'apercevoir que la trichine vit à l'état larvaire dans les muscles d'un autre animal que le porc : l'ours blanc, en l'occurence. Les Allemands ont consommé de la viande d'ours blanc. De même qu'Andrée, qui y fait allusion dans son journal de bord. C'est cette viande qui, insuffisamment cuite, a provoqué la maladie à laquelle les explorateurs comme les météorologistes ont succombé.

Jusqu'au lancement des grands satellites météorologiques, le pôle reste la base d'observation du temps dans le monde, c'est dire que les voyages des grands paquebots et les vols intercontinentaux dépendaient de la connaissance des renseignements fournis par les installations météorologiques polaires. Puis on a pris l'habitude d'emprunter le passage du nord-ouest. Depuis qu'on a trouvé du pétrole dans l'Alaska, depuis qu'on a sondé le sous-sol de toutes ces îles découvertes aux XVIᵉ, XVIIᵉ et XVIIIᵉ siècles, qui lui aussi pourrait bien contenir du pétrole, on étudie les moyens d'acheminer le plus rapidement possible l'or noir vers les grandes régions de consommation de l'Amérique du Nord. Un gigantesque pipe-line, traversant l'Alaska et le Canada, est en cours de construction. En dehors du fait que les Canadiens craignent qu'un accident fasse courir des risques énormes à la faune et à la flore de l'ouest de leur pays, la construction de cet oléoduc pose d'énormes problèmes d'ordre topographique : nombreux fleuves et montagnes à traverser. Alors, pourquoi ne pas utiliser des tankers d'une très forte capacité (de l'ordre de cinq cent mille tonnes) qui disposeraient en même temps de l'équipement d'un brise-glaces ?

A ce sujet, il sera intéressant de voir si et quand l'expérience réussie en 1971 par le pétrolier *Manhattan* sera de nouveau tentée. Si ce projet paraît actuellement mis en sommeil, c'est que les risques qu'il présente sur le plan écologique sont certains.

Les Canadiens ont poussé un cri d'alarme : si un jour l'un de ces tankers fait naufrage, non seulement l'immense nappe de pétrole va tout polluer, mais elle risquera de faire fondre la glace de la banquise qui, par endroits, atteint une épaisseur considérable. Dans ces conditions a-t-on le droit de continuer à utiliser le passage du Nord-Ouest ? Il est à peu près certain que le pipeline transaméricain le rendra bientôt inutile... Jusqu'à ce qu'un impératif nouveau fasse de sa réouverture une nécessité.

Le pôle a désormais été atteint par tous les moyens de transport imaginables, même par sous-marin. Le 3 août 1958, le *Nautilus*, le premier submersible atomique américain passe au-dessous. Neuf jours plus tard, c'est le *Skate* qui réussit à y *émerger* en cassant la couche de glace et en passant à travers.

Mais après ce nouvel exploit de la technique moderne, le pôle ne servirait à nouveau à rien s'il n'était devenu un lieu géographique de passage intensif.

Intensif est bien le mot ! Le silence et le calme ne règnent plus dans le désert blanc. Car l'aviation a gagné la partie et le pôle Nord est devenu le plus important point de transit aérien entre l'Asie et l'Europe, puisque le chemin le plus court passe par lui. Si Peary ressuscitait et se rendait de nouveau au pôle, il ne pourrait plus dormir sous les étoiles, il serait assourdi par les vrombissements des jets dépassant le mur du son, il serait réveillé par les réacteurs dont le vacarme se répercute à l'infini, aux quatre coins de l'immensité blanche.

LE POLE SUD
au cœur du sixième continent

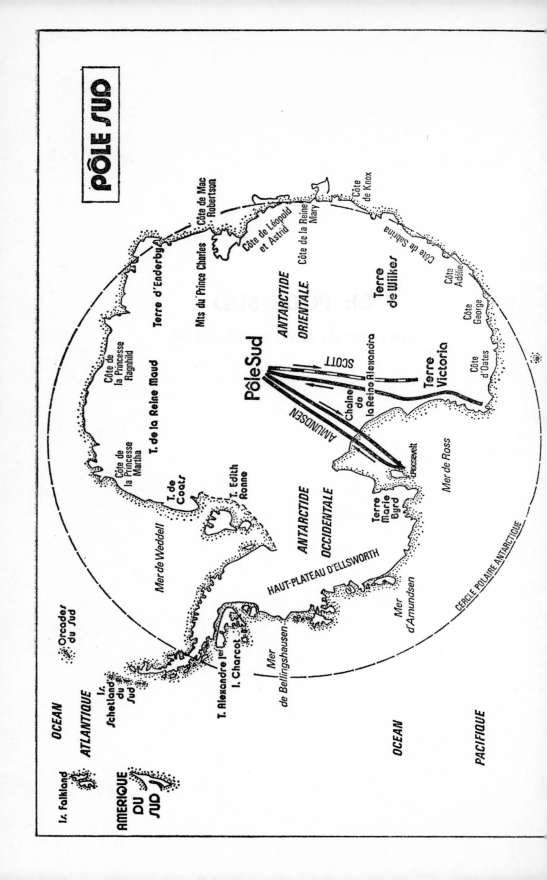

PÔLE SUD

L'histoire de la découverte du pôle Sud — je dis bien la découverte, car il ne s'agit pas seulement d'une conquête — est la grande aventure d'hommes amoureux, épris de la région la plus inconfortable du monde, qui attire pourtant irrésistiblement ceux qui en ont fait la connaissance.

Comme toute aventure amoureuse, celle-ci met en jeu une maîtresse — exigeante —, deux soupirants — Scott et Shackleton — et un rival heureux : Amundsen.

Robert Falcon Scott et Ernest Shackleton sont tous deux Anglais mais extrêmement différents l'un de l'autre. Scott est un officier de marine, un homme doux, précis, amoureux de la nature. Il est marin parce qu'en Angleterre, un garçon bien né s'oriente vers la marine, mais il aurait aussi bien pu être propriétaire terrien. Et toute sa vie — il en mourra peut-être — il a aimé les animaux et particulièrement les chiens.

Ernest Shackleton, lui, est un aventurier. Il n'est pas issu de la marine de guerre, de la *Navy*, mais de la marine marchande. C'est un véritable aventurier au sens noble du terme, qui rappelle par bien des aspects le grand Stanley. Ressemblance accentuée par le fait que Shackleton a été lui aussi journaliste.

Complétons le trio en parlant d'Amundsen, le Viking, le merveilleux pirate, l'homme aux traits burinés, qui a commencé comme matelot de pont et qui actuellement navigue sur les mers froides du cercle arctique et s'efforce de vaincre le pôle Nord.

Amundsen aime par-dessus tout travailler en équipe, comme beaucoup de Norvégiens, comme leurs illustres prédécesseurs, les conquérants Vikings, comme, plus tard, Thor Heyerdahl et les hommes du *Kon-Tiki*.

C'est à ces trois hommes que l'on devra la découverte, l'exploration, la connaissance et la description géographique de la région du pôle Sud, grâce à la compétition à laquelle ils vont se livrer. Parce qu'arriver le premier au pôle Sud, c'est une consécration, c'est véritablement la victoire sur la difficulté, cette difficulté à laquelle les hommes aiment tant se mesurer.

Pourquoi escalade-t-on l'Himalaya, pourquoi cherche-t-on à faire le tour du monde à la voile en solitaire, pourquoi, alors que l'on peut emprunter le canal de Panama, recherche-t-on la difficulté en passant par le cap Horn ? Parce que l'homme aime trouver des obstacles sur son chemin et les vaincre. Parce que c'est la « conquête de l'inutile » qui fait sa grandeur.

Au début du XXe siècle, on assiste encore à de grandes discussions à propos de la nature du pôle Sud. Depuis que l'on sait que la banquise du nord est une mer, certains ont du mal à admettre l'existence d'un continent au sud. A cet égard, quand on voit un homme aussi précis que Jules Verne donner son interprétation du pôle Sud, on a un aperçu de ce que pensaient un certain nombre de scientifiques à l'époque. Ceux-ci estimaient généralement qu'au-delà d'une barrière terrestre composée d'îles, ou même peut-être d'un continent de forme circulaire ou semi-circulaire, on allait trouver, en allant plus loin vers le sud, un climat plus clément et une mer libre, sur laquelle on pourrait naviguer. Dans un livre merveilleux, *le Sphinx des glaces*, qui constitue une sorte de suite des *Aventures d'Arthur Gordon Pym* d'Edgar Poe, Jules Verne fait progresser ses héros vers le pôle et rencontrer la mer. Dans le même ordre d'idées, dans *Vingt mille lieues sous les mers*, le *Nautilus* du capitaine Nemo fait surface au pôle Sud, au milieu d'une mer de glace fondue. Ce n'est qu'ensuite, lorsqu'il va replonger, qu'il va être repris par les glaces qui risquent de le broyer.

Quand la *Discovery* quitte Londres début août 1901, on ignore encore à peu près tout de l'Antarctique. On ne sait absolument pas où l'on va, on n'a à peu près aucune idée de ce que l'on va trouver — Cook n'ayant fait que pressentir un continent antarctique. A bord de la *Discovery*, trois personnalités : Scott, qui dirige l'opération, le Dr Wilson, et Shackleton. Trois hommes qui, après Cook, seront les premiers grands découvreurs du continent austral.

En janvier 1902, la *Discovery* mouille dans la baie de McMurdo et on met plusieurs semaines à débarquer le matériel. Janvier, c'est le plein été austral, donc l'époque où il est le plus facile de voyager. L'expédition s'installe sur la côte et constitue un camp de base [1].

Scott s'est muni d'une grande quantité de vivres, et même de nourriture fraîche, sous la forme d'une cinquantaine de moutons vivants. Il a évidemment des chiens, mais en quantité nettement insuffisante.

En novembre, il décide de lancer un premier raid en direction du Sud. A la fin de chaque étape, il faut prévoir un temps suffisant pour installer le campement. Il n'est pas question de construire des igloos [2], ce serait trop long : il faut camper sous la tente, dans des sacs de couchage extrêmement chauds pour résister à des températures très basses. Comme c'est l'été austral, il ne fait jamais nuit, du moins pendant la plus grande partie de l'expédition. Le problème de l'alimentation est assez difficile à résoudre. N'oublions pas en effet qu'à l'époque, on ne disposait pas comme actuellement de moyens de conservation des aliments contenant des vitamines. Les rations étaient essentiellement composées de pemmican — viande séchée — et de divers aliments déshydratés. Peu de vivres frais, donc menace de scorbut.

Par ailleurs, Scott est déchiré à la vue de ces chiens devenus bêtes de somme, qui traînent à grand-peine le lourd matériel et les vivres de l'expédition. Il va alors se produire un fait unique

---

1. — La constitution de ces camps de base est absolument indispensable lors d'une expédition polaire. A ce propos, il n'est peut-être pas inutile de savoir qu'il existe un bon moyen de faire fortune, pour un explorateur : partir à la recherche des vivres mis en dépôt au cours des expéditions polaires antérieures à la Seconde Guerre mondiale. Pourquoi ? Parce qu'à l'heure actuelle, la science cherche à savoir quel était la radio-activité naturelle des poissons, avant que l'homme ne la modifie par les explosions nucléaires et le rejet de déchets atomiques dans la mer. Un seul moyen d'obtenir cette information — peut-être capitale pour l'avenir de l'humanité — : trouver du poisson dont on puisse être sûr qu'il a été mis en conserve antérieurement à la période où les essais nucléaires ont radicalement modifié toutes les données concernant la radio-activité naturelle des êtres vivants. Une boîte de thon ou de sardines, « oubliée » au cours d'une expédition de Scott, de Shackleton ou d'Amundsen, doit aujourd'hui valoir son pesant d'or, au sens littéral du terme.

2. — Qui souvent sont formés de blocs de neige compacte et non de glace, comme on le croit habituellement.

dans les annales de l'exploration : on va multiplier par trois le chemin à parcourir, pour ne pas trop charger les animaux. On va partager le chargement en trois, diviser chaque étape en trois parties et venir chercher à trois reprises ces tiers de chargement avant de poursuivre vers l'étape suivante. Si bien qu'on arrive à parcourir une trentaine de kilomètres par jour, tout en ne progressant que de sept ou huit kilomètres vers le sud. Quand on sait que dans ces régions, même pendant l'été austral, les températures oscillent entre — 15° et — 20°, on peut aisément comprendre que lorsqu'ils s'arrêtent pour établir leur campement, les hommes sont à la limite de l'épuisement.

Le 20 décembre, Shackleton est atteint de scorbut. Les vivres étaient-ils de mauvaise qualité ? C'est plus que probable, car les chiens eux aussi supportaient mal leur nourriture.

Scott déclarera : « J'aurais dû mieux surveiller la qualité de la nourriture des hommes et des bêtes, car là-bas la survie en dépend. » Bien que malade, Shackleton insiste pour continuer vers le sud. Mais il dort très mal, commence à perdre ses dents, est fréquemment pris d'hallucinations et de douleurs abdominales insupportables. Il s'entête à vouloir continuer mais il est clair qu'il ne pourra pas aller beaucoup plus loin.

Ce sont Wilson et Scott qui vont lui sauver la vie en décidant de revenir en arrière — bien que se sentant eux-mêmes en état de poursuivre leur progression. Ils abandonnent uniquement pour sauver Shackleton. Et cela, Shackleton ne l'oubliera jamais, même s'il adopte plus tard un comportement discutable vis-à-vis des deux hommes.

Voilà donc les membres de l'expédition de retour au camp de base, en janvier 1903. Là, Shackleton, remis sur pied tant bien que mal, va repartir vers l'Angleterre à bord du *Morning*, qui est venu apporter les vivres frais dont l'expédition avait tant besoin.

Scott effectuera quelques autres raids et regagnera Londres en janvier 1904. Sans grande importance apparente, cette expédition porte pourtant en elle le germe de tous les drames à venir. Des options ont été prises, des séparations d'hommes se sont produites, qui vont déclencher la grande course, le grand combat qui verra la victoire pour certains, la défaite ou la mort pour d'autres. En Grande-Bretagne, l'accueil fait à Scott est mitigé. Comme c'est toujours le cas au retour d'un voyage de ce genre, il a affaire à des gens qui se sont à peine risqués au-delà des limites de leur quartier, qui sont restés, comme le disait un jour Tazieff, « le cul sur leur chaise » et qui jugent avec sévérité les hommes qui n'ont pas vraiment réussi à réaliser ce qu'on espérait d'eux, mais qui ont payé de leur personne, qui ont regardé le danger en face et qui ont souffert.

Scott n'ayant pas réussi (il ne sait même pas si le pôle est sur mer ou sur terre), la Marine décide de ne plus organiser d'expéditions polaires. Plus de dépenses inutiles, décide l'Amirauté.

Scott rêve de retourner dans l'Antarctique et d'être le premier homme à atteindre le pôle Sud, mais, en officier discipliné qu'il est, il s'incline devant cette décision.

Il ne partira donc pas, il restera en Angleterre. En automne 1908, il se mariera et sa femme se montrera admirable de dévouement et d'affection pour lui.

Shackleton, lui, s'est juré de repartir. Pendant que les uns soignent leur santé et que les autres mettent au point de nouveaux projets, d'autres nations commencent à s'intéresser à l'Antarctique. Particulièrement la France. En 1904, Charcot, qui, pour nous **Français**, deviendra l'homme du Nord, lance son *Français* dans l'Antarctique et découvre une terre à laquelle il donne — en bon républicain qu'il est — le nom du président de la République d'alors, Loubet.

Contrairement à Scott, que la Marine ne veut pas laisser partir, Shackleton est libre. Il se lance un peu dans la politique et, candidat malheureux à une élection, devient journaliste. Puis il travaille pour un industriel et essaie par tous les moyens de réunir les fonds nécessaires au financement d'une expédition. Au bout du compte, son patron, l'industriel, estime que ce voyage constituera pour lui une excellente publicité et accepte de l'aider. Le but avoué de Shackleton est, cette fois, d'atteindre le pôle, et non plus seulement de reconnaître un itinéraire. Son expédition va durer du 1er janvier 1908 au 25 février 1909.

Scott prend très mal l'annonce de son départ. Alors que lui-même se heurte au veto de l'Amirauté, il voit partir son ex-compagnon qui va peut-être lui ravir la gloire d'être le premier au pôle Sud. L'officier de marine va réagir d'une façon assez dure. D'une part, il empêche de partir le Dr Wilson, à qui Shackleton a proposé de l'accompagner, en faisant appel à « leur vieille amitié ». D'autre part, il fait promettre à Shackleton qu'il n'utilisera pas la voie que lui, Scott, a redécouverte. Et Shackleton donne sa parole. Au début de l'expédition, il tient les engagements qu'il a pris vis-à-vis de Scott. Il essaie d'accoster dans la baie des Baleines, nettement plus à l'ouest que celle de Scott. Malheureusement toutes ses tentatives sont vouées à l'échec, car c'est de l'*icefield* — de la glace — qu'il trouve devant lui, et non la terre ferme. S'il aborde à cet endroit, il risque de perdre son navire — le *Nimrod* — lorsqu'aura lieu la débâcle.

Comme le sort de l'expédition et la sécurité de l'équipage sont en jeu, il ne peut faire autrement que de revenir sur ce terrain qu'il connaît bien : il ordonne donc de débarquer sur la terre de Scott près du mont Erebus. Hivernage, puis départ vers le sud avec quelques chiens et surtout des poneys, qui vont très vite mourir en route. Car l'option « poneys » a été maintenue : les Anglais y tiennent.

L'expédition atteint la montagne avec des sommets culminant aux environs de trois mille mètres et des cols situés à près de deux mille mètres d'altitude. Les montagnes, Shackleton les franchit, ce qui représente déjà un formidable exploit dont on peut tirer deux conséquences capitales. *Primo* : seule une expédition par voie de terre a une chance d'atteindre le pôle Sud ; *secundo* : il est maintenant bien établi que ce même pôle est localisé sur un continent, et non en mer.

Bien qu'il touche presque au but, Shackleton ne sera pas le premier homme à atteindre le pôle. Impossible d'effectuer les deux cents derniers kilomètres : ses poneys sont morts et il doit, avec ses trois compagnons, tirer lui-même les traîneaux qui transportent environ cent cinquante kilos de matériel et de vivres. Au terme d'un voyage de retour harassant, il réussira à regagner la baie d'où le *Nimrod* va le ramener en Europe.

Shackleton rentre en Angleterre sans avoir remporté la victoire tant espérée, mais la foule de renseignements précis qu'il rapporte se révéleront d'une utilité capitale pour ses successeurs.

Scott l'accueille très bien. D'abord parce que le pôle reste à découvrir, mais surtout parce que l'Amirauté vient de l'autoriser à repartir. Il doit ressentir une certaine satisfaction par ailleurs en constatant que Shackleton est désormais trop éprouvé pour constituer à l'avenir un concurrent sérieux. Maintenant que tous les moyens les plus modernes sont mis à sa disposition, il ne doute pas un seul instant que la victoire est à sa portée. Il est tranquille et prépare méthodiquement son expédition, comme s'il s'agissait d'un voyage d'exploration en Afrique : matériel terriblement lourd, tracteurs, peu de chiens mais encore et toujours des poneys, énormément de vivres. Il a tout son temps.

C'est du moins ce qu'il croit. Car voilà que l'inattendu se produit.

Shackleton, qui a été reçu en Europe comme le grand voyageur qu'il est, avec beaucoup d'admiration et d'intérêt, donne une série de conférences à travers le monde. Un jour, il trouve devant lui un auditeur particulièrement intéressé en la personne de Roald Amundsen, l'explorateur de la banquise Nord.

Or, il se trouve qu'Amundsen a participé avec Nansen, Norvégien lui aussi à la conception d'un merveilleux bateau spécialement construit et équipé pour résister aux glaces et servir de base d'hivernage.

Il se trouve également que le *Fram* est prêt pour une expédition polaire arctique. Dès lors, Amundsen décide : « Au lieu du nord, ce sera le sud ».

Ne mettant que de rares privilégiés dans la confidence, le Norvégien part pour le continent antarctique, très peu de temps après que l'expédition de Scott ait quitté l'Angleterre.

Amundsen, qui est parti de Norvège, et Scott, qui a fait étape en Nouvelle-Zélande, convergent donc vers le même objectif : le pôle Sud. Amundsen sait que la course est engagée, alors que Scott ne le soupçonne pas encore. Arrivant par l'Atlantique, Amundsen vient débarquer dans la baie des Baleines d'où Shackleton avait tenté de gagner la terre lors de son expédition précédente. Scott, lui, est évidemment revenu dans la baie de McMurdo qu'il connaît parfaitement.

Amundsen a vite fait de débarquer : il n'a que quatre compagnons, des vivres en quantité suffisante, et surtout une centaine de chiens. Il a choisi la mobilité en constituant une équipe peu nombreuse, facile à nourrir et à déplacer. Scott, lui, peut compter sur les gros moyens mis à sa disposition par la Royal Navy, et sur les dix-sept hommes placés sous son commandement.

Le 4 février 1911, le navire de Scott va explorer cette barrière de glace qui est située devant le continent, et trouve, dans la baie des Baleines, l'expédition d'Amundsen. Scott n'est pas à bord, il est resté à terre, à son camp de base. Mais Amundsen monte sur le navire de l'Anglais et est invité à déjeuner par le capitaine qui, quelques jours plus tard, annoncera à Scott que la course est commencée.

Scott ne s'inquiète pas. Il est tellement sûr de ses moyens. Et puis, il connaît l'Antarctique, lui.

Durant le long hivernage, Amundsen ne va pratiquement rien faire. Il va simplement se reposer, refaire ses forces, soigner ses chiens, se tenir prêt à partir le plus vite possible, dès que la saison le permettra.

Scott, lui, va se fatiguer. Son ami, le Dr Wilson, qui est une fois de plus du voyage, est un explorateur doublé d'un naturaliste, qui désire rapporter en Angleterre des œufs de manchot-empereur. Ces œufs, Scott et lui iront les chercher vers la terre de Crozet, qu'ils exploreront. Ce voyage va évidemment les fatiguer, user leurs vivres et diminuer leurs moyens.

Et, lorsqu'arrive enfin le mois de septembre, qui marque le début du printemps austral, Amundsen *est* fin prêt. Scott *se croit* prêt. C'est le départ de la course dans laquelle il va falloir jeter toutes ses forces et que nous allons devoir décrire jour après jour.

Amundsen a préparé un raid ; Scott, une expédition. Amundsen n'a rien laissé au hasard et surtout il ne fait pas de sentiment. Il a beaucoup de chiens, dont les Eskimos lui ont appris à tirer le meilleur parti. Au début, il va les utiliser uniquement pour le transport.

Premier départ, le 8 septembre 1911, mais il fait bien plus froid que prévu, et le retour est précipité, une semaine plus tard. Nouveau départ, le 19 octobre. Cette fois, c'est le bon. On aborde la montagne, on escalade, et une fois au sommet, on s'installe sur les traîneaux et on se laisse tirer par les chiens. Les hommes n'ont rien à porter, rien d'autre à faire qu'à donner régulièrement à manger aux chiens. Sans à-coup on se dirige vers le pôle. Le 7 décembre est dépassé le point qu'avait atteint Shackleton et le 14 décembre 1911, c'est la victoire.

Amundsen est au pôle.

Après avoir planté le drapeau norvégien, on monte le campement et on attend trois jours. Après quoi, Amundsen plie bagages, ne laissant sur place qu'une tente avec, à l'intérieur, une lettre adressée à Scott. Une lettre merveilleuse, amicale, mais aussi une lettre terrible dans laquelle le vainqueur souhaite la bienvenue au vaincu.

Retour vers la base de départ. Nouvelles difficultés sur le plan de la nourriture. Qu'à cela ne tienne. Amundsen n'est pas un sentimental, bien qu'il aime peut-être autant les animaux que Scott. Comme il manque de vivres pour les chiens, il en tue régulièrement quelques-uns et donne leur chair à manger aux autres. On est loin de la mentalité de Scott, de Shackleton et de Wilson qui préféraient charger les hommes pour éviter aux chiens de trop souffrir.

Dans ces conditions, Amundsen regagne très vite sa base. Il retrouve le *Fram* une cinquantaine de jours après avoir quitté le pôle.

Pendant ce temps-là, le pauvre Scott est engagé dans la plus terrible des parties. Ses poneys n'avancent guère. Il met trente-sept jours pour traverser l'icefield. Amundsen en a mis vingt-quatre. Il a fallu à Amundsen cinquante-neuf jours pour atteindre le pôle. Il en faudra quatre-vingts à Scott qui y parviendra un mois après qu'Amundsen en soit parti. L'Anglais voit flotter le drapeau norvégien, il voit la tente, trouve le petit mot qu'Amundsen lui a laissé, qui concrétise sa défaite. Sa défaite ? Mais non ! Scott pourrait être heureux d'avoir enfin vaincu le pôle, grâce à un engagement physique et moral total. Ce raisonnement, Scott ne se le tient pas : la seule vérité, c'est qu'il a été devancé par un Norvégien. On est extrêmement nationaliste pendant cette période qui précède l'affrontement de la Grande Guerre. Aux yeux de Scott, l'Angleterre est tout. Il pense au peuple anglais. Plus tard, il écrira que c'est de sa faute à lui si le peuple anglais vient de perdre la bataille du pôle.

Il est au comble du désespoir. Il a pris de très gros risques pour arriver au but, ce qui lui a fait perdre en route les principaux moyens de l'expédition. Il ne reste plus que les traîneaux. Plus de chiens. Les poneys n'ont pas résisté ni à la fatigue ni au froid. Si on a pu parler de « raid » pour Amundsen — qui n'avait entre la baie des Baleines et le pôle que douze cents kilomètres à parcourir — il n'en a pas été de même pour Scott, dont l'itinéraire était plus long de trois cents kilomètres. Trois cents kilomètres de plus au retour, donc.

Le moral de toute l'équipe de Scott est au plus bas. Or — nous ne le répéterons jamais assez — dans ce type d'aventure, le moral est tout. Qu'il s'agisse d'un naufragé dans un canot de sauvetage, d'un homme enfermé dans un camp de concentration ou d'un voyageur engagé dans une expédition d'une difficulté incroyable, un individu ne résistera au désespoir et à la mort que dans la mesure où il croira que cela en vaut la peine. Et pour Scott, plus rien ne vaut la peine, pas plus que pour ses

199

compagnons. Ils vont donc se traîner, peu à peu vidés de leur énergie, pendant l'interminable voyage de retour.

Les cinq hommes repartent du pôle le 19 janvier 1912 pour essayer de regagner le camp de base. Le 23 janvier, Evans est malade. Les hommes tombent, se blessent. Le 13 février, Evans est tellement affaibli qu'il n'a plus la force de participer à l'installation du campement. Or, ne pas monter la tente, sans laquelle on ne peut se réchauffer, c'est déjà se condamner à une mort certaine.

Trois jours plus tard se déclare le premier cas de folie. Evans délire. Il se croit rentré en Angleterre, il ne sait plus où il va, on est obligé de le porter, de le diriger. C'est un poids de plus pour ses compagnons déjà épuisés. Le 24 février, plus de combustible. On perd le moyen de se chauffer, alors que dans cette région plus que dans n'importe quelle autre, la chaleur c'est la vie. Wilson, le fidèle Dr Wilson, perd la vue. Les autres doivent faire sa part de travail et le guider dans le blizzard qui mord constamment les membres de l'expédition.

Très rapidement, devant ses hommes à la limite de la résistance humaine, mourants, Wilson aveugle, Evans fou, Scoot, qui lui-même n'y croit plus, comprend que tout est pardu. Le 10 mars, les survivants sont tellement affaiblis qu'ils ne savent plus quoi faire.

Une grave question se pose : si l'on abandonnait Evans, le reste de l'expédition progresserait beaucoup plus vite et aurait une chance d'atteindre le prochain dépôt de vivres, tout proche désormais. Une simple piqûre suffirait à abréger l'agonie de cet homme qui, de toute façon, est condamné.

Un grand débat de conscience agite ces mourants, à l'issue duquel on décide que, manifestement, des gentlemen ne peuvent agir ainsi. Ils emmèneront leur compagnon. Et drame affreux, il est probable que s'ils l'avaient laissé sur place et gagné ne serait-ce que quelques heures, ils auraient pu atteindre le dépôt et revenir ensuite le chercher. Car ce dépôt de vivres, à peine distant d'une vingtaine de kilomètres, ils ne l'atteindront jamais. Jamais ils n'auront accès à ces provisions de nourriture, de médicaments et de combustible qui se trouvent pourtant à leur portée. Ils renoncent à aller plus loin et dressent leur dernier campement, celui où ils vont mourir. Mourir de fatigue, d'épuisement mais aussi de désespoir.

Sachant qu'on retrouvera son cadavre, Scott rédige ses dernières lettres, à sa femme, à ses amis, à l'Amirauté. Mais son testament le plus bouleversant, c'est sans doute le message qu'il adresse à la nation anglaise. A travers ses quelques lignes, on se rend compte à quel point cette certitude de servir l'Angleterre était à la base de sa conviction, de son courage et de sa combativité :

« Dans cette entreprise, si nous avons donné nos vies, c'est pour l'honneur du pays. Eussions-nous vécu, le récit que j'aurais fait des souffrances, de l'énergie et du courage de mes compagnons aurait ému tous les cœurs anglais. Ces notes et nos cadavres raconteront notre histoire. Mais sûrement un grand et riche pays comme le nôtre assurera convenablement l'avenir de nos proches. Signé : Robert F. Scott. »

Ces notes et nos cadavres. Quel étonnant témoignage ! Car ces notes constituent un véritable journal, tenu presque heure par heure, qui décrit toute l'expédition, du bonheur du début au malheur de la fin. Il témoigne d'une façon bouleversante de l'agonie de tout un groupe d'hommes qui ont cru vaincre et qui ont vu la victoire s'échapper de leurs mains. Ces notes, elles restent gravées dans la mémoire de tous les écoliers anglais, qui les connaissent presque par cœur.

Quelques mois plus tard, une mission spécialement chargée de les rechercher retrouvera les cadavres de Scott et de ses compagnons et les ramènera en Angleterre.

Amundsen, le triomphateur, est reçu avec une joie immense par toute l'Europe et par son pays, la Norvège. C'est le grand bonhomme des pôles, vers le nord et au pôle Sud. L'annonce de la mort de Scott l'a bouleversé. Une certaine presse porte contre lui des accusations indirectes, alors qu'il n'a rien fait pour provoquer la mort de l'explorateur anglais. Ce n'est pas lui qui a tué Scott. Ce qui a tué Scott, c'est le fait que sa préparation ne correspondait pas au genre d'expédition qu'il allait entreprendre. Les Anglais mettront cependant plusieurs années à admettre cette vérité et à reconnaître les mérites du Norvégien.

Est-ce que Shackleton, le rival un moment heureux, a poussé, par son action, Scott à partir trop tôt ? Non ! Disons simplement que Scott n'était pas un grand explorateur polaire. C'était un grand monsieur, un homme courageux et intelligent, mais ces qualités ne suffisent pas. Encore faut-il que la furia, la fougue, l'esprit d'aventure, permettent de franchir les pires obstacles, aussi bien physiques que moraux. Scott était un officier de marine, un bon officier de marine, mais ni un Nelson ni un Suffren pour mener à bien une expédition qui demandait avant tout un esprit inventif. C'est en fait parce qu'il a manqué d'esprit d'initiative, en s'en tenant à programmer à trop court terme, que Scott est mort. En laissant tout de même un exemple extraordinaire de courage et de dignité.

Que sont devenus les autres protagonistes de cette aventure ?

Shackleton s'est conduit de façon admirable. Partout, il a défendu la mémoire de Scott, sans jamais laisser passer une occasion de raconter son dernier voyage. Puis il a repris sa vie d'explorateur polaire. Les années 1916-1918 le voient accomplir plusieurs missions de reconnaissances. Pendant quatre cents jours, il va contourner le continent austral, ce qui va lui permettre de définir la géographie d'une grande partie de ces régions, enfin **connue aujourd'hui**. Il est vrai que les cartes tes de l'Antarctique dont nous disposons actuellement sont bien incomplètes ! Si la topographie de certains secteurs a été relativement bien définie par des gens comme Scott, Shackleton ou Amundsen, il n'en reste pas moins que d'immenses étendues vierges sont encore à explorer. Beaucoup de travail reste à accomplir. Ce travail, Shackleton va en faire plus que sa part, jusqu'à son dernier souffle, puisqu'il mourra, en 1922, sur un bateau qui l'emmenait vers le Sud.

Et Amundsen, l'amoureux comblé ?

Celui que certains avaient traité d'égoïste, et que d'autres avaient rendu responsable de la fin tragique de Scott, va mourir pour sauver d'autres hommes.

Le 18 juin 1928, alors qu'il est parti à la recherche des survivants éventuels de l'expédition du général Nobile, à bord d'un hydravion prêté par la France, son appareil se perd dans le brouillard de l'Arctique, et jamais plus on n'entendra parler de lui.

Il a disparu dans le mélange d'eaux glacées, de brumes, d'air et de vapeurs qui recouvre le pôle.

Amundsen n'est pas mort, il s'est effacé.

LE POLE SUD

La conquête du pôle Sud ? Une grande aventure mais aussi une histoire d'amour qui finit mal, puisque la maîtresse particulièrement exigeante tue ses trois amants l'un après l'autre, après avoir comblé tous leurs vœux.

PYTHEAS

les chemins de Thulé

A Ferdinand Lallemand mon ami, sans qui ce récit n'aurait jamais été rédigé.

Pour un homme du XXe siècle, l'histoire de Pythéas est incroyable. Elle constitue une aventure si extraordinaire que, même à l'époque où elle s'est déroulée, personne n'y a cru.

C'est aussi une histoire marseillaise... et pourtant vraie. C'est le récit du voyage, de l'exploration de Pythéas le Massaliote, du navigateur dont les Marseillais qui le connaissent (ils sont rares) sont maintenant assez fiers pour avoir donné son nom à une rue de leur cité. Rue est un bien grand mot ; ruelle plutôt qui va du Vieux-Port à la place de Beauvau, et ne comporte que cinq à six maisons tout au plus.

Est-ce à dire que Pythéas n'était pas vraiment un homme important ? Ce que nous savons de son histoire devrait nous amener à répondre par l'affirmative.

L'événement a lieu au IVe siècle avant Jésus-Christ, il y a plus de deux mille trois cents ans. A l'époque, les Grecs connaissent dans bien des domaines des quantités de choses que l'on va oublier par la suite.

Ainsi, ils savent parfaitement que la terre est un globe : ils ont observé que les mâts d'un bateau mettent plus de temps à disparaître à l'horizon que sa coque et en ont déduit la rotondité de la Terre.

Il faut insister sur cette vision du monde, totalement différente de celle que nous a transmise la tradition égyptienne de la Terre plate. Les Egyptiens étaient des terriens. S'ils utilisaient le mot « navigateur », s'ils employaient le mot « pilote » appliqué au pharaon, « pilote de la nation », c'était au pilote du Nil, c'est-à-dire d'un fleuve, et non au pilote de la mer qu'ils faisaient allusion. La mer était, pour eux, la grande inconnue, tandis que pour les Grecs, elle était l'élément primordial qui leur permettait de travailler et de commercer.

Mais, au IVe siècle avant notre ère, les Grecs ne sont pas les seuls sur la Méditerranée, et hors d'elle ils ne sont présents nulle part : les Puniques (les Carthaginois) dominent le commerce de la Méditerranée, et peu à peu les Grecs ont vu reculer leur domaine d'exploration, de voyages, de commerce vers les côtes de l'Europe. Les rivages de l'Afrique leur sont de plus en plus fermés car les Puniques, gens combatifs, possèdent une marine de guerre bien plus puissante et efficace que la leur. La grande force des Puniques réside dans le fait qu'ils ont su s'unir alors que les Grecs, on le sait, sont divisés en nations, en villes indépendantes qui se combattent les unes les autres plutôt que de s'entendre pour lutter contre les Carthaginois. En outre, Carthage vient, peu auparavant, de renforcer considérablement sa puissance après la destruction de Tyr, au Proche-Orient, conquise par Alexandre. Toute la flotte phénicienne est alors venue s'ajouter à celle de Carthage, qui devient ainsi la plus puissante du monde connu.

Les Carthaginois ont alors profité de leur suprématie pour fermer les accès de la Méditerranée. Ils ont bouclé les Colonnes d'Hercule en y plaçant deux postes de surveillance — l'un à Gadès (Cadix) et l'autre à Tangis (Tanger) — d'où ils arraisonnent ou coulent impitoyablement tous les vaisseaux qui tentent de pénétrer dans l'océan Atlantique.

Or les Grecs se sentent à l'étroit à l'intérieur de la Méditerranée.

Leur commerce dépend considérablement des pays du Nord, essentiellement en ce qui concerne l'ambre et l'étain : l'étain allié au cuivre est indispensable pour fabriquer le bronze des armes, et l'ambre est précieux pour toutes sortes de raisons dont certaines demeurent encore mystérieuses [1].

Les Grecs doivent donc tout faire venir par la terre ou par les fleuves et ils n'ignorent pas, car ce sont d'excellents naviga-

---

1. — L'ambre était évidemment utilisé couramment par les parfumeurs et les teinturiers de l'Antiquité mais il avait aussi probablement des vertus magiques. Quoi qu'il en soit, il coûtait extrêmement cher.

teurs, qu'un bon bateau peut emporter la cargaison d'une dizaine, d'une vingtaine de caravanes. Ils vont donc essayer de passer par l'Orient, ne pouvant plus sortir en Occident vers l'Atlantique. Ils vont chercher à monter vers le nord en empruntant les détroits des Dardanelles et du Bosphore, pour gagner le Pont-Euxin, notre actuelle mer Noire. Là ils vont chercher un fleuve qui, selon certains récits, communique avec la Ba-Altis, c'est-à-dire la mer Baltique.

A l'origine de cette croyance, la légende de Jason, la fameuse légende de la Toison d'Or. A bord de l'*Argos*, Jason est, paraît-il, arrivé, remontant un fleuve qu'il a appelé le Tanaïs (le Don), jusqu'à la Ba-Altis, la « mer noble », d'où proviennent l'ambre et l'étain.

A cette époque où leur commerce est florissant, où ils cherchent de nouveaux débouchés pour leurs marchandises et de nouvelles voies pour acheminer les matières premières nécessaires à leur industrie, les Grecs se trouvent donc bloqués en Méditerranée. Par ailleurs, les Puniques renforcent leurs positions sur toutes les côtes européennes et surtout dans le sud de l'Espagne. Les Grecs ont bien installé des postes, mais ceux-ci sont surveillés de près par les Carthaginois.

Marseille est le grand port de l'époque. C'est là, en effet, qu'aboutissent toutes les caravanes venant du nord, qui descendent le Rhône et se retrouvent dans une ville florissante entre toutes et qui se demande comment elle va pouvoir étendre sa puissance.

C'est dans cette cité phocéenne, singulièrement prospère, que vit un mathématicien, un astronome du nom de Pythéas.

Pythéas est un savant. Il a observé les astres, il connaît la navigation par l'observation de la Grande et de la Petite Ourse, il connaît l'étoile polaire et il a acquis une certaine célébrité grâce à ses descriptions du ciel. Or, voilà qu'un jour, des voyageurs venus du nord lui apportent des nouvelles étonnantes. Il apprend ainsi qu'en été, dans les régions septentrionales, les jours sont beaucoup plus longs que les nuits, que la mer est sujette à des mouvements extraordinaires ; que régulièrement elle s'éloigne pour revenir tout aussi régulièrement.

Ce phénomène de la marée, l'homme de science qu'est Pythéas se dit qu'il faut aller l'étudier sur place. Il faut savoir s'il s'agit d'une légende issue de l'imagination d'un voyageur ou d'une réalité. Un scientifique digne de ce nom se doit de vérifier de tels renseignements. Pythéas demande donc aux autorités marseillaises s'il peut tenter, à ses propres risques, de franchir les Colonnes d'Hercule et de se rendre dans les pays du Nord par voie maritime.

Les consuls de la ville, les Timouques, sont hésitants. Bien sûr, pouvoir éviter d'acheter de l'ambre et de l'étain à grands frais les intéresserait beaucoup, car cela coûte très cher de les faire venir par voie de terre — quand on n'est pas contraint de les acheter aux Puniques, qui fixent les prix. Après tout, cette expédition pourrait se révéler rentable, ne serait-ce que sur le plan financier. Mais si les Timouques annoncent directement à Pythéas qu'il va travailler en commerçant, celui-ci refusera : la science le motive, non l'argent.

On va alors lui mentir. Et le flatter : il est un grand savant qui fait honneur à la cité et les Timouques de Marseille sont prêts à financer une expédition à caractère scientifique, pour la renommée de la ville.

Ayant reçu le feu vert, Pythéas va concevoir un bateau adapté aux conditions de l'exploration, qu'il prévoit très dures.

De leur côté, les autorités demandent que cette exploration prenne deux directions : celle du nord, évidemment, vers l'étain et l'ambre ; mais aussi celle du sud, vers l'or et l'ivoire. Car les commerçants puniques, eux, rapportent aussi d'Afrique l'or et l'ivoire. Ce sont donc deux bateaux qui vont partir et non un seul, avec chacun un capitaine. Ils vont essayer ensemble, à leurs risques et périls, de franchir les Colonnes d'Hercule et, au-delà, se séparer. L'un, commandé par Euthimènès, devra mettre le cap au sud, en longeant la côte de ce que l'on appelle alors la Nubie. Si tout se passe bien, il reviendra chargé d'or et d'ivoire. Les Timouques font croire à Pythéas — nommé capitaine du vaisseau se dirigeant vers le nord — que seul Euthimènès est chargé d'une mission commerciale, conçue pour « amortir » les frais de l'expédition scientifique conduite par le savant.

Pythéas conçoit un navire qu'on considérerait aujourd'hui comme un *fifty-fifty* [1], puisqu'il est fait pour marcher à la fois à la voile et à la rame.

Vingt-quatre rameurs, plus quatre hommes supplémentaires pour le cas où des relèves devraient être effectuées, sont triés sur le volet. Ce sont tous des hommes libres. Ce point est pri-

---

1. — Navire utilisant autant la voile que le moteur.

mordial : ces hommes vont voyager pour leur propre compte. S'ils font fortune en route, ce sera tant mieux pour eux, car ils ne sont pas des esclaves. A bord prend également place un traducteur. Les Grecs de Marseille étaient, on l'a vu, en rapports avec la Gaule et par conséquent avec la Bretagne. Ils connaissaient la langue bretonne, le keltique, la langue celte. Ce traducteur s'appelle Vénithat. Il fait partie des notables de la cité, bien qu'étant d'origine celtique. Ce dernier accepte d'accompagner Pythéas comme pilote, mais il le prévient qu'il ne connaît que la langue celtique et lui conseille, si l'expédition doit aller au-delà des côtes occidentales de la Gaule, de prendre sur place des pilotes qui parlent la langue de chacun des pays où l'on abordera. Pythéas comprend cette restriction et l'accepte.

Il faudra près d'un an de travail pour mettre au point l'*Artemis* [1], qui appareille un 1er avril vers 330 avant Jésus-Christ. Ce départ, Pythéas le considère comme la phase la plus dangereuse de son voyage, car il va s'approcher peu à peu des points les plus forts tenus par les Carthaginois en Méditerranée. Plus il va s'avancer vers les Colonnes d'Hercule, plus grands seront les risques d'être attaqué et coulé.

Il va donc faire escale dans tous les ports d'Ibérie tenus par les Grecs. C'est d'abord Agathapolis (Agde) d'où il va envoyer des espions chargés d'apprendre si les Puniques sont déjà prévenus de son départ, car il a très peur qu'on lui coupe la route. Puis il se rend à Rhodi (probablement Rosas). Le jour qui suit son arrivée dans ce petit port catalan, il reçoit en pleine face un vent épouvantable qu'il ne parvient pas à vaincre. Tous ceux qui ont navigué à la voile le long de la côte de France vers l'Espagne, ou de l'Espagne vers la France, ont dû passer le cap Creus. Ils savent qu'on a toujours le vent contre soi, de quelque direction qu'on vienne.

Pythéas va d'abord passer quarante-huit heures à Rhodi, puis encore vingt-quatre heures à Ampurias, dont les magnifiques ruines sont célèbres. La violence du vent l'empêche de poursuivre sa route.

Plus à l'ouest, un danger menace : Carthagène, Carthago Ago, c'est-à-dire la Nouvelle Carthage. C'est un port extrêmement puissant, déjà la première base navale de la Méditerranée (les Espagnols en ont depuis fait leur Toulon) devant laquelle Pythéas va tenter de passer sans se faire remarquer.

Pour ce faire, il va naviguer le plus souvent la nuit, ce qui

1. — Pour les Latins : Diane.

est tout à fait exceptionnel pour un Grec à cette époque. En règle générale, on voyageait le jour et la nuit on se reposait dans une crique. Mais Pythéas va baser sa navigation sur les étoiles, qu'il connaît parfaitement. De plus, pour mettre toutes les chances de son côté, il a fait peindre l'*Artemis* en noir !

Pour obtenir l'autorisation de modifier la couleur de sa coque, combien d'oppositions de prophètes et d'augures il a dû vaincre ! Le noir est en effet la couleur des dieux hostiles. Poséidon [1], le dieu des Mers, va être furieux, il va broyer ce bateau noir... L'obstination intelligente du savant a finalement eu raison des superstitions et l'*Artemis* est noire comme la nuit. Non content de ce premier succès, Pythéas a obtenu de colorer ses voiles en brun, ce qu'à l'époque on considérait comme un signe de deuil. Quand un navire revenait à Marseille avec des morts à son bord, on savait à l'avance, avant même qu'il n'atteigne le port, qu'on devait faire appel aux pleureuses, préparer les cérémonies funèbres, lorsqu'on voyait apparaître au loin la voile foncée [2].

L'*Artemis* avance prudemment vers les Colonnes d'Hercule. Elle mettra douze jours pour y parvenir. La suite du voyage montrera à quel point elle a vogué lentement : douze jours de Marseille à Gibraltar ! Quand on pense au temps que va nécessiter la suite du voyage !

Pythéas arrive en vue des Colonnes d'Hercule. Comment va-t-il faire échec à la vigilance des Puniques et déjouer leur surveillance ? En rusant, en essayant de se faire passer pour un Carthaginois.

Il va prendre en remorque le navire d'Euthimènès, comme si celui-ci constituait une prise qu'il emmène à Gadès. Remorquant le second bateau de l'expédition, l'*Artemis* passe en vue de Tangis et met cap au nord, comme si, habitué à passer le détroit, il se dirigeait vers Gadès.

La ruse ne trompe malheureusement pas tout le monde. Une grande nef phénicienne s'approche du petit convoi et semble avoir bien l'intention de savoir qui sont ces gens : des Puniques ou des Grecs ?

A toute éventualité, Pythéas a mis au point un stratagème extraordinaire, peut-être l'ancêtre du lasso ou des *bolas* qu'uti-

---

1. — Pour les Latins : Neptune.
2. — Comme dans la légende de Tristan et Yseut.

lisent les gauchos pour capturer les chevaux. Il fait préparer de longues cordes auxquelles sont fixés tous les cinquante centimètres environ des demi-anneaux de plomb. Lorsque la nef carthaginoise se trouve presque bord à bord, les hommes de l'*Artemis* lancent ces cordes plombées qui viennent s'enrouler autour des avirons et les immobilisent.

L'ennemi ne peut plus ramer ! Son navire est incapable de manœuvrer ! Sans perdre son sang-froid, le capitaine de la nef carthaginoise donne alors l'ordre de tirer sur ces agresseurs. Pythéas fait lui aussi viser le chef punique qui s'abat sur le pont quelques secondes plus tard, criblé de flèches.

La supériorité des Grecs sur les Carthaginois, désorientés par la perte de leur chef, éclate alors : c'est celle d'hommes libres ! Car ceux qui rament, à bord de la nef punique, sont eux aussi des Grecs, mais des esclaves, des prisonniers qui poussent des cris de joie quand ils se voient délivrés par des compatriotes. Ils sont libérés et la nef commandée par l'un d'eux est envoyée à Marseille pour annoncer la bonne nouvelle : les Colonnes d'Hercule sont franchies !

Quatorze jours après le départ, en plein Atlantique, les deux navires se séparent, comme prévu, Euthimènès se dirigeant vers le sud et Pythéas vers le nord.

L'*Artemis* longe les côtes de l'Ibérie (l'Espagne et le Portugal). Les hautes montagnes se voient de plusieurs milles et le navire peut rester en vue de la côte sans attirer l'attention des postes de vigie puniques, car quel Carthaginois irait imaginer qu'un bateau grec ose se risquer hors de la Méditerranée ?

Navigation sans histoire, semble-t-il. Ce qui peut paraître étonnant lorsque l'on sait que dans cette zone souffle presque en permanence un vent baptisé « mousson portugaise », venant du nord. *Presque* en permanence ! Pythéas avait longuement interrogé les gens qui connaissaient cette région : des prisonniers puniques aussi bien que des voyageurs terrestres. Il avait ainsi appris que le seul moment où la mousson portugaise fléchit légèrement et passe au sud se situe dans les mois d'avril et mai. Or nous sommes au milieu du mois d'avril et, comme l'espérait Pythéas, il a affaire à un vent avec lequel on peut s'arranger. D'autant plus qu'il a fait construire une sorte de bordé qui, utilisé en guise de dérive [1], lui permet de monter légèrement dans le vent.

---

1. — Dérive : fausse quille souvent escamotable qui empêche le bateau de dériver et lui permet de monter dans le vent.

On longe donc la côte d'Ibérie jusqu'au cap Finisterre. Là, lorsque la terre se dérobe vers l'est, Pythéas sait qu'une grande épreuve attend son équipage. Perdre la terre de vue, pour les marins grecs de l'époque, c'est véritablement une aventure — de nos jours encore, qui ne se souvient de la grande émotion qui nous étreint lorsque la terre disparaît à nos yeux, alors que nous disposons de cartes et savons exactement où nous allons !

Pythéas connaît *grosso modo*, par les descriptions des voyageurs, cette immense baie qu'est le golfe de Gascogne. Il sait qu'en avril, cette zone est soumise à de grandes perturbations. Il évite donc de serrer de près les côtes du nord de l'Ibérie et du sud-ouest de la Gaule. Mais il faut prévenir ces hommes libres que sont les rameurs, leur annoncer que pendant un certain nombre de jours on ne verra plus la terre.

Cap nord-nord-est, c'est-à-dire vers la pointe de la Bretagne.

Neuf jours après son entrée dans l'Atlantique, suivant ses instructions, Pythéas ouvre les tablettes qu'on lui a remises au départ et qui portent les consignes relatives à sa mission secrète.

Il éprouve alors une déception considérable. Lui qui croyait n'être qu'un explorateur, un savant, il apprend qu'en réalité les Timouques sont bien plus attachés à des contingences d'ordre économique et financier qu'à la renommée scientifique de la ville de Massalia. Non seulement il lui faudra ramener de l'ambre et de l'étain — cela, il le savait déjà —, mais il devra découvrir une voie de communication entre la Ba-Altis, la grande mer où l'on trouve l'ambre, et le Pont-Euxin. On lui demande en somme de trouver par le nord le Tanaïs, le fleuve dont l'*Argos* a fendu les eaux, puisqu'on n'a pu le trouver par le sud.

Pythéas voit son rôle de démarcheur commercial prendre le pas sur celui de scientifique et d'observateur des étoiles. Quelques siècles plus tard, pourtant, les savants auraient considéré la découverte d'un nouveau passage comme une noble mission. Mais, aux yeux de Pythéas, l'attrait de l'argent dans cette expédition est par trop évident !

Sa déception, bien que profonde, est de courte durée, car il finit par se dire que la gloire rejaillira autant sur lui que sur sa ville, s'il réussit.

Il se dirige vers une île dont il a entendu parler comme étant vraiment le domaine du brouillard, du courant et du vent.

Le vent, les Marseillais le connaissent ; le brouillard, assez peu ; le courant, pas du tout. Or, on lui a dit qu'au large de l'île d'Oxissanie (Ouessant), il y a un tel courant marin que lorsqu'un morceau de bois est jeté à l'eau il disparaît à la vitesse d'un cheval au galop. Voilà justement l'un des mystères que Pythéas tient à élucider.

Le voici qui arrive à Kabalon, en vue d'Oxissanie. Difficile de situer exactement ce lieu, que Pythéas décrit comme un cap, une pointe de terre. C'est probablement l'un des deux promontoires qui, au nord et au sud, limitent le goulet de Brest. Mais puisqu'on y voit Ouessant, c'est plus vraisemblablement la pointe Saint-Mathieu.

C'est là qu'il rencontre Yoalla, reine de Bretagne. Qu'une femme puisse être souveraine l'étonne beaucoup. Cela ne se fait pas en Grèce, où ce sont les hommes qui dirigent la cité. Mais on lui explique qu'il est plus commode d'avoir une reine qu'un roi car elle peut continuer à administrer le pays pendant que les hommes vont à la guerre. Yoalla l'autorise à pénétrer dans une baie avec l'*Artemis*.

A l'endroit du mouillage, particulièrement propice, la mer est plate comme un lac. Laissant deux ou trois veilleurs, tout le monde étant fatigué, l'équipage s'endort.

Tout à coup, les hommes de quart réveillent leur commandant. Que se passe-t-il ? La terre est en dessous du bateau, elle se rapproche, bientôt l'*Artemis* cogne !...

Pythéas vient de faire connaissance avec la marée. Il en avait bien entendu parler, il savait que la mer baissait et montait alternativement, mais il ne se rendait pas compte de l'importance du phénomène, qui pouvait vider complètement une baie. Il se précipite alors sur les avirons, fait installer des béquilles de fortune pour soutenir la coque à fond tranchant du bateau qui, s'il penchait à droite ou à gauche se coucherait et s'écraserait.

Pythéas est l'un des premiers Grecs à avoir subi la marée. Est-ce qu'antérieurement les Grecs n'avaient pas connu et oublié ce phénomène ? Les Puniques le connaissaient, eux. Alors, pourquoi pas les Grecs ? Parce que les Carthaginois, habitués à la navigation dans l'Atlantique, n'en ont rien dit. Un véritable secret militaire couvre tout ce qui touche à leurs routes commerciales, et c'est bien ce que reprochera le scientifique Pythéas, qui écrira : « Moi, ce que j'apprendrai, je reviendrai le dire pour que tout le monde le sache. Il est normal que ma nation soit la première à profiter de mes découvertes, mais il faut que celles-ci soient divulguées dans le monde entier ».

A Kabalon, il est l'hôte des Kelts, les Britons [1]. La reine Yoalla lui parle beaucoup du soleil. Pythéas est très frappé de voir que ces populations s'intéressent bien plus à l'astre du jour qu'aux étoiles. Pour la première fois, il entend dire que le soleil habite à Thul-Al, qui se trouve tout à fait au nord. Thul-Al, c'est Thulé. Quelle surprise pour ce Grec : le soleil habiterait au nord, alors qu'on le voit se coucher à l'ouest ! Cela aussi, c'est à vérifier.

On lui conseille, s'il veut vraiment trouver beaucoup d'ambre, de faire voile justement vers le nord, vers une autre pointe qui fait elle aussi partie de la Bretagne, la péninsule de Cornouailles.

Il faut se rendre compte de l'extrême difficulté que présente la navigation dans ces eaux, le long de ces côtes découpées, en direction de Bellerion (l'actuel cap Land's End). Pythéas doit traverser la Manche en sa partie la plus large ; et il va le faire sans le savoir car, le brouillard aidant, il croira avoir traversé un golfe, et non un bras de mer.

Ce qu'il veut, c'est arriver au pays qu'habitent les Bérétaniks [1].

Il a beaucoup de mal à y parvenir, surtout à cause de la marée qui rend inapplicables les principes de navigation qu'on lui a enseignés. Car il lui faut emprunter le terrible chenal du Four (le Fromveur), aux courants violents et où le brouillard menace sans arrêt. « Qui voit Ouessant voit son sang », dit avec justesse le proverbe breton.

Ayant tout de même vaincu le vent, les courants et le brouillard, Pythéas atteint enfin Bellerion, où il lui est conseillé de ne pas poursuivre sa route vers le nord mais de gagner vers l'est une île qui s'appelle Ictis, d'où il pourra contourner la Bretagne.

Le roi des Bérétaniks lui apprend que la Bretagne est une île triangulaire, plus étendue que la Sicile, dont une pointe est dirigée vers le nord. Après avoir embarqué un pilote parlant les diverses langues de la Bretagne — c'est de la Grande-Bretagne qu'il s'agit, bien entendu —, il longe la côte anglaise vers Ictis, l'actuelle île de Wight qui, placée à une certaine distance de la côte, est alors le centre d'une grande civilisation commerçante. Il y est admirablement accueilli, mais il doit discuter longuement pour pouvoir conserver son vin. Pendant tout le voyage de Pythéas, on assiste à une sorte de conflit entre la civilisation du vin et celle de la bière. Partout, il s'entend dire :

---

1. — Tous ces noms se trouvent dans le texte grec.

« Donne-nous ton vin, tu prendras de la bière en échange ». Or ses marins ont bien essayé la bière, la cervoise, mais ils ne l'ont guère appréciée. Ils préfèrent de loin le sang de la vigne que contiennent leurs outres et leurs amphores.

Et Dieu sait s'il y en avait à bord, du vin, car c'était le seul élément des provisions que l'on savait ne pas pouvoir renouveler en cours de voyage. Et les rameurs — des hommes libres — devaient pouvoir en consommer autant qu'il leur plaisait.

L'*Artemis* contourne ensuite le Kantion (le Kent). Au nord du Kantion s'ouvre un grand estuaire, celui de la Thamésis. Tous ces noms, Pythéas les apprend de la bouche de ses pilotes, quand il ne les a pas déjà entendu prononcer à Massalia par des voyageurs ayant traversé l'Europe par voie terrestre. En somme, Pythéas découvre par mer ce que les Phéniciens connaissaient déjà depuis longtemps. La Thamésis, c'est la Tamise, et il est surpris de voir qu'une embouchure aussi immense est celle d'un fleuve aussi court, qu'il remonte en très peu de temps.

Au nord de la Thamésis, il rencontre les hommes bleus, sur lesquels nous savons peu de choses, sinon que la couleur de leurs peintures de guerre leur a valu leur nom. Ce sont des peuplades considérées comme sauvages par les Kelts, et qui parlent une langue différente de la leur. Ce qui n'empêche pas Pythéas d'avoir une discussion assez vive avec l'un d'entre eux qui lui parle de « gwin », qui veut du « gwin ». Or Pythéas n'a pas la moindre idée de ce que son interlocuteur veut lui dire. De retour à bord, il se renseigne auprès de son pilote kelt, qui n'avait pas voulu descendre, craignant trop les hommes bleus. Celui-ci leur explique : « *Gwin* ? Mais c'est très simple, c'est du vin ». Plus tard, les deux seuls mots que connaîtront les marins pour pouvoir demander à boire et à manger, en Bretagne, seront *bara* (le pain) et *gwin* (le vin), ce qui donnera naissance au terme de baragouin [1].

Pythéas quitte le pays des hommes bleus et, toujours en longeant les côtes plein nord, se dirige vers l'extrémité septentrionale de la Bretagne, c'est-à-dire l'Ecosse. Il est frappé par le nombre de baleines, de cachalots qu'il rencontre, et surtout par leur taille, car en tant que Marseillais il a déjà vu des petites baleines en Méditerranée, des balénoptères qui ne dépassent guère une vingtaine de mètres de long. En Bretagne, il s'agit

---

1. — Savoir « baragouiner » une langue signifiera en savoir assez pour obtenir à boire et à manger.

de cachalots, de véritables monstres qui s'entre-dévorent allègrement, couvrant la mer de sang.

Pour les Grecs, les cachalots, ce sont les orques. Et quand Pythéas va rencontrer des îles au nord de la pointe de Bretagne, il va les appeler les îles des orques, les Orkans, qui deviendront les Orcades.

Il est toujours bien reçu par le monarque du lieu, parce qu'il se présente comme un savant. Comme il mesure les hauteurs des astres, on le considère avec beaucoup de respect. Il explique d'ailleurs son travail aux indigènes : il essaie d'évaluer la différence de hauteur des marées. C'est véritablement un scientifique en voyage.

On arrive à la fin mai. Le jour est pratiquement de vingt heures sur vingt-quatre. On lui explique alors que c'est vers l'étoile polaire qu'habite le soleil, vers Thul-Al, vers le point qu'il peut voir, maintenant qu'il est aux Orcades. Lorsque la nuit tombe, subsiste malgré l'obscurité un halo lumineux dans le ciel, car le soleil reste couché un temps si court qu'il est prêt à resurgir (chacun peut constater ce phénomène dans le nord de la Norvège). On lui confirme que c'est vers ce point lumineux que le soleil a élu domicile, que c'est là qu'il couche, que c'est là qu'il dort l'hiver, que Thul-Al est son royaume. Et Pythéas décide de se rendre à Thul-Al.

Essayons de nous mettre à la place de ces Grecs, entourés d'animaux fabuleux, de cachalots, d'orques, environnés de périls incroyables : les marées, les courants, les vents, le brouillard. Ils ont cependant le courage d'entreprendre cette immense traversée que les Vikings réaliseront bien plus tard, des siècles après Jésus-Christ.

Lorsque Pythéas arrive en vue de Thulé, il est absolument stupéfait. C'est une terre sur laquelle les volcans explosent exactement comme l'Etna. Il reconnaît l'Etna dans cette île qui lui semble être la terre la plus septentrionale : Thul-Al. Mais à Thul-Al, où il demeure quarante-huit heures seulement, on lui conseille d'aller voir plus au nord encore : il sera le témoin de phénomènes extraordinaires et aboutira enfin au pays où couche le soleil.

Il s'enfonce donc dans la mer, au nord-ouest de l'Islande, et découvre une région qu'il va décrire lui-même comme la plus étrange et la plus inquiétante du monde. Ce n'est plus de la terre, ni de l'eau, ni de l'air, c'est du brouillard, de la neige fondue, on y trouve des îles flottantes, blanches et bleues. L'*Artemis* avance entre les icebergs et son chef s'engage dans ce qu'il appelle le poumon marin [1] : un mélange impalpable de terre, d'eau et d'air. Malgré ses hommes qui commencent à avoir peur, qui lui demandent de revenir en arrière, il poursuit sa progression, jusqu'à ce que l'*Artemis* heurte une île de glace.

Alors, le savant et courageux Pythéas lui-même n'ose aller plus avant. « La déesse Artemis a décidé que nous n'irions pas plus loin, se dit-il. Elle ne veut pas que nous arrivions chez son frère. (N'oublions pas que Phoebus-Apollon est le frère de la déesse de la Chasse.) Nous devons partir, renoncer. » De plus, il lui reste à accomplir une partie importante de sa mission : celle qui consiste à trouver le passage vers Ba-Altis. Il revient donc à Thulé.

Il y embarque un nouveau pilote, suivant en cela le principe selon lequel il doit toujours avoir à son bord un homme du pays qu'il s'apprête à visiter. Son fidèle Vénithat lui est toujours très utile car il parle le celte, langue véhiculaire de toutes ces régions.

Ce nouveau pilote est un Scann. Les Scanns vivent dans un pays situé à l'est de Thulé. A l'est de Thulé ? Une carte moderne montre qu'il ne peut s'agir que de la Norvège. Et les Scanns sont les Scandinaves.

Pythéas traverse la mer jusqu'en vue de la Scandinavie, où il arrive le quatre-vingt-treizième jour de son voyage, c'est-à-dire trois mois après son départ. On est donc début juillet, la pleine période du soleil de minuit, l'époque où le soleil ne se couche jamais, où il est véritablement le maître de la nature.

Le pays des Scanns est plein de merveilles étonnantes. La montagne est pénétrée par la mer. Notre explorateur décrit l'endroit où il a pu introduire l'*Artemis* à l'intérieur de la montagne, poussé par le flot sur une distance incroyable. Pythéas découvre ainsi les fjords norvégiens.

Il ne s'attarde guère en Scandinavie, mais a tout de même le temps de prendre contact avec une population qu'il va rencontrer plus au sud, celle des Bergs (les habitants de Bergen).

Les Bergs sont très différents des Scanns. Alors que les Scanns sont des gens de la terre qui habitent les fjords et se déplacent peu, les Bergs sont les grands pêcheurs de l'époque. Ils pratiquent couramment l'océan qu'a sillonné Pythéas, ils connaissent parfaitement la Thulé d'où il vient, et surtout, chose précieuse

---

1. — *Pulmo maris,* traduira Strabon.

pour lui, ils naviguent sur la Ba-Altis. Elle n'a pas beaucoup de secrets pour eux, cette mer royale, cette Baltique vers laquelle Pythéas doit se rendre pour trouver le passage qui lui ouvrira la route du Pont-Euxin.

Nous entrons là dans la partie du voyage imposée à Pythéas. Jusqu'alors, il s'est comporté en explorateur absolument libre. Ses découvertes sont impressionnantes. Maintenant il va chercher une route commerciale, comme, après lui, seront amenés à le faire la plupart des grands navigateurs de l'Histoire.

Pythéas doit sacrifier aux exigences du commerce.

Le Massaliote s'engage donc entre le pays des Bergs et le nord du Danemark pour pénétrer à l'intérieur de Ba-Altis.

Il est arrivé à la croisée des chemins. Pour les archontes de Marseille, les Timouques, c'est là que son expédition va se révéler une réussite ou un échec. Pour nous, cet extraordinaire géographe, ce savant unique a déjà gagné son pari, mais pour les gens de Marseille qui payent (et donc exigent beaucoup), c'est seulement maintenant que les choses sérieuses commencent. Dans la Ba-Altis, Pythéas se rend compte avec stupéfaction que l'ambre est absolument commun, à un point tel qu'il réussit à échanger les cailloux et les gros galets qui servent de lest à l'*Artemis* contre la résine fossile tant convoitée. Ces cailloux sont précieux pour les Bergs, qui peuvent les utiliser pour édifier des maisons ou des temples pour leurs dieux, dans ce pays où l'on construit tout en bois. On échange donc les vulgaires cailloux de Marseille contre l'ambre, si précieux en Méditerranée.

Pythéas parle en termes assez crus de sa nouvelle cargaison. Il raconte que le bateau est tellement plein d'ambre que l'odeur de la résine pénètre partout. « On se croirait, dit-il, dans une maison de prostituées. » L'ambre est en effet à la base de la plupart des parfums des filles des rues de Marseille à l'époque.

L'ambre ne suffira pas aux Timouques, Pythéas le sait. Il faut aussi de l'étain, que l'on trouvera chez les Bretons... à condition de trouver d'abord le passage vers la Bretagne.

Malheureusement, cette mer-là n'est pas la Méditerranée, pas plus que le libre Océan. Ce n'est pas non plus le poumon marin, puisque ses eaux ne charrient pas de glaces. Mais c'est le pays du brouillard, de cet épais brouillard qui conduit peu à peu le bateau de notre Grec jusqu'à l'embouchure de la Dvina. Faisant déjà, le premier, une des erreurs que commettront très souvent les grands navigateurs des siècles suivants et qui consiste à prendre l'embouchure d'un fleuve pour une communication avec une autre mer, Pythéas remonte le cours de la Dvina. Il n'ira pas loin. Au bout de deux jours, ayant affaire à un courant de plus en plus important, il se rend enfin compte que c'est sur un fleuve qu'il navigue, que ce fleuve se rétrécit, que son eau est douce, et qu'il ne peut permettre de communiquer avec le Pont-Euxin. En outre, lui, le géographe, connaît approximativement la distance qui sépare la Baltique du Pont-Euxin : il l'a mesurée par les étoiles, par la longueur du jour. La Dvina n'est qu'une voie illusoire. Ce n'est pas le Tanaïs et Pythéas, qui n'est pas sur l'*Argos*, revient sur ses pas.

En chemin, il a élucidé un mystère, celui des hippopodes, ces êtres dont les Bergs lui ont dit qu'ils avaient une étrange forme de pied puisqu'ils laissaient dans la neige des traces ressemblant à celles du sabot d'un cheval. Pythéas découvrira que les êtres en question sont des habitants de la côte d'Europe du Nord qui sont chaussés de raquettes, ce qui leur permet de marcher sur la neige sans s'y enfoncer.

Que d'histoires vont avoir à raconter ces Marseillais lorsqu'ils rentreront chez eux. Et je pense que Pythéas le savant, Pythéas le docte, a dû songer : « Et si on se mettait à douter de notre parole, quand nous serons de retour à Massalia ? » Cette inquiétude a certainement dû le tarauder. Pas de film, pas la moindre photo pour étayer son récit.

L'*Artemis* abandonne alors la recherche du passage. Sachant que cette quête est vaine, Pythéas repasse le Skagerak, entre le Danemark et la Norvège, et arrive à ce qu'il appelle l'île Sacrée. Probablement Héligoland ? Comme cette île se trouve en dehors des voies commerciales puniques, il peut y aborder. Ses pilotes successifs s'arrangeaient toujours pour le guider vers des terres où il ne risquait pas de rencontrer de Carthaginois. Héligoland n'est pas une île spécialement confortable et facile d'accès (c'est peut-être pourquoi les Allemands en firent une importante base navale, vingt-trois siècles plus tard), mais on continue à y charger de l'ambre.

Ensuite, Pythéas se rendra au lieu de rendez-vous que lui fixent ses instructions secrètes : l'embouchure de la Sequana.

La Sequana, c'est bien sûr notre amie la Seine dont Pythéas compare l'estuaire à celui de la Tamise. Il remonte le fleuve jusqu'à une ville bien connue des Grecs, puisqu'elle envoie régulièrement ses commerçants vers Massalia. Il s'agit de Rothmago (Rouen).

C'est là qu'il reçoit une lettre... de violents reproches. Depuis le temps qu'il est parti, lui fait-on savoir, on n'a pas eu beaucoup de ses nouvelles. Que fait-il, pourquoi n'envoie-t-il pas de messagers, qu'en est-il de ce passage du nord, l'a-t-il ou non trouvé ? Pythéas est obligé d'envoyer un de ses hommes à Marseille annoncer qu'il n'a rien trouvé, pour la bonne raison que le passage recherché n'existe pas. Puis il se conforme aux instructions des Timouques qui précisent : « Surtout, si vous n'avez pas trouvé le passage vers le Pont-Euxin, ne manquez pas de revenir chargé à fond d'étain ou d'ambre. Sans cela, gare à la prison ! » Mais oui, on le menace !

Notre savant repart vers la Bretagne, désespéré. Chez les Bretons qui l'ont si bien accueilli, il revoit la reine Yoalla, puis descend vers Korbilon (Nantes).

On est maintenant au mois d'août, par conséquent on ne risque plus de trouver le même mauvais temps qu'en avril, dans le golfe de Gascogne. Comme Korbilon est le grand port de l'étain, Pythéas y fait charger son bateau à ras bord.

Et le voilà sur le chemin du retour. Il lui reste le plus dur à faire : rentrer en Méditerranée. Car, bien entendu, les Puniques l'attendent au passage. Il a réussi à tromper leur vigilance à l'aller, mais leurs espions et leurs marchands ont eu vent de son expédition dans les terres qu'ils voulaient se réserver. Chaque fois qu'il a rencontré des navires carthaginois, lors de son périple, il s'est caché dans une baie et les a laissés passer. Une fois même, un jour, il a pris langue avec le capitaine de l'un d'eux et, par l'intermédiaire de Vénithat, lui a fait croire que lui aussi était de Carthage et que là-bas, vers l'ouest, de l'autre côté de l'Atlantique, on trouvait des régions fantastiques où il y avait de l'or et de l'argent à ne plus savoir qu'en faire. Il espère d'ailleurs que ce navire s'est perdu quelque part dans le grand océan.

Le retour va être difficile, il le sait. De plus, l'accueil de Marseille à son égard risque fort de manquer de chaleur, s'il en croit ce qu'on lui a rapporté à Korbilon : Euthimènès a vu son expédition se solder par un échec et — non content de revenir bredouille, sans or ni ivoire — a perdu plusieurs hommes. Il a de grandes chances de passer devant le tribunal des Timouques. Est-ce le même sort qui l'attend, lui, Pythéas ?

Toujours est-il qu'il gagne le cap Finisterre en droite ligne et, ne naviguant que de nuit à partir de ce moment — on se repose le jour dans une anse en s'efforçant de ne se faire reconnaître de personne qui puisse les dénoncer auprès des autorités puniques — il redescend le long de la côte ibérique, toujours persuadé qu'à un moment ou à un autre il va voir surgir devant lui les galères de Carthage, venues pour l'intercepter.

Il va errer ainsi pendant une dizaine de jours dans les parages du cap Saint-Vincent, d'où il n'ose descendre vers les Colonnes d'Hercule.

Mais Pythéas n'est pas seulement un marin et un savant, c'est également un homme avisé. Et il sait ce que beaucoup de navigateurs de notre époque ne savent plus : que dans le détroit de Gibraltar il y a souvent du brouillard. Ce brouillard correspond à certaines conditions atmosphériques que l'on a pu rencontrer quelque temps auparavant dans l'Atlantique.

Et Pythéas attend la brume, la chape épaisse qui le cachera. La voici ! Il s'engage. C'est le quitte ou double. Il passe ou il meurt !

Et il passe. Bien plus vite qu'à l'aller, emporté par le courant ouest-est du détroit.

Plus de danger maintenant. L'*Artemis* n'a pas besoin de se rapprocher de la côte pour savoir comment arriver à Marseille et, au matin du cent soixante-troisième jour de voyage — c'est-à-dire cinq mois et une dizaine de jours ! — il arrive en vue de l'estacade.

C'est avec une certaine surprise qu'il constate l'accueil délirant qui lui est réservé. Tous ses hommes sont là, vivants. Tous se sont enrichis. Tous ont de l'ambre. Et que d'étain pour les Timouques ! Il a réussi son voyage scientifique, qui, sur le plan commercial, semble également rentable... Mais pourtant il ne tarde pas à se rendre compte que l'on ne croit pas grand-chose de ce qu'il dit.

Est-ce depuis le jour du retour de Pythéas que l'on a attribué aux Marseillais la réputation de « galéjeurs » ?

Toujours est-il que l'on ricane presque ouvertement devant lui lorsqu'il parle de cette reine de Bretagne, de ces hommes qui se mettent du bleu sur la figure pour effrayer leurs ennemis et qui réclament du vin sous le nom de *gwin*, de ces baleines qui se mangent entre elles et qui couvrent la mer de leur sang ! Devant les Timouques, à la session du gouvernement de la ville, Pythéas tente d'expliquer ce qu'est le poumon marin, il décrit cet étrange milieu qui n'est ni air, ni eau, ni terre mais neige fondue et glace ! Cette mer glacée, qui pourrait y croire, sous le généreux soleil de Marseille ?

Si on ne met pas en doute les qualités de savant de Pythéas, on commence à lui créer une réputation peu enviable, celle d'un raconteur d'histoires, d'un inventeur d'aventures. Et puis l'attitude de ses matelots n'arrange pas les choses : dans leurs récits, autour des tables de cabaret, ils amplifient tout, ils exagèrent. Leur imagination excitée par le vin fait d'un homme un géant, d'un guerrier à la peau bleue un monstre affreux, double ou triple la taille d'un cachalot.

Non seulement on ne les croit pas, mais on se moque d'eux, on les traite de fabulateurs, de menteurs et Pythéas lui-même, le sérieux Pythéas, devient suspect.

D'autant qu'on ne veut pas le croire parce que les autorités de la cité sont de très mauvaise humeur. Une fois passées les premières réactions d'enthousiasme, on fait remarquer que le résultat de l'expédition de l'*Artemis* ne correspond pas à ce que l'on en escomptait.

D'abord, Pythéas n'a pas découvert le passage du nord vers le Pont-Euxin. Et c'est essentiellement cela qu'on attendait de lui, bien qu'on ne le lui ait pas dit au départ. Quelle importance, s'il a appris que les étoiles tournent dans le ciel autour de l'étoile polaire ? Quelle importance, s'il a trouvé le lit du soleil, s'il a vu des endroits où l'astre du jour ne se couche jamais : ce n'est pas pour découvrir cela qu'on l'a envoyé vers le nord. Ce qu'on lui demandait, c'était de trouver le moyen de faire le tour de l'Europe, d'ouvrir la voie du nord en passant par l'est de l'Europe, et dans cette mission-là, il a échoué. Et, parce qu'il ne l'a pas trouvé, il ose affirmer que ce passage n'existe pas.

En outre — raison qui justifie plus que toute autre la colère des Timouques — Pythéas est indirectement la cause d'une véritable crise économique. Il a ramené tellement d'ambre que celle-ci perd brusquement toute valeur, car toute la cargaison de l'*Artemis* a été mise sur le marché d'un seul coup. La loi de l'offre et de la demande jouant à plein et ce qui était rare se faisant abondant, les prix tombent en chute libre. Il en est de même pour l'étain, dont les cours s'effondrent. Echec économique, donc, dont on rend Pythéas responsable, et qu'on ne lui pardonnera pas.

Et c'est en butte à la moquerie, aux railleries et même à l'hostilité qu'il va passer le reste de ses jours. Lui et ses marins seront traités de menteurs, mais aussi d'agresseurs. Car ce bateau qu'ils ont renvoyé après s'en être emparé dans les

Colonnes d'Hercule, ce bateau carthaginois, il est bien arrivé à Marseille ; or on n'est pas en guerre avec les Puniques. Et si à Carthage on apprend que ce bateau dont on a constaté la disparition se trouve là, à Massalia, ne va-t-on pas envoyer une flotte pour le récupérer par la force ? On va aller jusqu'à reprocher à Pythéas et à Euthimènès de s'être défendus contre cette nef punique qui allait sûrement les arraisonner. « Que devais-je faire ? ne peut que répondre Pythéas. Me laisser éperonner, me laisser couler ? »

La merveilleuse aventure de Pythéas ? Un tissu de mensonges et un échec sur toute la ligne, aux yeux des Marseillais. Pendant plus de deux mille ans, le nom de Pythéas sera considéré dans l'Histoire comme celui d'un menteur.

Heureusement, il se trouve que celui qui a très largement répandu l'idée que Pythéas avait plus fait appel à son imagination qu'aux dons d'analyse et de synthèse propres à un scientifique, est en même temps celui grâce auquel il put être prouvé que le Massaliote disait la vérité.

Peri tu oceanu (« Autour de l'océan »), le texte de Pythéas, avait été conservé à la bibliothèque d'Alexandrie, et comme tous les manuscrits de cette bibliothèque il a brûlé. Par bonheur, un critique sévère, un adversaire de Pythéas — pas un ennemi direct puisqu'il a vécu plusieurs siècles plus tard — avait consulté ce texte, pour s'en moquer ouvertement, et avait pris la peine, paragraphe par paragraphe, de le contredire et de le combattre.

Il s'agit de Strabon, le célèbre historien, qui cherche à « démontrer » les « mensonges » de Pythéas. Pour ce faire, il est obligé de citer le récit du navigateur, entre guillemets, qu'il accompagne de ses commentaires. A la lumière de nos connaissances actuelles, on s'aperçoit rapidement que tout ce que dit Strabon est faux, et que le texte de Pythéas le menteur ne décrit que la vérité. Strabon a même déformé la pensée de Pythéas et a bien fait rire ses contemporains avec cette histoire de poumon marin. Car, en traduisant Pythéas il a fait un contresens digne d'un potache. Ce n'est pas poumon qu'a voulu dire Pythéas, mais *pulmo*. Or, *pulmo*, en latin, c'est le nom de la méduse : cet animal sans consistance, mou comme l'eau, dans lequel on s'enfonce comme dans la neige fondue. Quelle admirable image que celle de Pythéas décrivant la partie fondante de la banquise comme une gigantesque méduse. La véritable traduction du terme qu'il a utilisé n'est pas « poumon marin », mais « mer-méduse » !

Aujourd'hui, le nom de Pythéas apparaît en lettres d'or au Panthéon des hommes sages.

Pythéas est l'un des premiers grands découvreurs connus car nous savons tous, maintenant, qu'il a dit vrai, et je ne crois pas qu'un seul historien, qu'un seul hellénisant oserait traiter Pythéas le Marseillais de menteur.

LES VIKINGS
la saga du Nouveau Monde

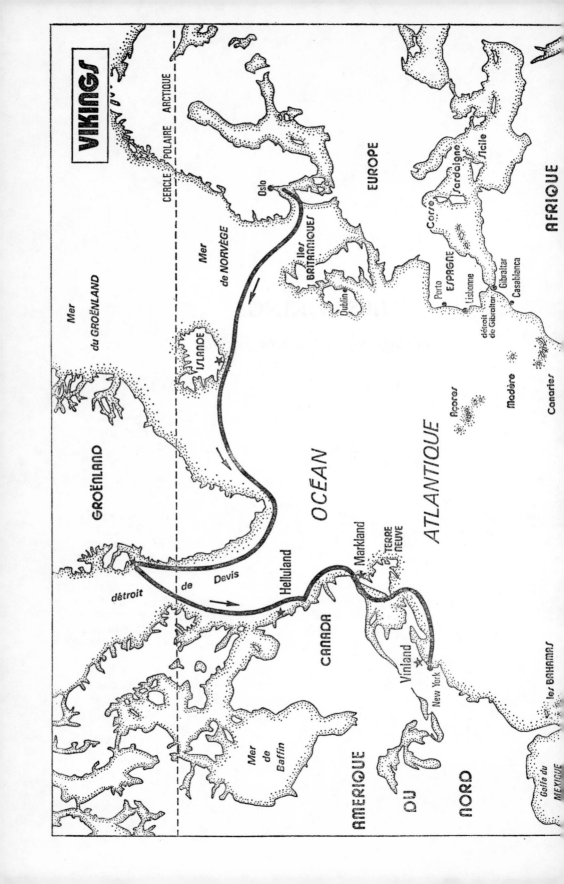

L'An Mil approche.

Pour l'Europe, c'est une échéance.

Pour ces millénaristes imprégnés de la Bible, des Evangiles et de l'Apocalypse de saint Jean que sont les chrétiens, cette date constitue, en effet, une terrible étape. Que va-t-il se passer en cette année fatidique ? Verra-t-on la fin du monde, comme certains le prédisent ? Assistera-t-on à de terrifiants phénomènes ? A l'apparition de la Bête, de l'Antéchrist ? Personne ne le sait en Occident, mais on le craint.

Or, au nord de l'Europe s'est développée une civilisation entièrement indépendante, celle des Vikings. Et c'est justement aux alentours de l'An Mil qu'un Viking commence à faire parler de lui : il a pour nom Erik le Rouge.

C'est une espèce de géant de près de deux mètres de haut, qui règne sur toute une province de la Scandinavie qu'il a soumise par la violence. Il s'impose par son intelligence et sa brutalité. Pourquoi « le Rouge » ? Non parce qu'il est déjà sanguinaire (il le sera plus encore), mais tout simplement parce qu'il est roux. Et c'est par la force que ce géant à la longue chevelure de feu s'impose comme chef, dans un pays qui ne connaît que la force.

Sur ce plan, il va d'ailleurs en faire un peu trop. Dans sa jeunesse, à l'âge de vingt-cinq, trente ans (on ne connaît que très approximativement la date de naissance d'Erik le Rouge ainsi que celle de sa mort), il a tué un paysan, dans une rixe. Bien sûr, à l'époque, tuer un paysan, c'est une simple peccadille. Cet « incident » lui vaut pourtant l'inimitié de ses pairs, qui le chassent de son pays d'origine, de la province où il régnait. Erik s'exile donc dans les îles du sud. Là, il n'est plus le souverain tout-puissant. Ce n'est plus qu'un chef parmi d'autres, et on le tient un peu sous surveillance. C'est un « interdit de séjour ».

Mais, dans ces îles du sud, Erik le Rouge va mal se conduire, une fois de plus. Il va livrer un vrai combat contre un autre Viking, un nommé Thorgest, qui lui conteste la prééminence. Au cours de cette guerre à caractère privé, il tue les deux fils de son ennemi. Le problème est que Thorgest est lui aussi un véritable Viking, un chef. On réunit alors le « Thing », l'assemblée des chefs qui jouit de tous les pouvoirs législatifs et exécutifs. Cet aréopage juge la conduite d'Erik le Rouge intolérable et décide de se débarrasser de lui, ne serait-ce que pour éviter une véritable guerre intestine. En effet, les partisans de Thorgest sont nombreux, et une guerre civile risque d'éclater au niveau local.

Les Vikings n'en veulent à aucun prix. Le Thing souhaite la paix. On décide donc d'exiler une fois de plus Erik le Rouge. Un châtiment bien bénin, même pour l'époque. On se borne en somme à dire à cet homme qui a tout de même déjà trois meurtres sur la conscience : « Monsieur, veuillez partir ». Qui plus est, en cette fin du Xe siècle, il n'existe en Scandinavie en général, en Norvège en particulier, aucune disposition obligeant le condamné à se plier à une sentence. Ayant simplement décidé qu'Erik le Rouge était trop dangereux pour la sécurité publique, le Thing lui demande de s'éloigner. Et le plus extraordinaire est que cette brute, cet assassin, ce criminel, va se soumettre à la décision de l'assemblée des chefs : il accepte de reprendre le chemin de l'exil, mais de fort mauvais gré, car il estime sa condamnation parfaitement injuste. S'il y a eu mort d'hommes, il n'y est pas pour grand-chose : au cours d'un combat, il est normal qu'il y ait des victimes.

Erik le Rouge quitte donc son pays, en se promettant de n'y jamais revenir, bien qu'on ne l'ait exilé que pour trois ans. Il « essuie ses chaussures sur le sol » de la Norvège et va naviguer vers l'ouest.

Vers l'ouest, mais pas bien loin. Les Vikings, à cette époque, ont déjà colonisé l'Islande. Et l'Islande est une colonie prospère. C'est donc en Islande qu'Erik va se rendre. Il n'a pas l'intention de s'en éloigner ni de chercher ailleurs. Il va s'y installer et essayer d'y faire souche.

230

Mais en Islande aussi, Thorgest a des amis. Et peu à peu, il apparaît que la guerre entre son clan et celui d'Erik risque de reprendre, de déchirer l'Islande. Ce sont alors les chefs islandais qui demandent à Erik de s'en aller plus loin.

Plus loin ? Mais où diable ?

Le géant roux est perplexe car, pour un Viking, plus loin il n'y a... rien. On a bien entrevu, quelques dizaines d'années plus tôt, vers l'ouest, des terres qui semblaient se profiler dans la brume. Mais ces terres existent-elles vraiment ? Ne s'agirait-il pas d'une vision, d'une hallucination de pilotes ayant dépassé l'Islande et qui, un peu affolés, auraient cru voir se dessiner au loin une terre inconnue ?

N'ayant plus rien à perdre, Erik décide tout de même de partir vers l'ouest, d'y aller voir.

Dès lors, il prend sa place dans l'Histoire, car il cesse d'être un exilé pour devenir un explorateur.

Il arme non seulement son bateau mais toute une flottille, qui va l'accompagner. En tout, une vingtaine de navires qui font voile vers l'ouest. Très vite, quelques jours à peine après qu'on ait quitté l'Islande, les vigies signalent la terre. Aucun doute, c'est réellement une terre, apparemment accueillante, qui plus est ! Elle est verte et paraît tout à fait propre à ce que l'on n'appelle pas encore la colonisation. Elle semble inhabitée mais on y trouve beaucoup de gibier, des caribous, des rennes. Alors, pourquoi ne pas s'en emparer ?

En hiver, dans les pays nordiques, le soleil ne se montre guère ou pas du tout. Erik s'installe donc sur la pointe la plus méridionale de ce qu'il appellera le Groenland (la Terre Verte) et il hiverne. En se disant, bien sûr, qu'il va attendre la fin de l'hiver pour aller voir s'il est possible de se fixer sur cette terre nouvelle...

Au printemps, c'est un véritable enchantement. Les fleurs poussent à travers la neige qui fond presque aussi vite qu'au sud de la Norvège, et les arbres sont légion. Il y a de véritables forêts. C'est vraiment la Terre Verte. Mais, avant de s'installer définitivement, Erik veut s'assurer qu'il peut le faire tranquillement, que personne ne va le gêner, qu'il ne risque pas de nouveau de trouver des Thorgest déjà établis sur les lieux et qui lui reprocheraient de prendre leur place. Il entreprend alors un long voyage d'exploration, une reconnaissance approfondie, entrant dans chaque fjord pour vérifier qu'il n'abrite pas déjà des hommes susceptibles de lui disputer la possession de cette contrée.

Mais il ne rencontre personne. Rien que la belle nature, les animaux, les arbres, les fleurs. Erik le Rouge décide alors d'être le colon de ce pays neuf. Il fonde sa capitale, Brattahild, et installe au Groenland un Etat viking. Autant dire que seules les mœurs vikings vont avoir droit de cité dans ces terres. Par ailleurs, comme il n'a coupé les ponts ni avec son pays d'origine, la Norvège, ni avec l'Islande, il envoie des messagers pour annoncer la bonne nouvelle : il a trouvé la « Terre Verte » et il demande des volontaires pour venir le rejoindre.

On a beaucoup discuté et on disserte encore sur l'origine de ce mot « Groenland ». Le Groenland, à l'époque, était-il réellement un pays beaucoup plus vert qu'aujourd'hui, ou Erik l'a-t-il appelé ainsi tout simplement pour attirer les Norvégiens, pour allécher un maximum de colons, dans le cadre de ce que l'on pourrait qualifier de vaste opération de propagande ? La question n'a pas encore été tranchée.

Quoi qu'il en soit, la nouvelle fait un bruit énorme en Scandinavie. Et on lui envoie aussitôt des gens pour vivre avec lui, s'installer à ses côtés pour coloniser cette terre nouvelle. Erik le Rouge, le Viking, règne désormais en maître au Groenland.

Erik le Rouge, le Viking ! Mais qu'est-ce exactement que ce peuple viking ? A ce stade, il est indispensable de préciser un certain nombre de données historiques.

Au Xe siècle, la différence est grande entre les nations d'Europe occidentale et septentrionale, déjà engagées dans une histoire complexe, imbriquées les unes dans les autres, et les Etats du Nord qui, indépendants du pape et des grands empires européens, sont jusqu'alors absents de cette même histoire.

Qui sont donc les Vikings ? A quelles activités se livrent-ils ? Comment vivent-ils ?

L'Europe occidentale n'avait connaissance des hommes du Nord que par des récits effrayants. Ces barbares, ces hommes blonds, barbus, chevelus, avec des tresses comme des femmes, on les voit arriver sur leurs bateaux, se précipiter — ô horreur ! — sur les communautés les plus riches, c'est-à-dire sur les monastères. Et ces hommes, ces envahisseurs du Nord, n'ont aucun respect pour les lieux sacrés. Ils les pillent, tuent les hommes, violent les nonnes, enlèvent les femmes et semblent ne rien craindre. Ces destructeurs, ces barbares, qui sont-ils ?

Ils constituent en fait une nation extrêmement compacte et cohérente. Peu nombreux, ils vivent dans l'actuelle Scandinavie, c'est-à-dire dans le nord du Danemark, mais surtout dans les régions plus septentrionales qui constituent aujourd'hui la Suède et la Norvège. Et ils vivent les uns avec les autres dans une paix assez étonnante. Alors que l'Europe se déchire dans des guerres épuisantes, en Scandinavie règne la paix.

Ils vivent par familles, par clans dont le chef incontesté est choisi à la suite d'une série d'épreuves bien déterminées et codifiées. C'est le plus fort, le plus intelligent, le plus dynamique qui prend la direction de la famille ou du clan. La charge de chef n'est pas héréditaire, elle n'est pas non plus attribuée par primogéniture : c'est vraiment le meilleur qui s'impose.

Outre son rôle « local », chacun de ces chefs contribue à gouverner l'ensemble de la Scandinavie puisqu'il fait partie du Thing, cette assemblée que nous avons vue juger Erik le Rouge. A chaque chef est attribué un territoire et les Vikings mènent une vie d'hommes libres. Ils sont à la fois chasseurs, pêcheurs et voyageurs.

Chacun a sa famille avec une femme, une seule, car, même avant d'être christianisés, les Vikings sont monogames. Les femmes n'ont absolument pas leur mot à dire quant au choix du mari. Le mariage se fait par entente entre familles et il est consommé au moment où le garçon et la fille sont nubiles — c'est-à-dire qu'on ne marie pas les enfants, comme on le fera plus tard sous la monarchie espagnole. Bref, on attend de savoir que les jeune homme sera un costaud et que la fille sera une belle fille. Dans la longue discussion qui précède le mariage proprement dit, ni le garçon ni la fille ne sont consultés, ce qui n'empêche pas le système de fonctionner parfaitement, avec des résultats qui peuvent paraître surprenants : ces hommes du Nord se montrent en effet d'une fidélité assez exceptionnelle, contrairement aux habitants de l'Europe du Sud où cette pureté de mœurs serait absolument incompréhensible. Pas d'amour courtois, certes : les Vikings sont là pour faire des enfants, pour engendrer des fils.

En réalité, ce sont les femmes qui ont la haute main sur la famille car elles ne se contentent pas d'attendre patiemment que leurs époux reviennent de leurs fabuleux voyages. Pendant que les hommes sont absents, ce sont elles qui gouvernent à leur place. Seul un homme peut être désigné comme chef, c'est vrai ;

mais quand il n'est pas là, c'est sa femme qui gouverne en son nom, qui est, en quelque sorte, sa régente.

Car les hommes voyagent beaucoup. Leur pays est celui du fer et ils savent depuis fort longtemps travailler le métal, leur armement en est la preuve la plus évidente. Leur épée est une espèce de longue lame, au bout arrondi et aux fils tranchants, que l'on tient à deux mains. Sur les champs de bataille, maniée par ces géants que sont les Vikings, cette arme sème l'épouvante, car ils n'aiment rien tant que le combat rapproché. Pour le corps à corps, ils disposent d'un grand poignard. Enfin, ils font preuve d'une exceptionnelle habileté dans le maniement de la hache.

Cette hache est probablement l'arme qui marquera le plus profondément les populations qui recevront la visite des Vikings. Pour ces envahis, les Vikings étaient des géants barbus, chevelus et munis d'une hache qui cassait et brisait tout. Cette arme va d'ailleurs constituer une espèce de symbole durant toute l'épopée des Vikings, qui prendront plus tard le nom de Normands. Une épopée tout entière faite de voyages et de conquêtes.

Et pourtant, ces hommes mènent chez eux une vie paisible. Il semble que la brutalité qu'ils manifestent lors de leurs raids sur les côtes d'Europe soit pour eux un exutoire suffisant. Une fois de retour dans leur patrie, ils n'aspirent plus qu'à la paix. Ils possèdent des troupeaux, les font paître. Ce sont des campagnards, et chez eux ils ne se battent pas. C'est pour cette raison qu'un Erik le Rouge a été victime de cette sorte de phénomène de rejet. Il a introduit le meurtre dans un pays où on ne l'admet pas, alors qu'on le conçoit parfaitement à l'étranger. Ailleurs, c'est la guerre, on pille, on tue et on viole. Chez soi, c'est la paix, et on se tient tranquille.

Ces hommes voyagent donc. Par quel moyen ? En bateau, pardi !

Si, chez eux, ce sont de paisibles laboureurs, des chasseurs, des bergers, ils se transforment en hardis navigateurs, en marins et en bandits hors de leur pays.

Ils naviguent sur des drakkars, dont le modèle nous est aujourd'hui bien connu. Il semble que préside à la construction de ces superbes bateaux un esprit similaire à celui qui animait les bâtisseurs de cathédrales du Moyen Age français. Chaque drakkar constitue en effet une magnifique réussite architecturale. On assemblera la coque d'un navire viking avec autant d'amour que les voûtes de bois des premières églises, et plus tard de ces grands chants de pierre que sont les cathédrales romanes et gothiques.

Cette coque est en effet une forme presque ogivale que l'on va construire à l'envers. Le bateau sera monté quille en l'air (comme on recommence de nos jours à le faire) et on va le construire comme une maison, parfaitement étanche à la pluie ; en utilisant du bois vert, et non du bois séché comme cela se fera par la suite, le bois « vivant » résistant beaucoup mieux à l'action de la mer que lorsqu'il est sec. Ce bois, pas besoin d'aller le chercher loin : il est fourni par le pin de Norvège.

Les drakkars mesurent une vingtaine de mètres de long. Leur proue est décorée d'une façon admirable. La figure qui l'orne est souvent le portrait du commandant du bateau. Le gouvernail est celui que l'on trouve encore sur les voiliers norvégiens, ces navires à la poupe pointue, munis d'un gouvernail extérieur. Un danger : de par sa position, cette pièce est terriblement menacée par la forte mer, mais un avantage considérable : en cas d'accident, on peut le remplacer extrêmement facilement.

Ces bateaux vont naviguer à la voile et à la rame. Ils ne sont pas pontés, le seul pont artificiel étant constitué par les boucliers des guerriers qui se trouvent à bord. Oui, les boucliers des Vikings ne servent pas uniquement à protéger les hommes, mais également à couvrir les bateaux : ajustés les uns à côté des autres, ils forment une espèce de toit et, comme un gigantesque canoë — dont il a d'ailleurs la forme — le drakkar va s'enfoncer dans la lame et recevoir la vague sans embarquer la moindre goutte d'eau.

Voilà le drakkar prêt à prendre la mer. Il a été décoré, on l'a traité avec tous les soins que l'on prodigue à une œuvre d'art, et dès lors on peut éprouver sa solidité et ses qualités de navigation.

Les premiers essais ont lieu dans les fjords, c'est-à-dire dans un espace protégé. Ce n'est que bien plus tard, lorsqu'il aura été testé par tous les temps, par tous les vents, par toutes les températures, que les hommes auront vécu à son bord, qu'il sera devenu leur habitation secondaire, c'est à ce moment-là seulement que le drakkar franchira enfin le groupe d'îlots au large de la Norvège pour aller affronter la haute mer.

Mais, pour se lancer dans ces voyages hauturiers, encore faudrait-il emporter des vivres. Or, de par leur construction, les drakkars ne le permettent pas. Les Vikings, sauf exception, ne seront donc pas des navigateurs de haute mer. Ce seront des caboteurs. Ils longeront les côtes chaque fois qu'ils le pourront et resteront en vue de la terre.

Pourtant, ils ont fait un grand bond, vers l'an 860, pour arriver jusqu'en Islande. C'est un événement exceptionnel dans l'histoire viking, car jusqu'alors ils sont déjà allés beaucoup plus loin que l'Islande, mais toujours en longeant les côtes. Ils ont rôdé le long des côtes françaises, atteint le détroit de Gibraltar, pénétré en Méditerranée. Ravageant au passage les côtes d'Espagne et celles des îles Baléares — ils vont détruire en partie le royaume de Majorque —, ils vont arriver jusqu'à leur première véritable escale : la Sicile.

Escale qui va durer longtemps, puisqu'ils vont faire de cette île une sorte de base à partir de laquelle ils vont lancer des raids vers l'Italie du sud et la Tunisie, dont ils vont écumer les rivages. Ce n'est que plus tard qu'ils poursuivront leurs errances vers la Méditerranée orientale. Comme l'on s'en doute, ils dévastent au cours de leurs périples les régions qu'ils abordent. Ils se font connaître partout comme des guerriers absolument impitoyables, qui ne font pas de prisonniers mais qui, en contrepartie, ne demandent pas grâce quand ils sont pris : on dit que les Vikings ne connaissent pas la peur.

Qu'emportent-ils comme vivres ? Aujourd'hui encore, on ne le sait que très imparfaitement. Dans la mesure où ils se contentaient de faire escale le long des côtes, on pense que, le plus souvent, ils pillaient les troupeaux qu'ils rencontraient sur leur passage et trouvaient des vivres dans les couvents qu'ils mettaient à sac. On sait également qu'ils connaissaient déjà la viande boucanée, ainsi que certaines formes de conserves d'herbes séchées.

L'utilisation de ces herbes était ignorée des navigateurs d'Europe occidentale, alors qu'elle leur aurait rendu bien des services. Car on ne connaît pas le scorbut, chez les Vikings. Ils emportent avec eux leur vitamine C, et dans leur histoire on ne parlera jamais de ces grandes épidémies qui décimeront plus tard les équipages des grands capitaines européens.

Les Vikings sont vraiment des hommes de mer accomplis. Tous les Vikings ? Pas exactement. Les Danois et les Norvégiens surtout.

Très rapidement, en effet, les Suédois vont renoncer aux conquêtes orientées vers le sud, pour se tourner vers l'est. Ils vont progresser vers le centre du continent européen, et même vers l'Orient : la Russie, la Chine, la Sibérie. Dès l'An Mil, la Suède va devenir un pays d'Europe centrale et toute son histoire, par la suite, sera celle d'un pays d'Europe continentale, jusqu'aux guerres napoléoniennes. Souvenons-nous de Gustave-Adolphe participant à la guerre de Trente Ans, de Charles XII allant se battre contre les Russes à Poltava, de Bernadotte participant à la bataille des Nations contre Napoléon.

La Suède ne joue plus aucun rôle dans l'épopée viking. Les Suédois sont des Scandinaves, certes, mais mâtinés de Slaves : c'est l'est qui les intéresse. Tandis que vers l'ouest, vers l'océan, ce sont surtout les Vikings d'origine norvégienne qui vont fournir d'étonnants personnages comme Erik le Rouge, qui vont conquérir la Méditerranée.

Ce sont eux qui vont maintenant aller, au-delà du Groenland, vers des terres mystérieuses, ignorées, supposées, mais des terres encore plus éloignées vers l'ouest. Car elle a sonné, l'heure de l'épopée viking vers l'Amérique.

Au fait, que devient Erik le Rouge ? Cette Terre Verte dont il a pris possession, il la gouverne, il en est le maître. Ses nouvelles responsabilités l'assagissent. Il n'a plus de rivaux, il est le chef dont l'autorité est incontestée, mais il garde de nombreux rapports avec l'Islande et la Norvège. Sans cesse, des navires font l'aller et retour, amenant des compagnons nouveaux et remportant des anciens qui, rentrés au pays natal, racontent ce qu'ils ont vécu dans la nouvelle colonie. En fait, l'échange entre la Norvège, l'Islande et le Groenland est incessant. Erik n'a plus à combattre, désormais. Dans son pays, c'est lui qui fait la loi. Si un assassinat est commis, c'est lui qui proscrit le meurtrier. Il s'occupe de sa famille, de ses enfants. Entre-temps, il est devenu chrétien, et on sait que la religion du Christ calme les ardeurs de ces hommes rudes, dans bien des domaines.

Un jour, un événement inattendu vient troubler sa tranquilité.

N'oublions pas que, pour les Vikings, le Groenland c'est le bout du monde, la dernière terre à l'ouest.

Or voilà qu'un jour, un nommé Bjarni, qui vient rejoindre son père, compagnon d'Erik, est pris dans un brouillard intense et par une tempête violente alors qu'il va atteindre la pointe sud du Groenland.

Le vent l'entraîne vers l'ouest. Il est perdu, seul au milieu de la mer sans limite, il ne voit plus rien. Tout ce qu'il sait, c'est qu'il a dépassé le Groenland.

237

Les Norvégiens, s'ils ne connaissaient pas encore le sextant, disposaient du bâton de Jacob, un barreau gradué qui leur permettait de mesurer la hauteur d'un astre sur l'horizon. Ils pouvaient donc faire le point, même approximativement.

Au bout de quelques jours, au loin, contre l'horizon dégagé par la pluie et par le vent, il lui semble apercevoir une terre inconnue. Exactement comme on avait vu et indiqué à Erik le Groenland à l'ouest de l'Islande, voilà que Bjarni croit distinguer les contours de la terre, à l'ouest du Groenland.

Et lorsque, de retour au Groenland, il raconte son histoire, celle-ci provoque chez les Vikings une immense excitation.

Il existe donc d'autres terres à l'ouest ! La nouvelle est d'une importance capitale pour ces hommes qui sont des navigateurs, des conquérants dans l'âme. Ces terres, personne ne les connaît, mais tout le monde en parle, dans les tavernes, entre chefs, on en discute, et on prépare les bateaux...

Erik, lui, tempère l'enthousiasme des jeunes qui veulent partir vers l'ouest. Il leur dit qu'il a exploré toute la côte occidentale du Groenland, qu'il est monté le plus au nord possible, et ne croit pas avoir vu quoi que ce soit vers l'ouest...

Ils veulent tout de même partir et c'est un des propres fils d'Erik qui décide de monter une expédition. Seulement, il voudrait bien que son père l'accompagne, car autour de l'illustre découvreur du Groenland viendraient se grouper les meilleurs marins de la colonie.

Erik accepte. Mais en posant ses conditions : l'on commencera par remonter le long de la côte du Groenland ; après cela, si la terre continue, on la longera et on verra bien où on aboutira.

On va chercher tout un été, mais on ne trouvera rien.

Loin de se décourager et persuadé que la terre aperçue par Bjarni existe réellement, Leif, le fils aîné d'Erik, repart d'abord sur les traces de son père, mais bien plus vite. Au lieu de s'arrêter partout comme on l'a fait précédemment, d'entrer dans tous les fjords, de prendre des vivres ici et là, il se dirige le plus rapidement possible vers le nord. Et là, parfois, la terre semble s'infléchir vers l'ouest. C'est la banquise. Et qui dit banquise dit en général avancée de terre au-delà de l'énorme masse glacée. On suit donc le contour de la banquise, vers l'ouest, longtemps. Sans rien voir d'autre que de la glace. Ni arbre ni terre.

Mais voilà qu'un jour on découvre quelques cailloux auxquels s'accroche un lichen ressemblant fort à celui qui pousse dans le nord de l'Islande. Pas vraiment de verdure, mais enfin, c'est bien d'une terre qu'il s'agit, et le fils d'Erik le Rouge, Leif Eriksson, va l'appeler le Helluland.

En longeant la côte du Helluland vers le sud, on rencontre des forêts. Des forêts ! Il faut se rendre compte ce que cela peut représenter pour des Norvégiens de trouver des arbres à l'ouest du Groenland, et en quantité telle qu'on va baptiser cette région Markland, **Pays de la Forêt**.

Leif et ses hommes poursuivent leur voyage et abordent une terre verdoyante, avec de l'herbe partout et des arbres à feuilles caduques, de ces chênes dont le bois est précieux entre tous.

Un jour, un matelot d'origine allemande, qui avait été envoyé en reconnaissance, regagne le bord après une absence de quelques jours, complètement ivre. Comment a-t-il pu se soûler ?

Les Norvégiens, solides gaillards, n'ont rien d'apôtres de la sobriété. Ils sont habitués à boire de la bière, de l'hydromel et quantité d'autres boissons alcooliques. Mais le Saxon raconte qu'il a bu du vin. Or, le vin, ces Vikings le connaissent, depuis les nombreuses incursions qu'ils on faites dans les pays du bassin méditerranéen, mais enfin, du vin, à cette latitude-là, en face de la Norvège, en face du Groenland ? Quelle surprise ! On va trouver en effet du raisin, des plans de vigne sauvage. Et Leif va baptiser cette région Vinland, Pays de la Vigne.

Après le Helluland et le Markland, le Vinland. Leif Eriksson est un découvreur, c'est inconstestable, mais un découvreur à la façon viking, qui pose à peine le pied sur ces terres nouvelles.

C'est le retour au Groenland et les nouvelles que ramène l'expédition font l'effet d'une bombe.

Les terres de l'ouest existent ! Il faut aller s'y installer, au lieu de se borner à les visiter. Après tout, Erik a fait du Groenland une colonie prospère, pourquoi n'en ferait-on pas de même du Vinland, ce pays où le climat est doux, où la vigne pousse en abondance et où l'on aura de quoi faire du vin, cette boisson des dieux ?

A cette question, les hommes d'action que sont les Vikings apportent une réponse immédiate : une nouvelle expédition quitte le Groenland, conduite cette fois par Thorwald, le frère de Leif. Thorwald ne va pas faire le grand tour pour longer ce qu'on croit être la côte — la banquise, en réalité — mais se diriger droit vers l'ouest, car maintenant que l'on est sûr de l'existence des

« terres d'au-delà de la mer », ce n'est plus la peine de faire un détour par le nord pour s'y rendre.

Il débarque au Vinland, région dont les rivières sont peuplées de merveilleux saumons, plus beaux que ceux qu'on a jamais vus en Norvège, et où pousse la vigne. Les saumons et la vigne : voilà qui va nous permettre de situer ce fameux Vinland avec une certaine exactitude. Accompagné d'une soixantaine d'hommes et d'une vingtaine de femmes, Thorwald va tenter d'y fonder une colonie viking. On s'installe, exactement comme Erik s'est installé au Groenland. Mais sans exploration préalable de l'intérieur des terres.

Au début, tout se passe très bien. On a de quoi manger, il y a du poisson et du gibier à ne savoir qu'en faire, des fruits, du vin, tout ce qu'il faut pour rendre la vie agréable. Mais voilà : cette terre est déjà habitée par des petits hommes noirs qui, sans complexe, commencent à harceler ces géants qu'ils considèrent comme des envahisseurs.

Et les Vikings ont énormément de mal à se défendre, car les indigènes restent à une distance suffisante pour que ni l'épée, ni le poignard, ni la hache ne puissent les toucher. Pourquoi ne pas utiliser le javelot ? Parce qu'un javelot, ça se lance, mais ce n'est pas précis sur une cible mobile. Alors qu'eux, ces petits hommes noirs possèdent des arcs et des flèches, dont ils savent se servir à merveille. Et ces flèches font des ravages parmi les Vikings, à commencer par Thorwald lui-même. Evidemment, ayant perdu leur chef, les survivants décident de s'en aller. On plie bagages et on quitte cette terre qui n'est hospitalière qu'en apparence.

Habitués au combat au corps à corps, les vaillants Vikings sont incapables de se défendre contre un adversaire qui reste hors de leur portée.

Cette première tentative de colonisation échoue donc, assez lamentablement même, car l'expédition a laissé de nombreux morts au Vinland. Dans sa sagesse, Erik le Rouge décide que le moment n'est pas encore venu d'en effectuer une nouvelle.

Et pourtant, d'autres vont partir.

Un dénommé Thorfin Karlsfin va même lever une véritable armée, qu'il va embarquer sur une vingtaine de drakkars. Car cette fois, on sait qu'il n'est plus question d'occuper un terrain vierge, comme l'a fait Erik le Rouge au Groenland mais de conquérir un pays sur des gens auxquels il appartient. Il s'agit donc d'une véritable expédition coloniale, du type de celles qui, au XIXe siècle, auront pour but la destruction des royaumes africains de Samory et de Béhanzin.

Or, les Vikings n'ont aucune expérience de ce genre d'expédition. Quand ils arrivent sur une terre étrangère, ils détruisent sans reconstruire. S'ils y trouvent des femmes, ils se fondent dans la population, se mélangent à la race locale... Mais, conquérir un pays, s'y maintenir malgré la présence et l'hostilité des indigènes ? Jamais ils ne l'ont fait jusqu'alors, du moins dans les pays du Nord.

Et cette nouvelle tentative de colonisation va se solder par un nouvel échec. Les colons vont avancer probablement jusqu'au sud des grands lacs américains, mais peu à peu ils seront repoussés par les petits hommes noirs, de sinistre mémoire, par ces Indiens d'Amérique que, plus tard, de nouveaux conquérants auront à combattre. Pratiquement personne ne survivra à cette expédition.

Que s'est-il passé ensuite ?

Le lecteur a pu remarquer que, lorsque l'on raconte l'histoire d'Erik le Rouge, la découverte de Leif Eriksson, la tentative de colonisation de Thorwald, on ne peut donner de dates précises.

C'est qu'en réalité tous ces événements ne sont connus que depuis très peu de temps, par des documents qui ne comportent aucune date.

Ces documents, ce sont les *sagas*.

On le sait, les Vikings vivaient une vie communautaire et fraternelle. Lors des réunions tribales ou familiales, à la veillée, on se racontait des histoires. Les vieux parlaient des événements qu'ils avaient vécus ou qu'ils avaient eux-mêmes entendu décrire. Les sagas sont les relations de ces événements — ou de ces légendes — qui marquent l'épopée viking. Pendant des centaines d'années, les sagas d'Erik le Rouge et de Leif Eriksson n'ont été considérées que comme des récits traditionnels que l'on se transmettait de génération en génération. Jusqu'aux XIXe siècle, on ne leur accordait pas plus d'importance historique qu'aux grands thèmes de la mythologie grecque ou égyptienne.

Et voilà qu'aux alentours de 1850, alors que les Norvégiens tentent de se séparer de la Suède à laquelle ils étaient rattachés malgré leur volonté, des chercheurs norvégiens se plongent dans une étude approfondie de la saga d'Erik le Rouge et se posent cette question qui paraît si simple : « Et si c'était vrai ? » Et si le récit de ces aventures merveilleuses — nettement enjolivées par l'imagination des conteurs — correspondait à la réalité ?

Pour aller jusqu'au bout de leur raisonnement et étayer ce qui, pour le moment, n'est qu'une supposition, ces chercheurs font construire un drakkar du même type que celui des Vikings et s'élancent sur l'Atlantique, dans les mêmes conditions que leurs ancêtres.

Tout comme celui d'Erik le Rouge ou de Leif Eriksson, le drakkar atteint sans peine l'Islande, puis le Groenland, d'où il est parti vers l'ouest, pour parvenir dans un pays où l'on trouve encore, de nos jours, de la vigne sauvage, c'est-à-dire la région du cap Cod, dans le Massachusetts.

Cet épisode de la saga d'Erik le Rouge est donc véridique. Alors, pourquoi les autres ne le seraient-ils pas également ?

Cela, c'est plus difficile à prouver, du moins matériellement. Ce dont nous sommes sûrs, c'est que le Groenland a bien été découvert et colonisé par Erik le Rouge et ses Vikings. Mais le voyage de Leif Eriksson vers le Vinland a-t-il vraiment eu lieu ? Les Vikings ont-ils réellement atteint la région de Boston, dans le Massachusetts ? Là encore, aucune preuve, à part le texte de la saga de Leif Eriksson.

Où se trouvent le Helluland, le Markland et le Vinland ? Si on consulte la carte dessinée par les Vikings, on a l'impression qu'il n'y a pas de continuité entre le Groenland et le Vinland. On part du Groenland, on longe la banquise, pour arriver au Markland, la Terre des Forêts, puis au Vinland.

Ces trois régions, à quelle réalité géographique correspondent-elles ? Pour le Helluland, c'est très simple. Puisque l'on est parti de l'ouest après être monté vers la partie du nord du Groenland, le Helluland, qui ressemble énormément au Groenland, avec les mêmes fjords mais plus pauvre en végétation, c'est évidemment la côte canadiennne du Labrador. Aucun doute là-dessus.

En ce qui concerne le Markland, la démonstration est déjà plus difficile. Ce qu'il y a de très intéressant dans le voyage de Leif Eriksson, c'est le fait qu'on ne mentionne pas le grand fleuve qu'est le Saint-Laurent. Il est infiniment probable que les Norvégiens qui venaient du Groenland l'ont pris pour un fjord et l'ont traversé sans trop se poser de questions. Or, où arrive-t-on lorsqu'on traverse la pointe sud du Labrador jusqu'à l'embouchure du Saint-Laurent ? A Terre-Neuve. Terre-Neuve qui, à

l'époque, était absolument couverte de forêts. Donc probablement le Markland, la Terre des Forêts. Des forêts épaisses, den-
ses, propres à impressionner les Scandinaves qui vouaient au
bois une véritable adoration — qui leur est d'ailleurs restée.

Pour ce qui est du Vinland, les hypothèses se font plus variées.
Certaines ont fait descendre les Vikings extrêmement loin, au
sud de New York, mais il n'est pas besoin de descendre plus
bas que Boston pour trouver de la vigne sauvage. A ce propos,
l'épisode du marin allemand ivre semble bien un peu tirée par
les cheveux. Ce n'est tout de même pas en mangeant du raisin
sauvage qu'on peut se soûler. Mais cette histoire, qui symbolise
la découverte du raisin, on la trouve également dans *l'Odyssée.*
Les compagnons d'Ulysse aussi s'enivrent en consommant du
raisin, et Polyphème sombre dans l'ivresse alors qu'on ne lui fait
boire que du jus de raisin pourtant non fermenté. L'assimilation
raisin-vin-ivresse est constante chez beaucoup de poètes et de
conteurs peu soucieux de respecter la vérité historique.

La région de Boston pourrait donc bien être le Vinland, car
plus au nord on n'y trouve pas de vigne, et plus au sud on n'y
rencontre plus de saumon.

A-t-on trouvé d'autres preuves de la découverte du continent
américain par les Vikings ?

On l'a bien cru à la fin du XIXᵉ siècle, lorsqu'on a mis au jour
des pierres plates couvertes de caractères runiques qui devaient
démontrer de façon irréfutable que les Vikings avaient été les
premiers à fouler le sol de l'Amérique. Malheureusement, ces
pierres n'avaient qu'une valeur esthétique : elles étaient l'œuvre
d'un plaisantin. Depuis, on a trouvé des choses beaucoup plus
intéressantes : des trous d'amarrage.

Quand on a un peu navigué dans les fjords norvégiens ou
groenlandais, on s'aperçoit qu'il est très difficile de mouiller
une ancre à cause de l'importance des marées et de la violence
des courants. Conscients de cette difficulté, les Vikings amar-
raient leurs embarcations en creusant des trous dans la berge
ou dans les rochers, par lesquels ils faisaient passer leurs bouts
d'amarrage. Ces trous, on en a retrouvé au cap Cod et on a pu
les dater aux environs de l'An Mil.

Une autre question se pose, et elle est d'importance :

Comment se fait-il que cette découverte du nouveau continent
soit restée ignorée jusqu'au XIXᵉ siècle, et que l'on continue à

l'attribuer à Christophe Colomb et à ses compagnons ? Pourquoi l'histoire de l'Europe n'a-t-elle pas été bouleversée par la découverte viking ?

Selon une première hypothèse, les Vikings ne s'installaient que très rarement sur les terres qu'ils abordaient. Généralement ils s'y battaient, détruisaient, s'emparaient des richesses, puis repartaient. Parfois, un déserteur restait, se fixait, faisait souche — fondait même une dynastie, comme en Sicile — mais c'était là l'exception. C'est peut-être pour cela qu'ils ont abandonné l'idée de coloniser l'Amérique, de conquérir les terres de l'ouest. D'autant plus qu'ils avaient affaire à une forte opposition de la part des indigènes et que de là-bas on ne pouvait rapporter ni or, ni argent, ni même de femmes. On aurait donc renoncé à une colonisation considérée comme non rentable.

Seconde hypothèse, en opposition absolue avec la première : les voyages vers l'Amérique étant devenus tellement habituels, tellement normaux, on n'en parle plus. (On nous a parlé du premier voyage sur la lune, mais le centième aura-t-il droit à plus qu'un entrefilet dans nos quotidiens ? Laissera-t-il une trace indélébile dans l'Histoire ?) Ils sont tellement fréquents que les colons s'installent sur le nouveau continent, puis finissent par perdre le contact avec leur pays d'origine, lointain et difficile à atteindre. Mais dans cette hypothèse, cinq cents ans plus tard, lors de la découverte de l'Amérique du Nord par les Anglais et les Français, on aurait dû trouver des petits Indiens blonds aux yeux bleus, ce qui n'a pas été le cas.

C'est donc, semble-t-il, la première interprétation qui doit être retenue. Le Groenland justifiait la colonisation. Pas les terres de Leif Eriksson. A quoi bon aller se faire exterminer par les petits hommes noirs du Vinland qui vous accueillaient avec des flèches enflammées ? Le vin du Vinland ? Parlons-en ! C'était une effroyable piquette, qui ne risquait pas d'inciter à s'installer des gens qui avaient goûté aux produits des vignobles français, espagnols ou italiens.

D'autre part, c'est à cette époque que l'on assiste au « choc en retour » des grandes migrations vikings vers la Méditerranée, et que l'on voit les principales civilisations européennes influencer de plus en plus les pays scandinaves. Même s'ils ont connu l'Amérique, ce n'est pas vers elle que les Norvégiens, les Danois et les Suédois vont se tourner, mais vers l'Europe.

L'Amérique ? Elle sera justement redécouverte par cette Europe-là, poussée par la fièvre de l'or, en pleine transformation capitaliste. Grâce à Christophe Colomb, la civilisation européenne deviendra civilisation océanique. Parce que les Espagnols du xve siècle pouvaient compter sur une infrastructure politique et une puissance économique dont ne disposait pas le Groenland de l'An Mil, malgré les qualités de courage et de persévérance de son roi Erik le Rouge et de ses fils Leif et Thorwald.

La découverte des Vikings ne constituera qu'un épisode de l'Histoire scandinave, alors que celle des Espagnols va provoquer l'éclatement de l'Europe vers le monde entier.

LA FLIBUSTE
la fortune ou la corde

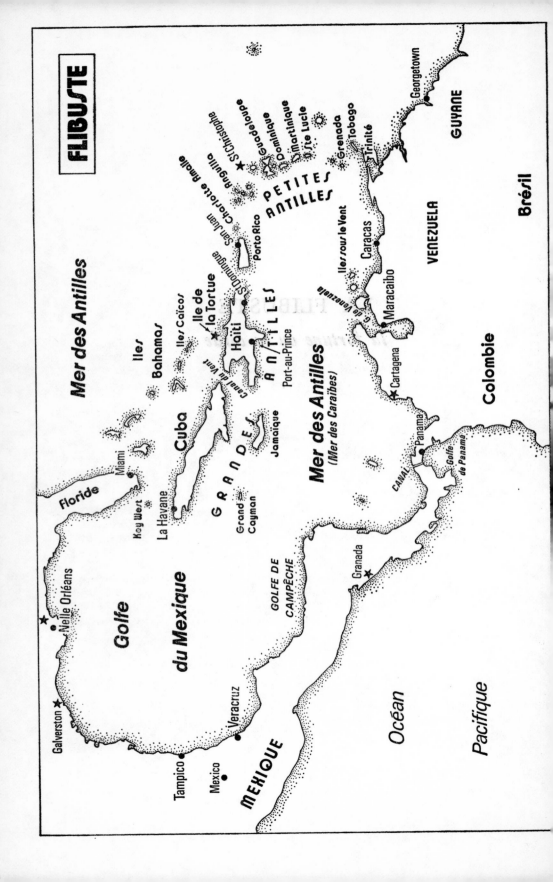

Ce n'est pas sans une certaine mauvaise conscience que l'on raconte l'histoire des flibustiers. Chez nous, c'est un peu Mr Hyde qui prend le pas sur le Dr Jekyll, lorsque nous abordons cet épisode de l'histoire maritime.

Ceux qui ont lu *l'Ile au Trésor* de Stevenson, ont-ils rêvé d'être le capitaine Smollett ou Long John Silver ?

C'est donc avec un plaisir un peu pervers que l'on parle de la flibuste.

Les flibustiers sont les mauvais garçons et même les bandits de grands chemins de la mer. Il faut tout d'abord rappeler que l'on ne doit pas les confondre avec les pirates. Ces derniers s'attaquent aux navires et essayent — en dehors des faits de guerre — de se procurer les richesses qu'ils transportent.

Alors que le phénomène de la flibuste est nettement limité dans le temps et dans l'espace, la piraterie, elle, est de tous les lieux et de toute l'Histoire, de la plus haute antiquité à nos jours. La flibuste est propre aux XVIIe et XVIIIe siècles, avec un début héroïque au XVIe (Francis Drake) et une fin romantique au XIXe (Jean Laffitte). Elle est bien localisée à la mer des Caraïbes, autour de toutes les grandes et les petites Antilles, des *West Indies*, comme disent les Anglais [1], à cette région qui comprend aussi le Mexique et l'Amérique centrale.

---

1. — Egalement les Indes Occidentales, pour les Français de l'époque.

Quel est ce curieux marin : le flibustier ? Le mot vient probablement du hollandais *vrijbuiter*, qui veut dire « libre gagneur ». En effet, les flibustiers gagnent de l'argent librement — donc souvent illégalement. A ce titre, ils préfèrent qu'on les appelle « gentilshommes de fortune ». Euphémisme qui symbolise parfaitement leur situation. Le plus souvent de basse extraction, cruels et brutaux, ils se font mépriser et même emprisonner jusqu'au jour où ils ont beaucoup d'argent. Leur fortune les fait alors accueillir à bras ouverts. C'est ainsi que, dans le passé, Francis Drake est devenu l'amiral sir Francis.

Pourquoi ces hommes s'installent-ils aux Caraïbes ? Tout simplement parce que c'est par-là que transite tout l'or du monde connu.

Au XVIᵉ siècle, l'Espagne a conquis les Antilles qui accueillent les *flotas*, les convois acheminant vers l'Europe les métaux précieux venant de la côte Pacifique de l'Amérique latine. Ce fleuve d'argent et d'or, il est bien tentant d'essayer de le capter, et quelquefois en prime de s'emparer des bateaux. Comme aux bandits de grands chemins ou aux pilleurs de caravanes, à ces gentilshommes de fortune est venue l'idée de se placer sur les chemins de la mer pour intercepter ce pactole. Le flibustier est une sorte de baron pillard de la mer qui a choisi son destin : la corde ou la fortune — ou le titre d'amiral.

L'un des premiers « grands » flibustiers est le sire d'Esnambuc. D'Esnambuc décide de piller, dans la mesure de ses moyens, les fortunes espagnoles, en s'attaquant aux *flotas* avant qu'elles n'aient le temps de se placer sous la protection de leur escorte de navires de guerre.

Pour réaliser ses projets, il s'installe sur la petite île de Saint-Christophe en 1623. A Saint-Christophe, des Anglais s'y trouvent déjà. Va-t-on se battre ? Certainement pas. Au contraire, Français et Anglais vont s'unir contre les Espagnols et faire de l'île une sorte de condominium. Deux petits bateaux se lancent dans les premiers raids, une tactique constamment utilisée dans l'histoire de la flibuste, attaquent à l'abordage les lourds galions chargés d'or, avant qu'ils ne viennent se joindre à la *flota*.

C'est cette communauté de Saint-Christophe qui inaugure la grande tradition flibustière, celle de la liberté totale des hommes entre eux et surtout celle de leur égalité devant le partage du butin, véritable ciment de leur unité. Leur nationalité importe peu : seul compte le fait qu'ils appartiennent à la grande famille des « gentilshommes de fortune ».

Cette société de type communautaire est absolument unique

à cette époque où les différences sociales sont considérables dans chacun des pays dont les flibustiers sont originaires. C'est une des caractéristiques de la flibuste, et sûrement l'un de ses traits les plus originaux.

Les Espagnols ne peuvent évidemment pas tolérer indéfiniment cette petite colonie de pillards installée si près de Cuba et d'Hispaniola (Haïti). En 1630, ils envoient une escadre devant Saint-Christophe et rasent la base des flibustiers, qui ont à peine le temps de déguerpir.

Que vont devenir d'Esnambuc et ses compagnons ?

Les côtes de Cuba et d'Hispaniola n'étant pas extraordinairement peuplées, on pourrait y trouver une petite crique d'où on lancerait de nouveaux raids [1]... mais où l'on serait toujours à la merci d'une patrouille de soldats espagnols.

La recherche d'un repaire idéal se termine par la découverte d'une espèce de petit paradis.

L'île de la Tortue, située au nord-ouest d'Hispaniola, se présente à leurs yeux comme une sorte de diamant posé sur la mer. Elle étincelle de beauté, de couleurs éclatantes. La végétation y est luxuriante et l'eau étonnement limpide, le havre d'apparence féerique.

A la Tortue se sont déjà installés des boucaniers.

Les boucaniers, que l'on a souvent tendance à confondre avec les flibustiers, ne sont ni des marins ni des brigands, mais simplement des chasseurs qui préparent la viande de bœuf fumé, le boucan, qui fait partie des provisions de bord de tous les navires de la région [2].

L'île de la Tortue est tellement petite que lorsque les flibustiers en prennent possession, cela ne semble pas inquiéter les Espagnols.

A partir de ce moment, la flibuste connaît ses heures de gloire.

Avec, en tout et pour tout, un canot et quelques arquebuses, un Dieppois, Pierre Le Grand, réussit à s'emparer d'un galion

---

1. — Francis **Drake** avait opéré ainsi au XVIᵉ siècle depuis la baie des Faisans, mais les temps avaient changé. La puissance espagnole s'exerçait maintenant sur toute la mer des Antilles.

2. — Mais ils consomment de la viande fraîche, eux ! Ils font rôtir des chèvres entières après leur avoir enfoncé dans la gueule un pieu qui ressort par le fondement. D'où l'expression imagée de « barbe-au-cul » que les Anglo-saxons nous restitueront sous forme de *barbecue*.

espagnol. En quelques instants, il acquiert ainsi gloire et fortune, mais que faire de ce bateau, lourdement armé et difficile à manœuvrer ? Le Grand n'hésite pas longtemps. Après avoir consulté ses hommes, il fait mettre le cap sur l'Europe. Dieppe l'accueille en triomphateur. Ce qui va l'amener à vendre les trésors qu'il transporte, à faire ses adieux à la flibuste et à se « ranger », réalisant ainsi le rêve de tous les truands du monde [1].

Ceux qui, comme lui, reviennent en Europe, fortune faite, racontent leur histoire et suscitent des vocations. La flibuste n'attire pas seulement l'attention d'individus avides de richesses, mais aussi de puissants et de rois, qui vont jusqu'à délivrer des « lettres de marque » à ces aventuriers. Une lettre de marque ? C'est tout ce qui fait la différence entre un pirate et un corsaire !

Le pirate agit pour son propre compte et se remplit les poches. Le corsaire aussi, mais il a un « permis de chasse » officiel, son souverain lui donnant l'autorisation de combattre ses ennemis et d'empêcher ses approvisionnements, tout en exigeant une portion du butin dont il se saisira. On n'est pas du tout désintéressé, à cette époque, et certaines histoires de flibustiers et de corsaires tournent autour d'affaires d'argent assez sordides.

En 1640, un certain Le Vasseur, nanti d'une lettre de marque, est nommé gouverneur de la Tortue. Il fait aménager le premier port de l'île, le « port du Refuge », sur la côte sud, face à Hispaniola. Ce nom de refuge est amplement mérité, car il attire immédiatement les forbans de tout poil, les flibustiers, les pirates et les corsaires habitués à croiser dans les eaux des Caraïbes.

Les pertes des *flotas* sont de plus en plus lourdes, car les flibustiers mettent du cœur à l'ouvrage. Ceci pour une bonne raison, parmi d'autres : Le Vasseur a décidé que ne résideraient dans son île que ceux qui auraient beaucoup d'or à y dépenser. Comme pousse-au-crime, on ne peut imaginer mieux !

Le Vasseur réussit à créer un véritable établissement français aux Antilles, qui voit arriver des gens extraordinaires comme le sieur de Montbars — Montbars l'Exterminateur — qui mourra à l'âge de vingt-cinq ans après avoir donné, tout au long de six années, presque sans interruption, la chasse aux Espagnols, auxquels il vouait une haine viscérale.

---

1. — Beaucoup de ses compagnons l'imiteront, ce qui inspirera des peintres comme Gustave Alaux dont l'une des fresques, que l'on peut admirer dans une brasserie de Saint-Malo, représente l'arrivée d'un galion pris aux Espagnols, et saluée par une foule en liesse.

La réaction des Espagnols se fait de plus en plus violente. Bientôt, ne pouvant plus supporter cette plaie sur leur flanc, ils attaquent en force la Tortue. L'assaut final — et victorieux — est donné le 10 janvier 1654.

La nouvelle met un certain temps à arriver en France, puisqu'on ne l'apprendra qu'au printemps. Un gentilhomme jeune et ambitieux, d'origine périgourdine, Deschamps du Rausset, décide alors de tirer profit de la situation. La Tortue n'est plus possession française, mais il demande tout de même au roi de France de lui accorder le poste de gouverneur de l'île. On lui répond :

— Mais... elle n'est plus à nous !

— Ne vous inquiétez pas, rétorque-t-il, j'en fais mon affaire, je vous demande simplement quelques moyens pour me permettre de m'en emparer de nouveau, ainsi qu'une lettre de marque.

Le roi de France accepte sa proposition. Et, comme il y a beaucoup d'Anglais dans la région des Caraïbes, Deschamps du Rausset se rend à Londres et sollicite une lettre de marque anglaise. Il l'obtient ! Se faire accorder des lettres par deux nations différentes est un véritable exploit que très peu de corsaires réaliseront. C'était d'ailleurs d'autant plus une gageure qu'à l'époque la France était aussi fréquemment en guerre avec les Espagnols qu'avec les Anglais.

Comment reconquérir la Tortue ? Du Rausset part pour Hispaniola, et, dans un petit port, il retrouve les anciens flibustiers, réfugiés de la Tortue. Ceux-ci vivent dans la misère, sans espoir, sans moral. Du Rausset, qui est fin psychologue et qui sait trouver les mots qui les touchent, réussit à les convaincre qu'il faut reprendre leur fief, l'île de la Tortue, mais d'une façon telle que leur attaque prenne les Espagnols par surprise.

Pas de bateau : des canots, des pirogues, des petites embarcations de pêche qui pourront s'approcher de la côte sans se faire remarquer ; pas de canons, pas de fusils : des sabres et d'autres armes légères, comme des pistolets.

En effet, ces soi-disant pêcheurs débarquent sur l'île de la Tortue, de nuit. Cent hommes entrent discrètement dans la ville, éliminent les sentinelles et massacrent une bonne quantité d'Espagnols. Si combat il y a, il ne dure pas plus d'une heure.

L'île de la Tortue est redevenue française.

Etant « commissionné » à la fois par la France et par l'Angleterre, le gouverneur du Rausset se trouve face à un dilemme : quel drapeau hisser ? Homme aux décisions promptes, il abat d'abord le pavillon de Castille... avant de faire monter ses propres couleurs !

En prévision d'une contre-attaque des forces espagnoles, il organise la défense de l'île et fait construire des fortifications capables de résister aux coups de canon de l'ennemi.

C'est sous le gouvernement de Du Rausset et d'Ogeron, son successeur, que l'île va connaître son Age d'or, dominé par la personnalité de deux flibustiers illustres, un Français et un Anglais.

Jean-François Nau, dit l'Olonnois, est né en 1630 aux Sables-d'Olonne, comme son surnom l'indique.

L'Olonnois a effectué plusieurs voyages aux Antilles, comme matelot, à bord de bateaux affrétés par la Compagnie des Indes occidentales, qui commerce avec l'Occident comme le port de Lorient commerce avec l'Orient. La compagnie, dans laquelle toutes les grandes familles nobles françaises ont investi, achète et vend tout ce qui peut s'échanger : des épices comme des esclaves. Avec une préférence marquée pour le commerce des esclaves, nettement plus rémunérateur que celui des épices.

En 1662, l'Olonnois obtient une lettre de marque de Jérémie du Rausset, gouverneur de la Tortue, qui l'autorise à « courir sus l'Espagnol ».

Muni de ce viatique, il commande son premier navire... qu'il échoue sur un récif. Fait prisonnier ainsi que ses hommes, les Espagnols l'emmènent à Campeche, où on le condamne à la pendaison — alors que la lettre de marque qu'il a en sa possession devrait le faire traiter comme un prisonnier de guerre.

Il assiste à l'exécution de tous ses compagnons mais, au moment où on va lui passer la corde au cou, il réussit à s'échapper en tuant ses gardiens.

Il fait sa réapparition à la Tortue, où on lui confie un deuxième navire... qu'il va perdre comme le premier.

Car l'Olonnois, s'il est courageux, est aussi un très mauvais marin.

Comme aucun armateur ne veut plus lui faire confiance — cela coûte cher, un bateau : il faut le faire venir d'Europe —, il doit se rabattre sur le matériel utilisé au début de la grande époque de la flibuste : un simple canot.

Avec son canot, il s'attaque à une barque espagnole et s'en empare. Le voilà donc à la tête d'une petite flotte, qui lui permet de donner l'assaut à une frégate et à en maîtriser l'équipage.

Terrorisés, officiers et marins supplient qu'on leur fasse grâce. L'Olonnois s'étonne : pourquoi les Espagnols ont-ils tellement peur ? Il faut savoir en effet qu'à cette époque les flibustiers n'ont pas encore la réputation de fous sanguinaires, à quelques rares exceptions près. Ce qui les intéresse, c'est l'argent et toutes les marchandises de valeur qu'ils peuvent trouver à bord du navire qu'ils attaquent. Ils tuent rarement les membres d'équipage et les passagers, préférant les abandonner sur une plage déserte — après avoir éventuellement enlevé quelques jolies filles qu'ils ramènent à la Tortue.

Alors, comment se fait-il que ces gens paraissent véritablement pris de panique devant lui ?

L'Olonnois interroge l'un d'eux, qui lui répond :

— Si vous m'épargnez, je vous dirai pourquoi je viens aux Indes occidentales.

— Ah, oui ? Et pourquoi donc ?

— Je suis bourreau. Je suis chargé de pendre tous les flibustiers français et anglais qui seront faits prisonniers, d'ordre de mon souverain, le roi d'Espagne.

C'en est trop pour l'Olonnois, qui entre dans une rage folle. Quoi ! Les Espagnols osent pendre haut et court des hommes qu'ils devraient traiter en prisonniers de guerre !

Il met la main à son sabre, fait monter tous les Espagnols sur le pont et, un à un, leur tranche la tête !

Puis il fait porter un billet au gouverneur de Cuba : « Comme vous l'aviez ordonné, tout le monde a été exécuté. Mais ce « tout le monde », c'est votre équipage à vous, et non le mien ».

Inutile de dire qu'à partir de ce moment, une guerre sans merci s'engage entre l'Olonnois et les Espagnols. Mais ces derniers commencent à s'affoler lorsqu'ils se rendent compte que les flibustiers font beaucoup plus de prisonniers dans leurs rangs qu'eux n'en font dans ceux des Frères de la Côte. Si bien qu'ils finissent par convaincre le gouverneur de Cuba de reporter sa décision — sauf en ce qui concerne l'Olonnois, et lui seul.

Jean-François Nau est maintenant un homme célèbre, un chef que tout le monde respecte. Et on lui confie un nouveau bateau, à bord duquel il va accomplir un des exploits les plus extraordinaires de l'histoire de la flibuste.

Sur la côte du Venezuela se trouve un grand port d'où partent les *flotas* chargées d'or et d'argent : Maracaïbo, situé à l'entrée d'un immense lac intérieur. C'est l'une des villes les plus riches de l'Espagne d'outre-mer.

L'Olonnois va entrer dans Maracaïbo avec ses hommes, et y mettre en application une pratique qui, hélas, a encore cours de nos jours : la prise d'otages. Pourquoi se donner du mal à piller quand, en terrorisant les gens, on peut obtenir d'eux qu'ils vous apportent leur fortune — ou vous indiquent où ils la cachent ? L'Olonnois réunit donc les gens les plus riches de la ville et leur annonce : « Vous avez trois jours pour payer la rançon que j'exige de vous. Passé ce délai, nous tuerons un de vos enfants, puis les autres, puis votre femme, et enfin vous-même. Ensuite nous mettrons le feu à la ville ». Les bourgeois de Maracaïbo doivent se plier à ses conditions.

Puis il traverse le lac et s'empare de la ville de Gibraltar. Nouveau chantage, nouvelle rançon, nouvelle fortune.

Et c'est le retour triomphal vers l'île de la Tortue.

L'Olonnois a raison d'en profiter et de fêter ses succès avec force libations, car il n'en a plus pour longtemps à vivre.

Il a de plus en plus de mal à trouver des équipages, les hommes étant effrayés (et pourtant ils ne sont pas des anges) par sa cruauté. L'histoire de ces Espagnols auxquels il a coupé la tête l'un après l'autre a marqué tous les habitants de la Tortue, même les plus endurcis : les flibustiers ont peur des représailles. Embarquer avec l'Olonnois, c'est risquer la mort si l'on est pris. C'est pourquoi les hommes qui consentent à l'accompagner sont très peu sûrs. Encouragé par ses succès précédents, il a cette fois décidé de s'attaquer à un gros « morceau » : Carthagène, où il espère rééditer l'exploit de Maracaïbo. Mais tout va mal, dès le début de l'expédition. Il s'échoue une nouvelle fois (quel piètre navigateur, décidément !), et doit débarquer sur une petite île, en face de Carthagène, tenue par des Indiens Bravos.

Pendant longtemps, les Indiens ont été des résignés. Ceux que l'on rencontrait en liberté étaient en général des évadés des bagnes espagnols ou des esclaves en fuite. Quand on leur demandait de se battre contre les Espagnols, ils ne le faisaient pas de gaieté de cœur mais acceptaient de se ranger aux côtés des flibustiers. Les Bravos, eux, viennent du continent américain, ce sont des hommes libres.

Ils vont tuer l'Olonnois. Puis le manger. De retour à la Tortue, l'un de ses compagnons décrira ce festin auquel il a assisté, caché dans la forêt, après avoir vu son chef découpé en petits morceaux et mis à rôtir.

Le sort de l'Olonnois était-il mérité ? Amplement, si l'on

demande leur avis aux Espagnols qui racontent qu'un jour, le flibustier, en colère contre un de ses hommes, lui a ouvert la poitrine, lui a arraché le cœur et l'a mangé. Fait réel ou simple élucubration destinée à servir la propagande espagnole ? On ne le saura sûrement jamais. Il n'en reste pas moins que c'est un homme d'une cruauté impitoyable qui meurt, à quarante et un ans, mangé par les Bravos.

D'autres Indiens avaient raconté que, loin vers le nord, au bord d'un grand lac situé au pied d'une montagne, se trouvait une grande ville. Les Français et les Anglais en avaient eu vent. Et l'Olonnois avait manifesté l'intention de s'y rendre, mais pour lui, le destin en avait décidé autrement.

Henry Morgan fera le même projet, et le mettra à exécution, lui.

Morgan est un type d'homme très différent de l'Olonnois. Il commence par mettre de son côté les Indiens, sans l'aide desquels il est impossible de faire quoi que ce soit dans cette jungle impénétrable qu'est l'Amérique centrale.

Ces Indiens qu'il faut se concilier, ils commencent à bien connaître les Européens, à savoir que l'or est leur dieu. Par conséquent, eux aussi veulent de l'or : il faut maintenant les acheter. Henry Morgan les achète. Et les Indiens lui indiquent que Granada, la ville au bord du grand lac (le lac Nicaragua), la cité aux sept clochers, regorge d'or et d'argent. Accompagné de guides indiens et d'un millier d'hommes, Morgan remonte la rivière San Juan, à bord de petits canots ; tant que c'est possible, on rame, on pagaye, mais il faut porter les embarcations lorsque se présentent les rapides. Heureusement, l'expédition ne s'est encombrée ni de bagages ni d'armes lourdes.

Au bord du lac Nicaragua, les paysages sont d'une beauté féerique. C'est la Suisse, ses vallées et ses montagnes, sous les tropiques. Au loin, se dessinent les tours de Granada.

Les Espagnols ne s'attendent absolument pas à une attaque. Pour eux, la mer seule est dangereuse, car ils ont eu à pâtir de l'audace des Français et des Anglais. Mais si loin de la côte ! Impensable ! Ils peuvent dormir tranquilles.

Ils dorment d'ailleurs si tranquillement que Morgan s'empare de leur ville avant même qu'ils se soient réveillés.

Les flibustiers exigent une rançon énorme. Granada paye. La fortune de Morgan et de ses associés est assurée.

Quelques années plus tard, Morgan va réaliser l'un des plus grands exploits de toute l'histoire de la flibuste, en s'emparant de la ville de Panama.

Panama est situé sur le Pacifique, c'est-à-dire que pour l'atteindre en venant des Caraïbes, il faut traverser l'isthme de Darien. C'est dire aussi à quel point les Espagnols se sentent en sécurité dans cette ville. Ils ont oublié depuis belle lurette le temps où Francis Drake venait les narguer et contester leur autorité sur la côte Pacifique. Ils sont bien les maîtres de cette région du globe désormais, du sud du Chili au nord du Mexique.

Or les flibustiers vont prendre Panama à revers, en l'attaquant par voie de terre. Panama pris à revers, c'est aussi l'histoire de Sedan prise par les Allemands en 1940 parce qu'on ne les attendait pas par la forêt.

Ce fut là le plus beau succès de Morgan. Et le dernier. Tout fier de lui, il rentre en Angleterre. Or, il se trouve que, pour une fois, l'Angleterre n'est plus en guerre avec l'Espagne. L'ambassadeur d'Espagne proteste officiellement, proclame que les actes des flibustiers constituent autant de violations des traités de paix et exige la condamnation immédiate d'Henry Morgan, comme l'un de ses prédécesseurs avait réclamé la tête de Francis Drake, près d'un siècle plus tôt.

Et Morgan va être inculpé, il va même connaître la prison. Il en sortira, mais en tant que prisonnier libéré sur parole. Puis il sera autorisé à regagner la Jamaïque, où sa vie va prendre un tournant décisif.

Car c'est alors qu'il va faire preuve d'une bassesse qui peut paraître incroyable de la part du fier flibustier qu'il a été. Séduit par la promesse de grades et de distinctions honorifiques, il entre dans les tribunaux qui jugent les flibustiers et les pirates. Et fera pendre certains de ses anciens compagnons qui, eux, ont persisté dans leur vie de « gentilshommes de fortune ». Certains historiens pensent que, criminel repenti, rentré dans la légalité, il s'est racheté en passant de l'autre côté de la barrière. Mais pour se racheter, il aurait dû se défaire de la fortune que la flibuste lui avait permis d'acquérir, or il n'en a rien fait. En revanche, il a condamné ceux qui, pour s'enrichir, ont suivi son exemple.

En reniant son passé de Frère de la Côte, il s'est déshonoré.

Henry Morgan, le grand flibustier anglais, est mort, lui, bien avant sir Henry Morgan dans sa peau de châtieur de pirates.

Le XVIIe siècle touche à sa fin.

LA FLIBUSTE

La flibuste dégénère. Elle va devenir presque inexistante, et surtout routinière. Les périodes de paix avec l'Espagne sont trop fréquentes, alors que l'Angleterre et la France se font constamment la guerre, de l'autre côté de l'Atlantique, pour que les flibustiers puissent continuer à « travailler » sur des bases solides.

Néanmoins, la prise de Carthagène par une flotte franco-anglaise, en 1697, constitue l'un des grands moments de l'héroïque histoire des seigneurs des Caraïbes.

Carthagène ne s'est jamais relevée de ce qu'elle vécut en 1697, et comme on ne peut industrialiser sa région, c'est vers Maracaïbo et le golfe du Venezuela, où se trouve le pétrole, que s'est déplacée toute l'activité économique de la Colombie. Carthagène est restée une sorte de Saint-Malo des tropiques, une vieille cité à vocation touristique, avec ses bastions et ses remparts, que les flibustiers ont conquise il y a près de trois siècles.

La flotte franco-anglaise, dirigée par de Pointis et par Ducasse pour les Français (et dûment mandatés par le roi), se présente devant Carthagène. La ville se trouve au fond d'une espèce de grande lagune à deux bouches d'entrée, Boca Chica et Boca Grande, gardée par le fort de Sainte-Croix. Les Espagnols ont évidemment prévu que, pour approcher de Carthagène, les navires ennemis entreraient par Boca Grande, qu'ils ont obstruée en disposant des bateaux devant. Les Franco-Anglais sont donc obligés d'emprunter le goulet de Boca Chica (francisé sous le nom de Boucachique), plus étroit donc plus facile à défendre.

Il faut absolument opérer une diversion, technique chère aux flibustiers depuis la prise de Panama par Morgan. Une partie des hommes sont débarqués. Ils n'ont que la forêt à traverser pour atteindre le couvent des Ursulines de Notre-Dame de la Popa, qui domine la ville de Carthagène. Ils s'en emparent sans trop de difficultés, la courte lutte qui les oppose aux nonnes étant par trop inégale.

Puis ils envoient aux amiraux anglais et français des messagers annonçant qu'ils ont conquis la place et que l'endroit est idéal pour y installer des canons et tirer sur Carthagène. Le bombardement commence aussitôt et le fort de Boca Chica est rapidement dégagé. La flotte pénètre dans la lagune et la ville se rend sans combattre.

Les amiraux français et anglais, les gouverneurs et généraux espagnols, tous gens de bonne compagnie, discutent du montant de la rançon. On procède à la démolition des magasins du roi d'Espagne et on coule quelques galions après les avoir soulagés de leur cargaison, mais on ne va pas plus loin, puisque la ville a payé la somme exigée, après avoir capitulé dans les règles.

Une seule difficulté, mais elle est de taille, pour les flibustiers : alors que les bateaux de la flotte remportent des trésors vers l'Europe, ils ne se voient accorder que cent cinquante livres chacun. Une aumône, pour ces gens habitués à partager tous leurs butins en parts égales. Au comble du mécontentement, ils menacent de s'attaquer aux vaisseaux du roi. Ducasse, qui défend leur cause, insiste auprès de Pointis, mais celui-ci se montre inflexible : cent cinquante livres par homme, pas un sou de plus.

Les flibustiers se sont fait flouer, mais ils ne vont pas laisser les choses se passer comme ça. Puisque le roi ne veut pas leur payer leur dû, ce sont les Carthagénois qui vont le faire à sa place.

Ils retournent à Carthagène et se livrent à un pillage en règle. Les bourgeois sont séquestrés, torturés, pressés de donner tout l'or et l'argent qu'ils possèdent, faute de quoi ils seront mis à mort.

Carthagène est la dernière ville espagnole de la mer des Antilles à avoir été mise à sac par les Frères de la Côte.

La flibuste va mourir.

Les *flotas*, les convois qui acheminent l'or d'Amérique latine vers l'Espagne, se font de plus en plus rares, de moins en moins chargées.

On est à l'aube des temps modernes. Les flottes de guerre sont parfaitement organisées, avec leurs amiraux, officiers, sous-officiers et simples marins : il n'y a plus de place pour ces francs-tireurs que sont les flibustiers.

Bien sûr, il y aura encore des Grammont et d'autres exceptions, mais ce sera à des pirates plutôt qu'à des flibustiers que l'on aura affaire.

Il faudra attendre les guerres napoléoniennes pour voir renaître la navigation dite de course. A cette époque, la France a évidemment perdu ses possessions des Antilles mais Napoléon, apprenant qu'un corsaire qu'il n'a pas commissionné exerce là-bas ses talents, lui fait parvenir une lettre de marque. Pour services rendus à la patrie, Antoine Fuës — car c'est de lui qu'il s'agit — se verra même décerner la Légion d'honneur, des mains de l'empereur, au camp de Boulogne-sur-Mer.

Antoine Fuës est un ancien marchand de vin de Narbonne qui a fait de mauvaises affaires. Il est parti faire la guerre de course aux navires anglais, dans la mer des Antilles. Il a constaté qu'en face de gros navires — parce que les vaisseaux de guerre sont maintenant armés de plusieurs rangs de canons —, un petit bateau comme le sien, qui ne mesure que vingt-cinq mètres et ne peut transporter qu'une cinquantaine d'hommes, n'a pratiquement aucune chance s'il cherche à se mesurer canons contre canons.

A ce propos, il faut faire un sort à une certaine légende : celle qui veut que les navires se combattent en s'abordant de flanc, comme on nous le montre sur les tableaux officiels et dans les films d'aventures. Si l'abordage se passait réellement ainsi, les deux bateaux se foudroieraient littéralement l'un l'autre, avec leurs batteries de canons. En fait, l'abordage résultait d'une série de manœuvres extrêmement savantes au terme desquelles l'abordeur manœuvrant le mieux parvenait à s'approcher de l'arrière de son adversaire. Ce qui explique pourquoi, dans certains navires modernes, on avait installé un canon dans le château arrière. C'était l'ultime chance d'empêcher l'ennemi d'aborder. Ensuite les hommes du vaisseau abordeur sautaient sur le bateau abordé et la lutte au corps à corps se livrait sur le pont comme sur un champ de bataille. Mais jamais ne se produisait ce qu'on voit dans les films : l'abordage de flanc, possible du temps des Romains, dont les galères étaient munies d'un éperon à l'avant, mais non à l'époque des rangs de canons sur les bordés.

Antoine Fuës est un manœuvrier particulièrement habile. Comme son bateau remonte très bien le vent, il réussit toujours à aborder ses adversaires par la poupe.

Un jour, alors qu'il vient de s'emparer de la cargaison d'un galion espagnol, il rentre vers la Guadeloupe — encore française — avec ses cales pleines de pièces d'or à en couler. Quand il rencontre un vaisseau anglais à trois rangs de canons.

Il engage le combat. L'Anglais lui tire dessus. Il réussit, en manœuvrant, à éviter ses bordées quand, d'un coup, au moment où le soleil se couche, le vent de mer se calme. Impossible de progresser, car le vent de terre ne s'est pas encore levé.

Il lui faut attendre, face à l'Anglais, que ses voiles se gonflent de nouveau lorsque le vent aura tourné.

Le navire ennemi, de trois quarts par rapport à lui, le fait beaucoup souffrir avec ses batteries. Pour gêner son tir, il charge alors son petit canon à mitraille. Mais au bout d'un quart d'heure, plus de munitions. On charge alors le canon avec des pièces d'or, et c'est une pluie de doublons et de pistoles que reçoit l'Anglais.

Puis le vent de terre se lève enfin, et Antoine Fuës, utilisant sa technique favorite, aborde son adversaire. Il remorquera sa prise jusqu'à Pointe-à-Pitre, où il la fait démolir planche par planche pour retrouver les précieuses pièces qui s'y sont incrustées. Il fait aussi autopsier tous les cadavres tués par des pièces d'or pour récupérer celles-ci, ce qui explique pourquoi il est fait mention, dans les archives de la Santé à Pointe-à-Pitre, d'un « gabier trois écus », d'un « matelot trente pistoles » !

C'est certainement à juste raison que Napoléon, en le décorant, nommera Antoine Fuës, son « corsaire d'Empire ».

Chassée des Antilles par la force des choses et les aléas de l'Histoire, la flibuste va s'installer dans la région qui fera le plus parler d'elle au XXe siècle : le continent nord-américain.

En 1803, Napoléon cède la Louisiane aux Etats-Unis, estimant ne plus être en mesure de défendre sa souveraineté sur cet immense territoire qui s'étend du sud des grands lacs aux rivages du golfe du Mexique et couvre tout le bassin du Mississippi.

Or, tout le monde croit — sauf les Américains eux-mêmes — que le traité de Versailles, qui avait consacré la séparation des Etats-Unis et de l'Angleterre, sera remis en question à la suite de la défaite de l'empereur. Tout le monde est persuadé — les Anglais les premiers — que dès qu'on en aura fini avec ce Corse, cet usurpateur, l'Angleterre pourra remettre le pied sur le continent américain et récupérer ses anciennes colonies. Un peu partout on s'attend à ce que les Anglais passent à l'offensive dans une région quelconque des Etats-Unis.

En 1805, on a vu deux curieux personnages s'installer au sud de la Nouvelle-Orléans, deux Français nés aux Antilles, donc des Créoles, Pierre et Jean Laffitte. Ils sont arrivés avec leurs parents, et le père Laffitte, qui est forgeron, a ouvert une forge, que l'on montre encore aux touristes qui visitent La Nouvelle-Orléans. Les deux frères s'intéressent assez peu au métier de leur père : il semble que ce soit le vieux sang de la flibuste qui coule dans leurs veines.

Les jeunes Etats-Unis manquent de tout. Comme ils n'ont pas encore de flotte importante, sur le plan des échanges commerciaux ils dépendent entièrement des bateaux français et espagnols que les Anglais tentent d'intercepter. Parce que l'Angleterre est ennemie de la France et qu'en même temps elle s'efforce d'appauvrir les Etats-Unis. Ne sera-t-il pas plus commode de récupérer l'ancienne colonie, si elle se retrouve pauvre, affaiblie et désorganisée ?

Les frères Laffitte profitent de la configuration tout à fait originale de la région de La Nouvelle-Orléans, pour faire de leur domaine de Barataria une sorte d'établissement hors douane, de port franc, d'où ils approvisionnent La Nouvelle-Orléans, puis, en remontant le Mississippi, tout l'intérieur des Etats-Unis.

Peu à peu, tout de même, le service des douanes américaines, qui commence à s'organiser, s'intéresse de près à ce curieux établissement des frères Laffitte, de ce mini-Etat qui ne paye pas de taxes au gouvernement central.

Mais comment les obliger à accepter les règles du jeu, ces Baratariens ? Comment les déloger de cette région des bayous, inaccessible entre toutes, avec ses forêts touffues et ses marécages impraticables ?

Sûrement pas par la force. En arrêtant les frères Laffitte en pleine rue, à La Nouvelle-Orléans ? On l'a déjà fait à plusieurs reprises, mais chaque fois leur immense fortune leur a permis de se faire libérer sous caution.

Il n'en reste pas moins qu'en 1814 Pierre Laffitte est en prison quand son frère Jean reçoit la visite d'émissaires anglais, à Barataria.

« Vous qui n'avez pas d'intérêt national dans l'histoire, vous ne devez pas vous mettre du côté des vaincus dans la bataille qui va s'engager », lui font comprendre les envoyés de sa Gracieuse Majesté. « Or, les futurs vaincus, ce sont les Etats-Unis. Nous vous offrons à vous tous, Baratariens, un moyen de vous racheter. Vous êtes de bons combattants, vous connaissez mieux que personne cette région des bayous, vous allez pouvoir nous guider, nous fournir des soldats. Nous allons prendre La Nouvelle-Orléans, avant de reconquérir l'Amérique entière. Le mal que nous a fait votre La Fayette, vous allez le réparer, vous les Laffitte, en coopérant avec nous ».

Jean Laffitte demande à réfléchir. Uniquement pour gagner du temps. Pas une seconde il ne pense à trahir la cause de la liberté que défend le jeune Etat américain. Immédiatement, il envoie un mesager au gouverneur de La Nouvelle-Orléans, Clairborne. Ce messager est assez naïf pour croire que, puisqu'il prévient les autorités des Etats-Unis d'une attaque imminente des Anglais, le gouverneur doit lui en être reconnaissant. Et quand il repart, il emmène avec lui Pierre Laffitte qu'il a aidé à s'évader.

Clairborne prend très mal la chose et l'on se trouve devant une situation assez paradoxale : alors que Jean Laffitte leur fait confiance, alors qu'il est prêt à combattre pour eux, les Américains, au lieu de s'occuper des Anglais, décident de détruire Barataria.

Accompagnés d'un pilote, un ancien Baratarien qui connaît bien le bayou, ils descendent vers l'établissement des frères Laffitte... au moment même où les Anglais débarquent.

Face à l'ennemi commun, il faut faire appel à toutes les bonnes volontés. Andrew Jackson, qui est chargé de défendre La Nouvelle-Orléans, qui n'a pas d'hommes, pas d'armes, peu de matériel, ne sait plus trop quelle décision prendre. Il se tourne vers les Laffitte. Jean et Pierre, magnanimes, oublient l'affront que le pays vient de leur faire et décident de se mettre au service de Jackson.

Ils s'y mettent si bien qu'ils vont sauver La Nouvelle-Orléans. Car, sans les Baratariens, ces merveilleux canonniers, ces extraordinaires combattants des bayous, ces pilotes surprenants qui vont permettre de contourner les Anglais, de découper leurs troupes en petits morceaux et de les rejeter à la mer, il est probable que les Américains auraient perdu La Nouvelle-Orléans et que le cours de l'Histoire en aurait été changé.

Après le succès, l'ingratitude. L'Amérique détruira Barataria et chassera les Laffitte. Jean Laffitte remontera sur son navire et partira vers l'anonymat. Il est le dernier dépositaire de cette vie communautaire des flibustiers, et il en est profondément marqué. D'autant plus marqué que, vers l'âge de cinquante ans, il va délaisser l'aventure au profit de la recherche de l'amour et du bonheur. Une jeune Américaine, très belle, âgée de dix-neuf ans, tombe amoureuse de lui. Il l'épouse.

Pourtant, la passion qu'il éprouve pour elle ne peut lui faire oublier que le genre de vie qu'il a connu à Barataria pourrait servir de modèle à tous les hommes.

C'est pourquoi il va chercher des théoriciens. Et il croit les trouver lorsqu'à Bruxelles il fait la connaissance de deux intellectuels allemands, Marx et Engels, défenseurs d'un nouveau système économique où tous les hommes seraient égaux. Jean Laffitte va contribuer à la propagation de la pensée de Karl Marx puisque l'argent tiré de la contrebande va largement contribuer à payer la publication du *Capital*.

Avec le personnage de Jean Laffitte, on est évidemment loin de ceux de l'Olonnois ou de Henry Morgan. La flibuste avait-elle vraiment beaucoup évolué ? Peut-être pas sur le plan « techni-que » mais certainement sur le plan humain. Chacun de ses grands héros a été à l'image de son siècle. Cruel au XVIIᵉ, astu-cieux au XVIIIᵉ, romantique au XIXᵉ.

Comme l'a dit le chirurgien Exmelin, le grand historien de la flibuste, ces hommes n'étaient ni plus méchants ni meilleurs que leurs contemporains, ils portaient en eux les vices et les vertus de leur siècle. C'est grâce à l'évolution de l'esprit humain vers plus de douceur et vers une plus grande culture que les combat-tants comme Antoine Fuës ont succédé aux brigands, et que les assassins ont cédé la place aux contrebandiers vaguement roman-tiques comme Laffitte.

L'Olonnois est mort mangé.

Morgan est mort juge et anobli.

Laffitte est mort dans les bras de sa jeune épouse.

La fin de chacun est caractéristique de son époque.

REMERCIEMENTS

Ce livre a été réalisé à la suite d'émissions de télévision diffusées sur TF 1 sous le titre *AU-DELA DE L'HORIZON*, et réalisées grâce à l'équipe constituée de :

Micheline CARON, *directrice de production.*
Danièle TESSIER, *assistante de production.*
Roland PONTOIZEAU, *directeur de la photographie.*
Philippe DUMEZ, *opérateur.*
Gérard CLARI, *assistant opérateur.*
Robert BERNARD, *éclairagiste.*
Guy ALLAIN - Jean-Claude TURBAN, *preneurs de son.*
Arlette ARNAUD, *documentaliste.*
Marcel-Louis DIEULOT, *chef décorateur.*
Martine LEBAIGUE, *assistante décorateur.*
Bernard MARESCHAL, *monteur.*
Micheline CARRON, assistée de Danièle TESSIER,
     direction de production.
Patrick CLERC - Yves FAUCHEUR, *dessinateurs.*
Isabelle ABOULKER, *compositeur.*
Jacques FLORAN, *réalisation.*

BIBLIOGRAPHIE SOMMAIRE

ULYSSE

Victor BERARD : *Les Voyages d'Ulysse.*
Gilbert PILLOT : *Ulysse ou le secret des Grecs,* (Laffont).

PYTHEAS

L'ouvrage essentiel est le *Journal de bord de Pythéas,* par Ferdinand LALLEMAND
(France-Empire).
STRABON : *Géographie,* (Arras, 1587).
BOUGAINVILLE : *Vie et Voyages de Pythéas de Marseille,* (1753).
P. MASSON : *Le « Poumon marin » de Pythéas,* (1922).

COLOMB

Salvador DE MADARIAGA : *Christophe Colomb.*

MAGELLAN

PIGAFETTA : *Histoire du premier voyage autour du monde par Magellan.*
Stefan ZWEIG : *Magellan.*

DRAKE

R. BIESC : *Drake, pirate de la Reine,* (1922).
J.-P. CARTIER : *Histoire de la Marine,* (Larousse).

LES GRANDS NAVIGATEURS

LAPEROUSE

E. Wilson : *Lapérouse, le scientifique*, (1873).
J. Simpan : *Lapérouse et Vanikoro*, (1891).
Amiral Barret : *A la recherche de Lapérouse*, (France-Empire).

BOUGAINVILLE

Mémoires.

COOK

Relation du Voyage de Cook, (1823).

LES VIKINGS

Ol. Petersen : *Les Vikings en Amérique*, (1922).
L.C. Langlois : *La découverte de l'Amérique par les Normands vers l'An Mil. Deux sagas islandaises : Erik le Rouge et Thorfus Karlsevni*, (Paris, 1924).
E.C. Oxenstierna : *Les Vikings*, (Payot, 1962).

LA FLIBUSTE

Georges Blond : *Histoire de la Flibuste*, (Stock) ; *Pirates et Flibustiers*, (Payot).

SLOCUM

Slocum : *Seul autour du monde sur un voilier de onze mètres*, (Trad. Paul Budker).

POLE NORD

Amundsen : *Le passage du Nord-Ouest*, (Paris, 1909) ; *En avion vers le Pôle Nord*, (Paris, 1926).
S.A. André : *Le drame de l'expédition André*, (Plon, 1931).
S. Geslin : *L'expédition de la « Jeannette »*, (Paris, 1883).
F. Nansen : *Vers le Pôle*, (Paris, 1897).
R.E. Peary : *La découverte du Pôle Nord*, (Paris, 1911).
W. Ley et P. E. Victor : *Les Pôles*, (Life).

POLE SUD

Amundsen : *Au Pôle Sud, expédition du « Fram »*, 1910-1912.
Scott : *Le « Discovery » au Pôle Sud*, (1908).
Shackleton : *Au cœur de l'Antarctique*, (1910).
W. Ley et P.E. Victor : *Les Pôles*, (Life).

Cette bibliographie sommaire ne comporte que des ouvrages ayant eux-mêmes une importante bibliographie.

TABLE DES MATIÈRES

ACHEVÉ D'IMPRIMER
LE 5 MAI 1977
SUR LES PRESSES DE
L'IMPRIMERIE SIMPED
POUR LE COMPTE DES
PRESSES DE LA CITÉ
ÉDITEUR A PARIS

Numéro d'éditeur : 3 727
Numéro d'impression : 6 025
Dépôt légal : 4e trimestre 1976